educational psychology

knowledge

learning

skill

intelligence

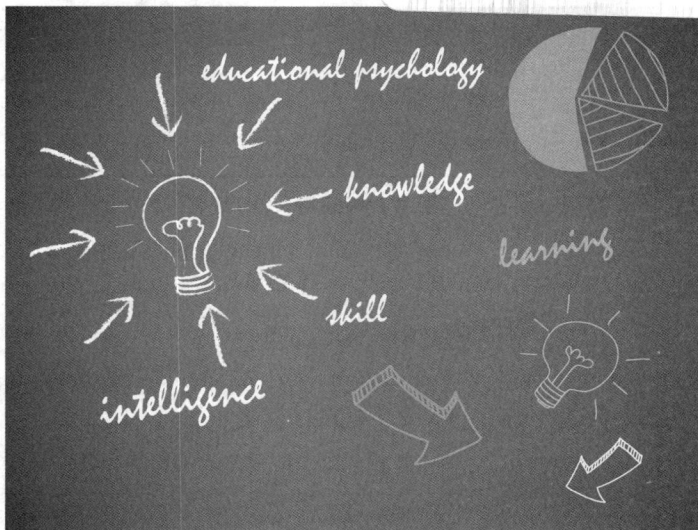

"十二五"职业教育国家规划教材
经全国职业教育教材审定委员会审定

教育心理学

JIAOYU
XINLIXUE

刘儒德 /编著

北京师范大学出版集团
BEIJING NORMAL UNIVERSITY PUBLISHING GROUP
北京师范大学出版社

图书在版编目(CIP)数据

教育心理学/刘儒德编著. —北京：北京师范大学出版社，
2019.5(2023.12重印)
"十二五"职业教育国家规划教材
ISBN 978-7-303-24378-5

Ⅰ. ①教… Ⅱ. ①刘… Ⅲ. ①教育心理学－职业教育－教
材 Ⅳ. ①G44

中国版本图书馆 CIP 数据核字(2018)第 282614 号

教 材 意 见 反 馈　　gaozhifk@bnupg.com　010-58805079
营 销 中 心 电 话　　010-58802755　58800035

出版发行：北京师范大学出版社　www.bnup.com
　　　　　北京市西城区新街口外大街 12-3 号
　　　　　邮政编码：100088
印　　刷：三河市兴达印务有限公司
经　　销：全国新华书店
开　　本：787 mm×1092 mm　1/16
印　　张：16.75
字　　数：361 千字
版　　次：2019 年 5 月第 1 版
印　　次：2023 年 12 月第 6 次印刷
定　　价：35.80 元

策划编辑：王云英　　　　　责任编辑：康　悦
美术编辑：焦　丽　　　　　装帧设计：中通设计
责任校对：陈　民　　　　　责任印制：马　洁

序　言

　　教育心理学是有关学生、学习和教学的研究。随着信息与通信技术的迅猛发展以及社会对人才的需求不断增多，终身学习对每个人的生存和发展都越来越重要。学习问题绝非只有教育工作者才关心。继行为科学和认知科学之后，人类社会迎来了学习科学的时代。学习科学是一个研究学习与教学的跨学科领域。学习科学家们研究各种场景下的学习，不仅包括学校教室里的正规学习，还包括家庭中、工作中、同伴间的非正式学习。学习科学的目标就是揭示有效学习的认知与社会过程机制，并在此基础上设计有效的教学，促进学习者的高效学习。

　　我们不管从事什么职业，都要学一些教育心理学。无论是为了促进自己的学习，还是为了更好地研究人或为人服务，我们都不能将自己置于教育心理学的知识领域之外。教育心理学不再只是教育工作者们的专属领域，社会上的许多其他职业或者工作都离不开教育心理学，都需要教育心理学来指导。我们即使在工作中用不上教育心理学知识，在自己的个人成长中也会有意或无意地用到它。例如，我们可以利用教育心理学的科学知识规划和改进自己的学习，甚至可以将它用于自己的家庭教育中。当人们炒作"虎妈"或"狼爸"时，我们要能够用科学的眼光来审视他们的做法是对的还是错的。

　　正是出于上述考虑，作者在编写本书的过程中照顾职业教育的特点与需求，选取教育心理学的核心知识和理论，吸收学习与教学研究领域最前沿的研究成果，使所选内容涉及学生心理发展、学习理论、学习动机、知识学习、高级思维、学会学习以及有效教学等主题。本书的编写以习近平新时代中国特色社会主义思想为指导，引导师范教育类专业学生树立正确的教育观、教师观，培养学生的教育情怀。在写作风格上，本书直截了当地阐述概念，举出例证，以增强学习者的理解和应用效果，同时减轻学习者的认知负荷。本书以习近平新时代中国特色社会主义思想和党的二十大精神为指导，落实立德树人根本任务，力求满足我国职业教育教学活动的实际需求，在彰显学术性的基础上力求体现实践性和操作性。本书在每章之前设立了本章要点，在每章之中标出了重点概念、规则和原理，在每章之后提供了思考题及推荐阅读，在全书后面罗列了参考文献。

本书的编写结合了教师资格考试的相关内容，可用作师范教育类专业学生的教材，可用作各种教育科研人员的参考资料，还可用作各种教师资格考试的参考用书。作者希望广大读者多提宝贵意见。

刘儒德
北京师范大学心理学院
2019 年 1 月

目　录

第一章

学习、教学与教育心理学

各种改革举措都是为了有效地促进学生的发展，都必须以学生的心理发展规律、学习规律和教学规律为基础。研究教育与心理发展的相互作用以及学习与教学的相互作用正是教育心理学的主要任务。自从教育心理学作为一门科学诞生以来，它在世界范围内的教育教学改革之中发挥了独特的基础性作用。

本章要点

● 教育心理学的研究对象与作用
○ 教育心理学的研究对象
○ 教育心理学的作用
● 学习科学与教育心理学
○ 学习科学与学习的新概念
○ 脑科学与基于脑的学习
● 教育心理学的研究方法
○ 教育心理学常用的研究方法
○ 教育行动研究

第一节　教育心理学的研究对象与作用

我们从日常生活中获得的常识和经验往往具有一定的正确性。教师需要利用它们，但某些常识和经验可能存在错误。教育心理学家通过多年的研究发现，很多问题都并非想象的那么简单。例如，关于"不打不成器"，教育心理学的大量研究证明这是一条错误而且有害的日常经验。班杜拉等人的研究表明，惩罚不仅不能有效消除儿童的不良行为，还容易导致儿童采用攻击行为来解决自己的问题。教育心理学的研究告诉我们，给学生提供一个正确的行为榜样，或者让他们明白自己做错了什么以及为什么错了，可以帮助儿童学会控制自己的行为。教育心理学系统地研究了人们如何在生活中获得关于教育过程中各种问题的经验，并将这些问题总结分类，从中概括出基本的原则。教师可以结合教学材料，将这些原则转变为一定的教学程序或活动。

一、教育心理学的研究对象

教育心理学（educational psychology）是一门通过科学方法研究学与教相互作用的基本规律的科学，它是应用心理学的一个分支。教育是一个双向的过程，学生和教师在学习和教学中互相作用。教育心理学的知识正是围绕师生在教学与学习中的相互作用过程而组织的，包括学生心理、学习心理、教学心理和教师心理四大部分。

（一）学生心理

教师要了解学生。教师对学生的了解主要从两个方面进行。

一是群体差异，包括年龄差异（涉及认知水平、情感、个性及社会化发展），性别差异和社会文化差异等。其中，认知水平的差异对学习和教学的影响特别值得我们考虑。一般来说，教学内容和教学方法要以学生的思维水平为依据。中学生和小学生，即使是小学五年级学生和一年级学生，都具有不同的思维水平，他们的学习与教学过程也表现出相应的不同。同样一种教学方法，在五年级使用也许效果很好，但在一年级可能行不通。

二是个体差异，包括先前经验（涉及知识基础、直接经验和学习信念等），智力状况（涉及智力水平和智力结构，如多元智力等），学习能力（如阅读能力、解决问题能力等），学习风格（涉及生理方面、心理方面和社会方面等的因素），情感状态（如兴趣、需要和动机等）等方面的差异。

如果教师无视学生的这些差异，将会使教学过难或过易，从而影响教学的效果和效率。如果学生的阅读能力差，教师就不能要求他们通过阅读文字材料获取某些事实的信息；如果学生早就获得了相关知识，教师还不厌其烦地把教材"咀嚼"得细而又细，会招致学生不同形式的抵制。

（二）学习心理

教师还要了解学生是怎样学习的。学习是教育心理学研究的核心主题之一。教育心理学家积累了大量有关学习的研究成果，从不同的理论视角，解释了学习的实质（学习使学生内部心理结构及其外显行为发生了什么变化），学习过程（机械学习或有意义的学习是怎样发生的），学习动机（是什么因素引发、导向或维持了学生的学习），学习条件（哪些个体内部条件和外部环境条件影响了学习）以及学习规律（学习具有哪些普遍的规律），等等。

学生的学习往往涉及两个方面的因素。

一是认知因素，它涉及注意、感知、记忆、思维等认知过程方面的问题。例如，教师怎么让学生掌握某个概念？教师怎样呈现教学材料能让学生更好地记忆？教师怎样培养学生解数学应用题的能力？教育心理学对学习的认知过程进行了广泛探讨，形成了各种不同的解释。例如，关于学生的创造能力与知识之间的关系，有的研究认为一定的知识是创造的基础，而另有研究认为知识反而限制了学生的创造。教师要掌握不同理论的适用条件和它们之间的相互关系，并根据具体的教学情境，采取正确的行动策略。

二是非认知因素，涉及动机和情感等方面的问题。例如，现在的教师最发愁的可能不是学生在课堂上如何学习知识，而是学生显得缺乏学习动机，对学习没有兴趣。教育心理学的研究发现，学生的这些非认知因素，如动机、情感等，对学生在学校的学习效果有重要的影响。

（三）教学心理

教师接到教学任务时通常会想这些问题：我要教什么？要用什么教学材料？怎样把这些内容组织成一堂课？如何保证学生积极参与教学而不过于沉闷或者混乱？这些都是教学心理所研究的问题。教学心理涉及教学内容、教学媒体和教学环境等。

教学内容一般表现为课程内容标准、课程内容、教学目标及教学材料等。教育心理学关注课程内容是否符合学生的心理发展水平、难度如何以及是否具有合理的组织结构，因此，教师必须根据对学生的分析和对教学内容的分析，合理地设置教学目标和组织教学材料。

例如实物、文字、口头语言、图表、动画等，是教学内容的载体。教学媒体则通过一定的物质手段，如书本、板书、投影仪、录像机、计算机等来呈现。目前随着科学技术的发展，教学媒体对教师和学生在教学过程中的作用、教学组织形式以及学生的学习方法等都将产生重要的影响，因此，它日益成为教育心理学研究关注的一项独特的课题。

教学环境包括物质环境和社会环境两个方面，前者涉及课堂自然条件、教学设施以及空间布置，后者涉及课堂纪律、课堂气氛、师生关系、同学关系、校风、社会文化背景等。教师对教学环境的设计和把握，不仅关系到学生认知过程的发展，也影响着学生的非认知过程，如个性、动机、情感的发展。

（四）教师心理

教师不仅要了解学生，还要了解自己。在现代教学中，教师的角色也在发生深刻的变化。教师虽然仍然是传递文化的执行者，但更多地通过调动和引导学生参与学习活动，使学生进行探索和学习。教师正从权威的知识传递者变为学习顾问、活动组织者、学生同伴等。教师如果不能正确认识新时代背景下教师的角色，在教学中就很容易产生挫败感，难以胜任教师工作，更不用说从教师这个职业中获得快乐了。

有事业心的教师，不会停留在年复一年重复同样的教学内容的活动上。他们会在教学中总结经验，通过反思和学习，从新手教师逐渐成长为专家型教师。教师的探索从自我反思开始，通过对自己教学过程的反思，加上使用微格教学或者行动研究方法，更新自己的教育观念，改进自己的教学方法，不断提高自己的专业水平。

二、教育心理学的作用

与所有以实证主义为基础的科学研究一样，教育心理学的主要作用是观察学与教的过程中发生的种种现象，从中找出规律，并对其进行解释，然后找到解决问题的方法，也就是描述、预测、解释、控制。下面我们就以一位教师遇到的问题以及她的思考方式来说明教育心理学研究的四个作用。

王老师是一位小学数学教师，最近正在教学生学习分数。她发现开始分数学习后，学生的课堂纪律变差了，课堂上开小差、做小动作的同学也多了，学生学习的效果似乎也不太好。她下决心要解决这个问题。

（一）描述

描述包括对现象的描述，也包括对现象之间关系的描述，即回答"是什么"的问题。例如，王老师首先要做的是描述学生在分数课堂上的表现究竟如何，学生的分数成绩到底怎么样，以及学生学习分数的动机和学习效果之间的关系。王老师对这个问题已经有了直觉，但是直觉和客观事实之间往往存在一定的差距。人们在日常生活中经常会出现用直觉代替事实的情况，也就是人们说的以偏概全。例如，有人到某城市旅游遇到一个小偷，便评价说："这个城市的小偷比其他城市多多了。"显然，要判断这个城市的小偷是否多于其他城市，还需要更多的数据来证明。同样，王老师虽然感觉到班级的纪律不好，但是究竟不好到什么程度？班上有多少人在课堂上分心？他们对分数学习的兴趣是否下降？他们的分数成绩是否和学习兴趣有关？研究者需要通过多种研究方法，如观察、访谈、测验、问卷调查等，对现象及其关系进行更确切的描述。

（二）预测

心理学研究的目的之一是预测行为表现。例如，组织入学考试是为了预测学生进入学校之后的表现。当人们对现象之间的关系做出描述之后，就可以进行预测。例如，王老师了解到学生的学习兴趣和学习成绩之间存在正相关关系，即学生的学习兴趣越浓厚，学生的学习成绩就越好，就可以通过学生的学习兴趣预测其学习成绩。

（三）解释

解释是对现象进行分析，找到影响心理或行为的因素，也就是回答"为什么"。前面通过描述过程，我们已经知道了学习兴趣和学习成绩之间存在正相关关系，那么这一步是要了解学习兴趣是否是影响学习成绩的因素，这样才可以解释学习成绩变化的原因。要对现象进行解释，我们需要使用实验研究法。

（四）控制

控制是心理学的最终目标，即通过改变影响因素来改变行为结果，也就是帮助教师选择应该采取的措施。例如，王老师通过实验确认了学习兴趣是影响学习成绩的因素，就可以通过增强学生的学习兴趣，来改变学生的学习成绩。

第二节　学习科学与教育心理学

教育心理学与心理科学中的普通心理学、发展心理学以及教育科学中的课程与教学论、教育技术学等都有密切的关系。随着这种学科交叉的加深，国际学术界出现了一个新的综合性研究领域——学习科学。学习成了包括教育心理学在内的众多学科共同关注的重要主题。学习科学所涉及的学习方面的研究主题对社会各行各业的学习与教学都带来了重要的影响。

一、学习科学与学习的新概念

（一）学习科学

学习科学（learning science）是一个研究学习与教学的跨学科领域。学习科学家研究各种场景下的学习，这不仅包括学校教室里的正规学习，还包括家庭中、工作中、同伴间的非正式学习。它涉及认知科学、教育心理学、计算机科学、人类学、社会学、信息科学、神经科学、设计研究、教学设计等学科与领域。学习科学的目标就是对引发有效学习的认知与社会过程机制进行更好的解释，并且将这些知识应用于对教室和其他学习环境的再设计，从而使学习者能够更高效地学习。

（二）终身学习

1965 年 12 月，联合国教科文组织第三届成人教育委员会在法国巴黎召开了成人教育促进国际会议。会议议长、法国教育家保罗·郎格朗向会议提交了"关于终身教育"的提案。他认为，人的发展是终身学习的过程，教育和学习应该从摇篮到坟墓，从生到死，连续不断。

终身学习（lifelong learning）使得人们的学习观念发生了根本性改变，它把阶段性学习扩展为人的终身学习，把学习从被动的学习发展为主动的学习，把学习从单纯接受学校教育的学习中扩展开来，把少数人的学习扩展为所有人的学习。

（三）正式学习与非正式学习

随着移动网络技术的发展，人们的知识和能力开始不完全从正规的学校教育中获得。有研究者认为，非正规的学习在人的一生中扮演着越来越重要的角色。**正式学习**（formal learning）指在学校的学历教育和工作后的继续教育中发生的学习，是通过课程、教学、实习以及研讨等形式进行的。**非正式学习**（informal learning）指学习者在非正式的学习时间和场合通过非教学性质的社会交往而进行的自主学习。

正式学习与非正式学习的区别不在于学习发生的物理位置。即使在学校，学生也可能进行非正式学习。例如，与同伴进行交流互动、玩耍游戏以及接触各种信息媒体等过程中都可以发生非正式学习。非正式学习在生活中随时都能发生，如家庭中的父母说教、旅游观光、网络通信和聊天、观看电视与电影等。非正式学习可随处进行，不需要专门的教室，不存在鲜明的组织性和制度性，可以发生在博物馆、科技馆、动物园、植物园、水族馆、社区中心以及运动场等场所中。

（四）远程学习与泛在学习

随着信息通信技术的迅猛发展，远程教育也日益发展起来。**远程学习**（distance learning）或**远程教育**（distance education）作为一种特殊的教育形态，使学生和教师之间在时间、空间以及情境上可以存在一定的差异。实际上，跨时空、大信息量、交互性和个性化，已成为远程学习的主要特色；丰富的信息资源和方便的获取方式是网络教学新模式的主要优势。

由于移动通信技术的进步，**移动学习**（mobile learning，M-Learning）逐渐被引入泛在学习体系。**泛在学习**（ubiquitous learning，U-Learning），顾名思义就是指时时刻刻的沟通、无处不在的学习，是一种任何人可以在任何地方、任何时刻获取所需的任何信息的学习方式，即利用信息技术给学生一个可以在任何地方随时使用手边可以取得的科技工具来进行学习活动的 4A(anyone，anytime，anywhere，any device)学习。

（五）真实性学习

真实性学习（authentic learning）缘起于**真实性智力活动**（authentic intellectual work）(Newmann，2001)的概念。从 20 世纪 60 年代起，美国学者纽曼（Newmann）等人就开始关注学生学习的智力质量，并建构了真实教学的理论。他们通过一系列大型研究项目，调查了上千所美国中小学的上万名学生的学习过程和结果，同时他们对比研究了在各种职业和环境中成功地运用知识的成人，如新闻记者、法学家、设计师、教师、汽车修理工、客户服务代表、照片冲印技术人员、内科医生、儿童保育员等从业人员的认知活动，寻找这些领域中成功人士所拥有的共同特征，提出了真实性智力活动的概念。

真实性智力活动就是指个体创造性地运用知识和技能，而不是常规地运用事实和程序，对具体问题、学习结果或陈述的细节进行学问探究的活动。这些具体问题、学习结果或陈述的细节对于个体在校外获得成功具有意义或价值。例如，标识一组句子中的各种成分（如副词、介词和连词等）属于低质量的智力活动，而写作一篇短文来劝服他人做某事则属于高质量的智力活动；回答有关欧洲地理知识的选择题属于低质量的智力活动，而设计欧洲诸国的主要景点的旅游宣传材料则属于高质量的智力活动。纽曼等人把这种高质量的智力活动称为"真实的活动"，因为它要求高层次的认知（严格地、深层次地理解知识，而不是记忆肤浅的、片段化的知识），创造出在个人、美学或社会上具有价值的产品或服务。

二、脑科学与基于脑的学习

脑与认知科学是当前最活跃的一个前沿领域。脑功能成像技术能使我们直接观察到人脑如何进行学习和思考以及如何产生情绪情感和各种社会行为。学习的脑机制为教与学的原理提供了更为科学的证据，它能够指导教育学家开展更为有效的教学。

大脑的变化取决于环境对大脑的刺激。大脑的生理变化是经验的结果，而大脑功能的水平在很大程度上取决于其工作时所处的环境状态，服从"用进废退"的规则。人并不是生来就拥有一个功能完备、高效运转的大脑，大脑的逐渐成熟是个体遗传特征与外部经验交互作用的结果，也就是基因与环境交互作用的结果。因此，大脑是可以塑造的。脑的可塑性（plasticity）是指脑受到经验的影响而发生的结构和功能的变化。脑的可塑性是内部成熟和外部经验共同作用的结果。经验来源于人们对环境的主动学习和探索。经验或者学习可以重组或者改变皮层功能代表区的精细结构。

有人研究证明中国人的大脑语言区与外国人的不同。在人的大脑中，语言功能区有两个，分别是布洛卡区和威尔尼克区。以往的研究均一致发现：威尔尼克区主导语言功能，而布洛卡区一般很少发挥功能。但这一研究显示，说中文的人和说拼音的人，虽然他们都有一个语言功能区——威尔尼克区，但其布洛卡区的位置却有所不同。与说拼音的人相比，说中文的人的语言功能区的位置要高一些，更接近大脑的运动功能区。另外，说拼音的人常用的是威尔尼克区，很少用到布洛卡区；说中文的人平时用的主要是布洛卡区，几乎用不到威尔尼克区。这意味着，使用德语、英语等拼音文字的人若出现语言阅读障碍，一般都是威尔尼克区出了问题；使用中文这种表意象形文字的人，如果存在语言阅读障碍，那一般是布洛卡区出了问题。

随着神经生物学和脑科学的发展，人们对脑的机制和功能有了更多了解。研究者试图将来自神经生物学和脑科学的研究结果与教育学和心理学相结合，发展出适于脑的学习原则和策略。例如，有研究者提出了基于脑的学习的九个原则（见表1-1）。

表 1-1　基于脑的学习的九个原则

1. 运动，尤其是大脑左右半球参与的运动。
2. 有意义的内容，当前学习内容与原有知识、经验之间建立联系。
3. 消除威胁，创设安全的环境。
4. 提供足够的时间——大脑需要时间来建立保存长时记忆的模式。
5. 丰富的环境，多感觉通道的刺激。
6. 合作，提供学习情境。
7. 即时反馈。
8. 提供应用新知识的情境。
9. 根据学生的个体差异提供多种选择。

诸多学习研究者提出的概念、理论逐步勾勒出了基于脑的学习理论的框架。基于脑的学习（brain-based learning）是指以人脑自然的方式进行的学习（詹森，2008），它强调学习应当遵从脑的活动规律，并适合和促进脑的发展。在基于脑的学习的观点中，最重要的是意义建构（meaning construction）和整体学习（whole learning）。意义建构是大脑的核心功能之一。大脑在学习过程中，并不是被动地接收信息，而是一直在对其所接收的信息进行重组、加工，对其所经历的事件赋予意义。意义建构强调学习者在学习之前并不是"白板"，而是根据自己先前的知识经验对当前的信息进行解释，获得意义。整体学习包括三个层面的含义：①在学习者层面上，学习是学习者作为有机体整体参与的，它涉及学习者的生理和心理过程，涉及认知和情感等过程，而不仅仅只是大脑的参与；②在大脑层面上，大脑的功能是整合的，即学习不单是大脑某个区域参与的结果，而是多个结构和功能区域共同参与的结果；③在学习对象层面上，脑并不是对单个的、片段化的信息进行加工，而是一直在对信息所处的复杂的整体情境做

出反应。

为了实现基于脑的学习，教育者需要使学习者在生理上获得充足的睡眠、丰富的营养与运动锻炼，在心理上激活学习者的先前经验，使学习者主动利用学习策略。同时，教育者还需要创设丰富的环境。根据詹森（2008）的观点，丰富的环境包括学习材料的挑战性、新异性和连贯一致性，应使学习者得到即时反馈和较长的学习时间。

但值得注意的是，目前学术界也存在着许多有关大脑的"神经神话"（见表1-2）。有学者（Bruer，2002）指出，许多有关脑的教育实践最终演变成吸引人的关于脑与学习的神话。还有学者（Pinker，2002）认为，没有人相信学习发生在胰岛之类的器官，了解学习对大脑的影响并不能告诉我们应该如何进行教学。任何学习都会影响大脑，但现今关于学习的陈词滥调都可以披上神经科学的外衣，并被看作貌似科学的重大发现。一些被誉为优秀的基于脑的教育实践都是以人们对个体如何学习而非大脑如何工作的理解为基础。例如，我们早就知道，分散、简短的练习胜于冗长、填鸭式的灌输。将这一事实与脑中树突的增加联系起来，并不能为教师提供新的教学策略（Alferink & Farmer-Dougan，2010）。因此，我们在接触相关信息时，要谨慎对待这些信息。

表1-2　有关大脑的"神经神话"

常见的错误观念	真相
我们只使用了10％的大脑。	100％的大脑都在发挥作用，这也就是为什么中风的危险如此巨大。
聆听莫扎特的音乐能让小孩变得聪明。	听音乐不会让人变得聪明，但学习一种乐器能促进儿童的认知发展。
一些人是"右脑人"，其他人则是"左脑人"。	我们从事的多数活动都需要大脑两个半球协同工作。
幼儿的大脑一次只能学习一种语言。	儿童能同时学习两种语言。
我们无法改变大脑。	我们的大脑无时无刻不在发生变化。
一旦大脑受到损害，这种损害就是永久性的。	大脑受到过轻微损害的多数个体能很好地恢复起来。
玩数独游戏能阻止大脑老化。	玩数独游戏能让你更擅长玩数独和其他类似游戏，但说到减缓衰老，锻炼身体可能是更好的选择。
酒精类饮料会杀死脑细胞。	酗酒不会杀死脑细胞，但会损害神经末端的树突，从而导致大脑中的信息传递过程出现问题。这种损害几乎是不可逆的。

（资料来源：安妮塔·伍尔福克，2015）

第三节　教育心理学的研究方法

虽然教育心理学家在教学领域做了大量的研究，取得了丰富的成果，但教师在面临一个特定的教学情境时，往往不能从教育心理学那里找到一个完全合适的答案。这是因为教育所面临的是瞬息万变的教学环境和自然界中最复杂的对象——人，这使得教育心理学家不能像汽车修理专家那样编制一本简单便捷的操作手册来告诉教师每一个问题的答案。教师需要学会一些教育心理学研究问题的方法，并尝试用科学的方法指导自己的教学研究和教学实践。长期以来，教育心理学主要沿用的是心理学领域的通用研究方法。但近年来，此领域中的研究者开始针对研究课题的特殊性尝试采用新的研究思路和方法。

一、教育心理学常用的研究方法

（一）问卷法

问卷法（questionnaire）是研究者利用统一的、经过严格设计的问卷来收集研究对象的心理和行为资料的一种研究方法。研究者要根据研究的目的和问题，确定问卷的内容结构，然后编写各个部分的问题，并对各个问题的适当性进行认真的分析、评价。研究者通常需要对最初编制的问卷进行试用和修改。在发放问卷时，研究者可以采用个别发送的形式，也可以采用集体分发的形式。研究者要尽量保证问卷的回收率。问卷法有利于进行大样本施测，省时省力，而且便于进行统计分析。

（二）实验法

实验法（experimentation）是指研究者创设一定的情境，对某些变量进行操纵或控制以揭示教育、心理现象的原因和发展规律的研究方法。这种研究方法的基本目的是揭示变量之间的因果关系。实验可以是在实验室情境下进行的实验室实验，也可以是在现场情境下进行的自然实验。在进行实验研究时，研究者要明确研究中的各种变量，包括自变量、因变量以及无关变量等。自变量是指可以影响个体的心理和行为表现的因素，如教学方法、学习情境或者学习者的某些个人特征等；因变量是用以反映个体心理和行为特征的变量（指标），如学习成绩等。实验研究就是要考察自变量对因变量的影响。

但是，因变量的变化往往不只受研究的自变量的影响，它常常还会受其他众多变量的影响，这些可能干扰因变量结果的其他变量就是无关变量。在研究中，研究者必须设法采取一定的方法、程序来消除或控制各种无关变量的干扰。比如，假如我们要研究"小组合作对学生的学习成绩的影响"，那么自变量是学习方式（小组合作与个别学习）因变量是学生的学习成绩。为此，研究者让一部分学生进行小组合作学习，而让另一部分学生进行个别学习，最后检验他们的学习成绩的差异。同时，在这一研究中，研究者必须考虑以下无关变量：两部分学生原有的学业水平、教师的教学水平和方式、学习时间等。研究者必须保证两部分学生在这些变量上的对等。

（三）观察法

观察法（observation）是指研究者通过感官或借助一定的科学仪器，在一定时间内有目的、有计划地记录、描述客观对象的表现从而收集研究资料的一种方法。研究者可以通过详细观察和记录学生、教师在各种情境下的活动表现，来了解他们的心理特点和心理过程，分析他们交往的模式。例如，研究者可以对学生在团体活动中的交往方式进行观察，分析学生在不同情境下的攻击性行为与亲和性行为出现的频率、强度及形式。在研究中，研究者一般在自然条件下对对象的行为进行观察、记录，不做任何控制和干预，这叫作自然观察。有时，研究者会在有意控制和干预的情境下对对象的表现进行观察，这叫作实验观察。在对观察和记录结果进行分析时，研究者需要编制一个分类编码系统，从而对不同类别的行为表现进行量化和统计分析。

（四）访谈法

访谈法（interview）是研究者通过与研究对象进行口头交谈来收集有关的心理和行为资料的一种研究方法。例如，研究者可以通过访谈法来考察父母离异对儿童个性、社会性发展的影响。在这种研究中，访谈者和被访者在不断地进行相互作用：访谈者的提问影响着被访者的回答，而被访者的回答也进一步影响着访谈者的提问。在访谈过程中，访谈者首先要取得被访者的信任和配合，要采用恰当的方式提问，使被访者能坦率、真实地表达自己的观念、态度、情感和感受。另外，访谈不是聊天，一定要围绕着所研究的问题进行。访谈者要编制访谈计划，要对访谈过程进行准确的记录。访谈法有利于研究者更深入地了解人们的态度、情感、思想观念和主观感受，从而对各种心理和行为进行多方面的分析和研究。

二、教育行动研究

行动研究（action research）最早是由美国心理学家勒温为了解决社会科学研究与实际生活严重分离的问题而提出来的。顾名思义，行动研究就是行动和研究双重活动合二为一。**教育行动研究**（educational action research）则是教育情境中的参与者（如教师、学生、校长）采用的一种自我反思式的探究，以此增进参与者对实践的理解并促进自身的教育实践（转引自 McNiff，1988）。

教育行动研究不是一种严格的研究方法，而只是一种研究取向。这种研究取向并不过于强调研究过程控制的严格性和研究计划的严密性，它允许研究者在实际工作中对研究方案进行不断修改和完善。这种研究取向具有四个特点：①为行动而研究，即研究者基于实际工作的需要，将实际问题发展为研究课题，目的在于更好地解决问题、提高行动质量；②对行动进行研究，即为了将研究过程与行动过程相结合，研究者将解决问题的方法作为变量在全程研究中逐个加以检验；③在行动中研究，即行动者参与研究，研究者参与实践，两者在研究和工作中相互协作，缩短理论与实践活动、研究成果与实际应用之间的距离；④在动态情境下进行研究，即行动研究能在动态环境下或在较短时间内显示行动者在实际工作中的作用和效能，便于行动者根据反馈动态地调整研究和行动。

行动研究的过程在整体上存在一定的结构框架。一般认为，行动研究是一个由计划、行动、观察和反思四个相互联系的环节组成的螺旋上升的发展过程。图 1-1 展示了一位教师为了在课堂上培养学生的探究习惯和能力，采用行动研究的循环过程来改进课堂教学。

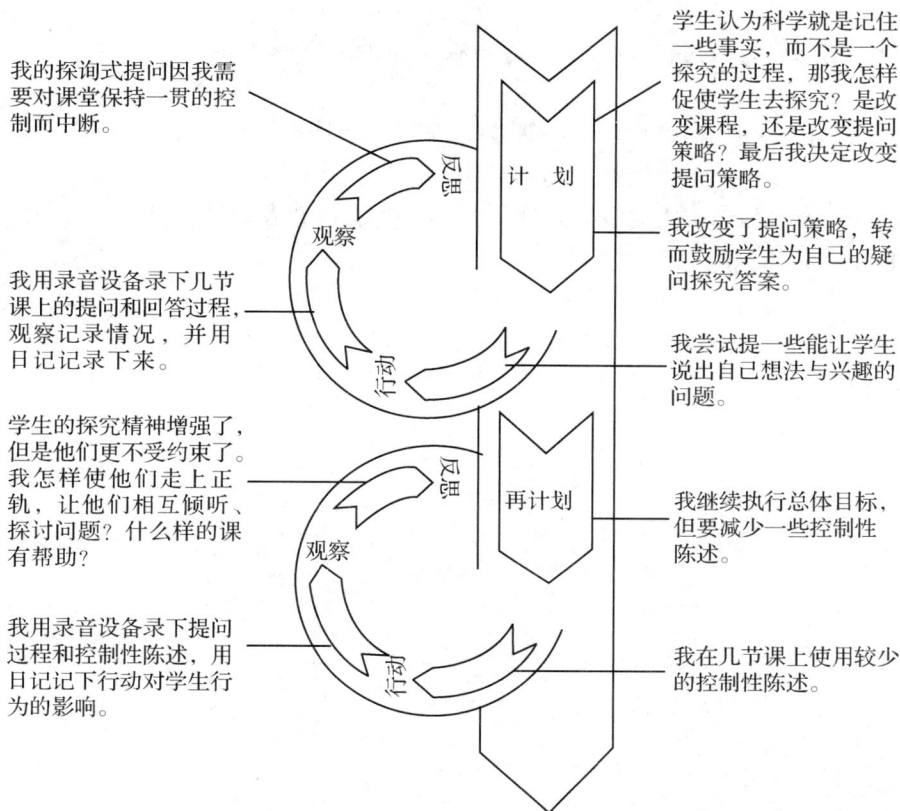

我的探询式提问因我需要对课堂保持一贯的控制而中断。

学生认为科学就是记住一些事实，而不是一个探究的过程，那我怎样促使学生去探究？是改变课程，还是改变提问策略？最后我决定改变提问策略。

我用录音设备录下几节课上的提问和回答过程，观察记录情况，并用日记记录下来。

我改变了提问策略，转而鼓励学生为自己的疑问探究答案。

我尝试提一些能让学生说出自己想法与兴趣的问题。

学生的探究精神增强了，但是他们更不受约束了。我怎样使他们走上正轨，让他们相互倾听、探讨问题？什么样的课有帮助？

我继续执行总体目标，但要减少一些控制性陈述。

我用录音设备录下提问过程和控制性陈述，用日记记下行动对学生行为的影响。

我在几节课上使用较少的控制性陈述。

图 1-1　行动研究的螺旋过程

（资料来源：McNiff，1988）

思考题

1. 教育心理学的主要研究对象是什么？

2. 通过检索与教育心理学有关的中文或外文期刊，分别找到运用问卷法、实验法、观察法或访谈法的研究文献，分析研究的实施过程和数据分析方式，评价研究所采用的方法对于该研究的适用性。

3. 举例说明教育心理学的作用。

4. 说说正式学习与非正式学习对教育心理学的研究内容的影响。

5. 列举教育心理学常用的研究方法。

6. 举例说明教育行动研究的应用。

推荐阅读

陈琦，刘儒德．当代教育心理学（第 3 版）．北京：北京师范大学出版社，2019．第一章

［美］罗伯特·斯莱文．教育心理学：理论与实践（第 10 版）．吕红梅，姚梅林，等，译．北京：人民邮电出版社，2016．第一章

［美］安妮塔·伍尔福克．教育心理学（第 12 版）．伍新春，等，译．北京：中国人民大学出版社，2015．第一章

第二章

学生的认知发展

教育和学生的**心理发展**(psychology development)之间存在着相互依存与相互促进的关系。一方面，教育必须以学生心理发展的水平和特点为依据。教学要遵循**准备性原则**(principle of readiness)，根据学生原有的思维发展与知识准备状态进行新的教学。另一方面，教育对儿童的心理发展起着主导作用，它制约着心理发展的过程和方向。皮亚杰与维果茨基对教育与心理发展的这两个方面的关系分别做出了系统的阐述。

本章要点

● 皮亚杰的认知发展理论
○ 认知结构的建构
○ 认知发展的阶段
○ 认知发展的因素
○ 皮亚杰理论对教育的影响
● 维果茨基的社会文化理论
○ 文化历史发展理论
○ 心理发展观
○ 最近发展区
○ 维果茨基理论对教学的影响

第一节　皮亚杰的认知发展理论

瑞士心理学家皮亚杰探讨了人是如何获得知识的，以及思维是如何随年龄的变化而发展的，形成了独具特色的认知发展理论，对教育产生了巨大的影响。

一、认知结构的建构

人是通过智力活动来组织和适应环境的。组织就是个体通过不断组合将行为和思想纳入一个连贯的系统。适应是指个体根据环境的变化做出调整。

组织涉及认知结构。儿童为什么会在不同的年龄阶段表现出智力上的行为差异？皮亚杰认为是儿童的认知结构不同所导致的。例如，研究者让儿童比较两排棋子，其中一排为9个，另一排为8个，但排得更长一些。如果儿童在数了每一排棋子之后仍然说有8个棋子的那一排更多，那由此可以推知，这个儿童在面临感知与推理冲突的问题时，是基于感知做出回答的。当然，推理最终会占优势，但这只有在认知结构发生了变化之后才有可能。认知结构上的这类变化就是智力的发展。皮亚杰儿童认知发展理论中的发展就是指认知结构的变化。

皮亚杰把这种认知结构称为**图式**（scheme），它指"动作的组织结构，这些动作在同样或类似的环境中由于重复而引起迁移或概括"（皮亚杰，英海尔德，1980）。例如，"用棍棒推动一个玩具"这类动作经过重复和概括，形成一个图式"以某物推动某物"，随后被运用到其他物体上。

人最初的图式是一些先天的无条件反射，如吸吮反射和手掌反射等。在与环境刺激的相互作用中，个体以这些简单的无条件反射为基础逐渐建构起新的图式。以吮吸反射图式为例，在刚出生时，婴儿通常不加分辨地吮吸塞到他嘴里的任何东西——乳头、奶嘴、手指等。这表明分化还未出现，只有单一的、笼统的吮吸图式存在。在出生后不久，婴儿学会了区分。饥饿的时候，他只接纳有奶汁的刺激物，而不接纳无奶汁的刺激物，这表明，这个婴儿已经分化出了两种吮吸图式，一种与有奶汁的刺激物相对应，另一种则与其他刺激物相联系。另一方面，图式与其他图式相互协调，综合成新的图式。例如，吮吸反射和手掌反射等综合成为有意识的抓握反射。初生婴儿在几天后就能更有把握地吃奶，并且当乳头滑脱出口时，能比第一次吃奶时更容易找到乳头。两个月的婴儿就有了吮吸拇指的现象。至于比较高级的吮吸拇指的活动则是一种有系统的动作，有赖于臂、手和口的联合运动。而且婴儿在吸奶时看到妈妈的形象，又听到妈妈的声音，还接触到妈妈抱他的姿势等，因而最初具有遗传性的反射图式发展为多种图式的协同活动。由于图式之间的不断分化、协调，儿童的由图式构成的网络系统日益复杂化，逐渐趋于"成人化"。

适应涉及智力的机能。皮亚杰所说的适应机能包括同化和顺应两个过程。皮亚杰认为，**同化**（assimilation）就是把外界元素整合到一个正在形成或已经形成的结构中。例如，许多儿童第一次看见臭鼬时，把它们称作"小猫"。他们努力地将新的经验与已经存在的图式匹配去识别动物。**顺应**（accommodation）则是指同化的结构受到所同化的元素的影响而发生的改变。例如，儿童将识别臭鼬的图式添加到他们识别其他动物的体系中。皮亚杰也正是以这个过程来阐释主体认知结构与环境刺激之间的关系的：当有机体面对一个新的刺激情境时，如果主体能够利用已有的图式或认知结构把刺激整合到自己的认知结构中，就是同化，也只有通过这一过程，主体才能对新刺激做出反应；而当有机体不能利用原有图式接受和解释它时，主体的认知结构由于刺激的影响而发生改变，这就是顺应。

皮亚杰认为心理发展就是个体通过同化和顺应日益复杂的环境而达到**平衡**（equilibrium）

的过程。在感受某种新刺激的时候，个体试图把这个刺激物同化到既有的图式中。他如果成功了，就获得了与这个特定的刺激相应的暂时平衡。他如果不能同化这个刺激，就会企图通过改造旧图式或建立新图式来顺应这个刺激物。在个体改造或建立图式以顺应刺激以后，随之而来的是个体对刺激的同化，并以达到暂时的平衡而告终。个体也正是在平衡与不平衡的交替中不断建构和完善认知结构，从而实现认知发展的。

二、认知发展的阶段

皮亚杰提出，在个体从出生到成熟的发展历程中，认知结构在与环境的相互作用中不断重构，表现出具有不同质的不同阶段。他把个体的认知发展分成了四个阶段。

（一）感知运动阶段

在**感知运动阶段**（sensorimotor stage，0～2岁），儿童的认知活动主要是通过探索感知觉与运动之间的关系获得动作经验的。儿童形成了一些低级的行为图式，以此适应外界环境和进一步探索外界环境，主要通过看、抓取和嘴的吸吮等方式。在这个阶段的后期，儿童开始使用符号和语言。

在这个阶段，儿童在认知发展上的一个成就是发展了**客体永恒性**（object permanence），即当某一客体从儿童视野中消失时，儿童知道该客体并非不存在了。儿童在9～12个月时获得客体永恒性，而在此之前，儿童往往认为不在眼前的事物就不存在了，并且不再去寻找。客体永恒性是后来认知活动的基础。

（二）前运算阶段

运算（operation）是指内部的智力或操作。儿童在感知运动阶段后期能运用一些动作图式，但是这些图式需要与一些具体动作相联系，而对回忆过去、明了信息或者做计划是无效的。因此，儿童需要不断完成动作和智力上的更新，向皮亚杰所称作的运算发展。

前运算阶段（preoperational stage，2～7岁）的主要成就是儿童形成了使用字词、手势、标记等符号的能力，如使用"自行车"或者没有真实呈现的代表实际自行车的图片。儿童最早使用符号是在假装或模仿中。在前运算阶段，我们也会看到非常重要的表征系统——语言的迅猛发展。在2～4岁时，大多数儿童将他们的词汇从大约200个扩展到2000个。

这个阶段的儿童在一定程度上受到单一方向思维的限制，即儿童的思维具有**不可逆性**（irreversibility）。有研究表明，从与处于前运算阶段的4岁男孩的交谈中，我们可以发现这个阶段儿童的思维缺乏可逆性。

主试："你有兄弟吗？"

儿童："有。"

主试："他的名字是什么？"

儿童："杰姆。"

主试："杰姆有兄弟吗?"

儿童："没有。"

儿童在注意事物的某一方面时往往忽略其他的方面,即儿童的思维具有刻板性。与思维的不可逆性和刻板性等特点相联系,儿童尚未获得物体**守恒**(conservation)的概念。守恒是指物体即使在排列和外观上发生了改变,其物质的量也保持不变。这个阶段的儿童由于受直觉知觉活动的影响,还不能认识到这一点。

守恒困难性的一个经典实例是处于前运算阶段的儿童对皮亚杰任务的反应:给一个5岁儿童展示两个同样的玻璃杯,杯子里面有几乎同样多的有颜色的水。

主试："是不是一个玻璃杯里的水多一些呢,或者它们是一样多的?"

儿童："一样的。"

然后,主试将一个杯子里的水倒入一个高的狭窄的玻璃杯里。

主试："现在是一个杯子里的水多一些吗,或者它们是一样多的?"

儿童："高的那个多些。"

主试："你是怎么知道的?"

儿童："这儿上升得多些(指着高玻璃杯的较高水位)。"

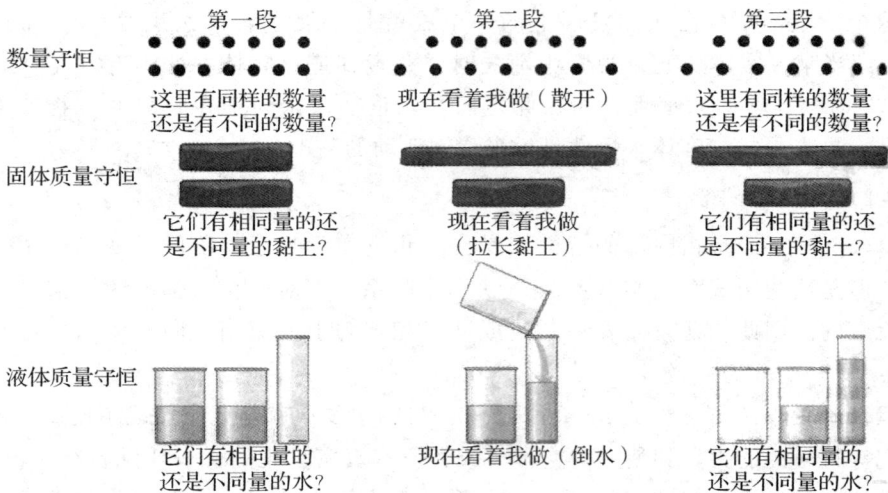

图 2-1 守恒测验

(资料来源:理查德·格里格,菲利普·津巴多,2014)

皮亚杰对这个儿童的反应的解释是她将注意力集中在高度这一维度上。她对同一时间考虑多于一个维度的情形有困难。由于需要同时计算两种维度,前运算阶段的儿童不能理解增加直径长度对降低高度的补偿。

皮亚杰认为,前运算阶段的儿童是**自我中心主义**的(egocentric),他们趋向按照他们自己的观点了解世界和他人的经验。自我中心主义不是指自私,它仅仅表示儿童经常假定其他人都在分享他们的情感、反应和看法(观点)。例如,假如处于这个阶段的小男孩害怕小狗,他可能会假定所有的儿童都会有这种恐惧感。皮亚杰通过三山实验发现 7 岁以下儿童的思维方式都存在自我中心的倾向。

自我中心主义在儿童的语言中也存在。即使没有一个人听，年龄小的儿童也会高兴地谈论他们正在做什么。这可能发生在儿童一个人的时候，甚至更频繁地发生在儿童群体中——每个儿童都热情地谈论着，但是没有任何真实的相互作用或者交谈。皮亚杰称之为集体的独白（collective monologue）。

（三）具体运算阶段

在**具体运算阶段**（concrete operational stage，7～11 岁），儿童的认知结构已发生了重组和改善，思维具有一定的弹性，思维可以逆转。随着守恒、分类和顺序排列运算能力的掌握，儿童已经最终发展出完整的、具有逻辑性的思维体系。按照皮亚杰的观点，一个儿童解决守恒问题的能力依赖于其对三个基本因素的理解：同一性、补偿性和可逆性。随着对**同一性**（identity）的完全掌握，儿童知道，假如没有东西被增加或取走，物质是相同的。随着对**补偿性**（compensation）的理解，儿童知道一个方向外观上的变化能够用另一个方向上的变化来补偿。也就是说，假如玻璃杯里面的液体要增高，玻璃杯就必须要变窄一些。随着对**可逆性**（reversibility）的理解，儿童能在心智上抵偿发生的变化。但这一阶段儿童的思维仍需要具体事物的支持，他们还不能进行抽象思维。

此外，本阶段儿童已经能理解原则和规则，但在实际生活中只能刻板地遵守规则，不敢改变规则。

（四）形式运算阶段

形式运算阶段（formal operational stage，11 岁至成年），儿童的思维已摆脱了对具体的可感知的事物的依赖，使形式从内容中解脱出来，进入形式运算阶段（又称命题运算阶段）。本阶段儿童的思维是以命题形式进行的，并且他们能发现命题之间的关系；进入形式运算阶段的儿童能够根据逻辑推理、归纳或演绎的方式来解决问题；此阶段的儿童能理解符号的意义、隐喻和直喻，能做一定的概括，其思维发展水平已接近成人的水平。例如，如果我们问一个低龄儿童，人假如不睡觉会有什么不同，这个儿童可能说："人是会睡觉的。"相反，掌握形式运算的青春期学生能够考虑与事实相反的问题。青春期学生在回答中显示出了形式运算的特征——**假设演绎推理**（hypothetical deductive reasoning）。形式思维者能考虑假设情境（人不睡觉），进行演绎推理（从一般的假定到特殊的含义，如会出现长时间工作日或者娱乐性质的工厂）。

这个阶段儿童的另一个特征是**青春期自我中心**（adolescent egocentrism）。与低龄儿童的自我中心不同，青少年并不否认他人有不同的感知觉和信念，青少年开始非常关注他们自己的观点。他们分析自己的信念和态度。这就是所谓假象中的观众（Elkind，1981）——感觉每个人都在看着自己。因此，青少年相信他人在分析他们："所有人都注意到我这周穿了两次这件衬衫。""全班都认为我的答案很傻。""大家都会喜欢我新买的光盘。"假如每个人都在关注青少年，那么外观上的失误和不理想可能是破坏性的。这个阶段的这种情感在十四五岁青春期的早期就达到了顶端。

在本阶段，儿童不再刻板地恪守规则，并且常常由于规则与事实的不符而违反规则或违抗师长。对这一年龄阶段的儿童，教师和家长不宜采用过多的命令和强制性的教育，而应鼓励和指导他们自己做决定，同时对他们考虑不全面的地方提出建议和改进方法。

三、认知发展的因素

皮亚杰认为认知发展主要有四个因素：成熟、练习和经验、社会性经验以及平衡化。这些因素在认知过程中产生交互影响。

（一）成熟

成熟（maturation）是指机体的成长，特别是神经系统和内分泌系统的成熟，这为认知发展提供了生理基础。皮亚杰认为，成熟主要揭示了新的可能性，但这也仅仅是某些行为模式出现的必要条件，而如何使可能性成为现实性，这有赖于个体的练习和经验。

（二）练习和经验

儿童认知发展的源泉是主体、客体之间的相互作用。**练习和经验**（practice and experience）是指个体对物体施加动作过程中的练习和习得的经验（不同于社会性经验）。例如，儿童可能通过体验秋千发现平衡的规则。皮亚杰将经验划分为物理经验和逻辑数理经验两种。物理经验是指个体通过与物体打交道而获得的有关物体特性的经验，如物体的大小和质量等。逻辑数理经验不是基于物体的物理特性，而是基于施加在物体上的动作，从动作及相互关系中抽象出来的经验。比如，具体运算阶段的儿童获得了逻辑思维能力，能从经验中发现一组物体的总和（如几个卵石的数目）与这组物体中各个成分（如各个卵石）的空间排列的位置无关，与计数的先后次序也无关。因此，皮亚杰说，"知识来源于动作，而非来源于物体"（皮亚杰，英海尔德，1980）。

（三）社会性经验

社会性经验（social transmission）是指社会环境中人与人之间的相互作用和社会文化的传递，主要表现为人们彼此间观念的交流。

社会性的相互作用因素在儿童的社会约定知识的建构过程中具有特别重要的意义。社会约定知识是人类自己发展起来的知识，它包括规则、法律、道德、价值、伦理、习俗、名称和语言系统等方面的知识。这种知识是从文化中发展起来的，它不能像获取物理和逻辑数理知识那样，从作用于物体的动作中获得，而是需要儿童通过自己作用于他人的动作（儿童与儿童之间、儿童与成人之间的相互作用）建构起来的。

儿童在认知发展中获得的概念和图式可以分为两类（瓦兹沃思，1989）：一类是具有可感知的物理参照物（它们可以被看到、听到等）的图式和概念（如"树"）；另一类是没有此类参照物的概念和图式（如"诚实"）。儿童可以在一种相对脱离他人的情形下，建构社会可接受的有关"树"的概念（物理知识），因为儿童通常能够接触到参照物（"树"）。但是，同一个儿童却无法在脱离他人的情形下建构起一种可被社会接受的有关"诚实"的概念（社会约定知识）。概念在多大程度上是"约定的"或俗成的，儿童就得在多大程度上依赖社会性相互作用来建构并验证它。

（四）平衡化

具有自我调节作用的**平衡化**（equilibration）过程在认知发展中起关键作用。皮亚杰认为，智力的本质是主体改变客体的结构性动作，是介于同化和顺应之间的一种平衡，是主体对环境的能动适应。实现平衡的内在机制和动力就是自我调节。自我调节是认识活动的最一般机制，它使得认知结构由低级水平向高级水平发展。具体模式是：当个体的已有图式或认知结构能够同化新的知识经验时，他就会在心理上感到平衡；当个体的已有图式或认知结构不能同化环境中新的知识经验时，他的心理就会失衡。心理失衡的结果，使得个体会产生一种自我调节的内驱力，驱使个体调整已有图式或认知结构，容纳新的知识经验，从而达到新的平衡。个体每经过一次由失衡到新的平衡的过程，其认知结构就会发生一次新的改变。个体认知结构的改变使之能够吸收和容纳更多新的知识经验，促使智力水平得到发展和提高，因此皮亚杰认为，具有自我调节作用的平衡过程是智力发展的内在动力。

我们以 6 岁的小丽和她的爸爸在一辆汽车里的交谈为例来阐明平衡的作用。他们的汽车以每小时 100 千米的速度行驶着，在他们前面大约 100 米的地方，有另外一辆汽车。他们在这辆车的后面行驶了好一会儿，两车之间的距离也没有变。小丽的爸爸指着前面的车问："哪辆车开得更快？是那一辆，还是我们这辆，还是两辆的速度一样呢？"小丽回答说："前面那辆更快，因为它在我们前面。"如果她爸爸这时告诉她，实际上两辆车的速度是一样的，那么就可能会给小丽制造一个矛盾，而她需要通过同化和顺应来解决这个矛盾。如果同化信息，小丽会改变现实，即认为爸爸在和她开玩笑，或者认为可能在爸爸说的时候两辆车的速度是一样的，而在这之前是另一辆车开得更快。如果顺应新的信息，她可能会在并不理解为什么的情况下相信她爸爸告诉她的话，或者改变她原有的观念系统，转而认为所有在他们前面的汽车的速度都与他们的是一样的。

四、皮亚杰理论对教育的影响

（一）教育要促进儿童内部的积极主动的建构过程

在皮亚杰看来，学习并不是个体获得越来越多外部信息的过程，而是学到越来越多有关自身认识事物的程序，即建构了新的认知图式的过程。当皮亚杰在研究学习时，他常常问"你是怎么知道的？"而不是"你知道吗？"例如，为什么一个 5 岁儿童看到水从一个玻璃杯进入另一个形状不同的玻璃杯时，会认为水量发生了变化，而在 7 岁以后就认为水量相等了呢？皮亚杰认为，儿童学到的是一种解决问题的程序，或者说儿童在原有图式的基础上，通过反思抽象和创造的过程，形成了一种新的认知图式。因此，在学习之中，如果儿童不能解释他是怎么知道的，就说明他实际上还没有学会。教师也许可以教给儿童某种知识，但是如果儿童不能将它同化到自己已有的认知图式之中，这种知识很快就会被遗忘。这种同化只有在儿童积极参与建构时才有可能发生。"儿童越是积极，他的学习就越有可能成功。然而，认知方面的积极参与，并不意味着儿童仅仅是在摆弄某种材料。儿童在没有摆弄物体的情况下，可能在心理上积极参与；相反，他在实际摆弄物体时，心理上可能是消极的"(Inhelder et al.，1974)。皮亚杰的这一思想启示我们，教育需要建构积极主动的学习环境，促进学生内部的积极主动的建构过程。

（二）教育应当适合儿童当前的发展阶段

皮亚杰认为，教育应当适合儿童当前的发展阶段。皮亚杰不主张教给儿童那些明显超出他们发展水平的材料。例如，成人不能成功地将沉浮的规律教给 5 岁的儿童。尽管儿童有经验，但他缺少思考像密度这样的抽象概念时所必需的形式运算，所以他们不可能建立起有条理的关于沉浮问题的观念。但是，过于简单的问题对儿童的认知发展作用也不大。在皮亚杰看来，儿童的认知发展是以已有的认知结构为基础的，并以已有图式与环境相互作用而产生的认知需要为动力。因此，教师创设或提供的教学情境要既能引起学生的认知不平衡（cognitive disequilibrium），又不过分超越学生已有的认知水平和知识经验。当学生在学习中出现错误或体会到一种认知冲突时，他们会重新思考自己的观点，也就可能会获得新的观点或知识。

第二节　维果茨基的社会文化理论

苏联心理学家维果茨基从历史唯物主义的观点出发，在 20 世纪 30 年代提出了文化历史发展理论。这种理论强调人类社会文化与社会交互对心理发展的重要作用，主张人的高级心理机能是社会历史发展的产物。他和苏联另两位心理学家列昂捷夫、鲁利亚都是文化历史学派的代表人物，被称为维列鲁学派。

一、文化历史发展理论

维果茨基从种系和个体发展的角度分析了心理发展的实质，提出了文化历史发展理论。这种理论认为，人的心理发展的源泉和决定因素是历史过程中不断发展的文化，而文化是人的社会活动的产物。维果茨基的文化历史发展理论是由相互联系的三个方面（活动论、工具中介论和内化论）组成的。

（一）活动论

维果茨基根据马克思的活动观点提出，个体的心理发展起源于个体所参与的社会文化活动。儿童通过学习其所在文化的符号系统，引发基本思考技能（如数数以及简单加减等）或者复杂思考技能的发展，再加上通过与文化中其他人进行互动，从而掌握自己的行为。例如，在新几内亚岛的一个村落里，村民们利用身体的各个部分来数数。他们数数是从右手拇指开始的，接着是手掌、手臂、肩膀、右耳、眼睛，再到左臂与手指等。用这种方法所数出的最大数是 29，所以他们连简单的加减法都觉得困难。人的劳动活动与社会生活的基本结构制约着人的心理的基本结构。

（二）工具中介论

人的劳动活动与心理活动都是以工具为中介的。人的劳动活动与心理活动是以两种性质不同但又彼此紧密联系的工具为中介的。前一种工具为物质生产工具，如刀、弓箭等，它指向外部，引起客体的变化；而精神生产工具是指心理工具，即语言和符号系统，它指向个体内部，影响着人的心理结构和行为。后一种工具为精神生产工具，它是在物质生产基础上产生的人与人相互联系的方式和社会文化发展的产物——各种符号系统。这些符号系统，特别是语词系统，对人的活动起中介作用，并从根本上改变了人的心理结构，从而形成了人类特有的高级的心理机能。例如，人们为了记忆，可利用打绳结、做砍痕等辅助手段，提醒自己要做的事。这时，人改变的似乎只是外部物质，但随后这些变化则作用于人的内部心理过程，使人的内部心理过程发生了变化。人的内部心理过程有这种特殊工具起中介作用，不仅能够改变环境，同时能够使人控制自己的行为。

（三）内化论

人的以符号系统为中介的高级心理机能是由外部集体活动内化而成的。**内化**（internalization）是指社会活动发展为内部心理活动的过程。维果茨基认为，儿童的高级心理机能来源于社会活动，是在与社会的各种交互活动，包括教学、日常游戏和劳动等中形成与发展起来的，是这些社会相互活动不断内化的结果。随着儿童的发展，他们逐渐会将自己在社会情境中使用的交互过程内化并开始独立使用它们。具体地说，在儿童与成人或者其他知识经验更丰富的个体讨论物体、事件、人物和问题时，儿童逐渐将他人谈论和解释世界的方法纳入自己的思维，并开始使用和别人一样的文化工具，如词汇、概念、符号和策略，形成自己的知识、思想、态度和价值观等。用维果茨基自己的话说，"在儿童的发展中，所有的高级心理机能都两次登台：第一次作为集体活动、社会活动，即作为心理间的机能；第二次作为个体活动，作为儿童的内部思维方式，作为内部心理机能"（维果茨基，1994）。人的心理发展正是在由活动的外部的、展开的、集体的形式向着完成活动的内部的、精简的、个体的形式的转化中实现的。

维果茨基非常重视语言和发展的关系，认为语言在儿童认知发展中起关键作用。语言为个体提供了思维的工具，帮助人们获得对世界的认识并解决问题。语言使得儿童与他人交往更加方便和有效，实现了人与人之间的文化交流和观念交换。与皮亚杰的自我中心言语观点不同，维果茨基对自言自语提出了自己的见解。在皮亚杰看来，儿童的自我言语是认知不成熟的表现，是一种自我中心的言语；儿童自言自语时并未考虑其他人的兴趣，只有当儿童的认知逐渐成熟时，儿童才渐渐能够倾听对方并与对方进行交流。维果茨基认为儿童的自言自语并不是不成熟的表现，并认为这种自言自语在其认知发展中起着重要作用，这是一种儿童与自己的交流，并借以指导自己的行为，而且随着儿童的成熟，这种喃喃自语逐渐发展为耳语、口唇动作、内部言语和思维，从而完成内化过程。

二、心理发展观

维果茨基区分了两种心理机能：一种是作为动物进化结果的低级心理机能，包括简单知觉、无意注意、自然记忆等，这是个体早期以直接的方式与外界相互作用时表现出来的特征；另一种则是作为社会文化历史发展产物的高级心理机能，包括类别性知觉、逻辑记忆、抽象思维、有意注意等，是以符号系统为中介的心理机能。正是高级心理机能，使得人类心理在本质上区别于动物。

维果茨基认为，心理发展就是个体心理在环境和教育的影响下，在低级心理机能的基础上，逐渐向高级心理机能转化的过程。人使用物质工具进行劳动操作，具有了与动物的本质区别，同时人又使用符号、词、语言等精神工具进行精神生产，使自身的心理机能发生质的变化，上升到高级阶段。例如，在低级心理机能中，幼儿的记忆是以再认反应来呈现的，如看到母亲离去则大哭起来。在高级心理机能中，记忆变得逻辑化，成为记住事物与寻找逻辑关系的过程，即使是再认，也是高层次的，是在搜索所要匹配的元素。"对幼儿来说，思考意味着回忆，但对青少年来说，回忆意味着思考。"（Vygotsky，1978）可见，在个体心理发展的过程中，这两种机能是融合在一起的。因此，人的心理与动物的相比，不仅是量的增加和结构的变化，即各种机能本身得到了改造，而且各种机能之间的关系变化了，形成了具有新质的意识系统。

精神工具的运用使人的高级心理机能在结构上比低级心理机能多了一个中介环节，因而使自身具有间接的性质。高级心理机能具有一系列不同于低级心理机能的特征：它们是随意、主动的；其反应水平以概括和抽象为特征，具有以符号或词为中介的间接结构特点；它们是社会文化历史发展的产物；心理活动个性化。个性的形成是高级心理机能发展的重要标志。

三、最近发展区

关于教学和发展的关系，维果茨基提出了最近发展区的概念。他认为，教学要取得效果，必须考虑儿童已有的水平，并要走在儿童发展的前面。教师在教学时，必须考虑儿童的两种发展水平，一种是儿童现有的发展水平，另一种是儿童在他人尤其是在成人指导的情况下可以达到的较高的解决问题的水平，这两者之间的差距就叫作**最近发展区**（zone of proximal development）（见图 2-2）。

在最近发展区中，儿童在与成人的合作中能够比独自一人时完成更多的困难任务。一般来说，所有儿童的最近发展区都是不断变化的。随着时间的推进，一些之前不能完成的任务逐渐被儿童掌握，取而代之的是更加复杂和困难的任务。例如，学生在教师的协助下能够阅读自己不能独立理解的文章。下面我们来看一个具体的例子，请注意学生是如何在与教师的互动中学会正确的解题过程的：

教师：（在黑板上写下 $6\overline{)44}$ ）44 除以 6。什么数乘 6 最接近 44？

学生：6。

教师：6 乘 6 是多少？（写下 6）

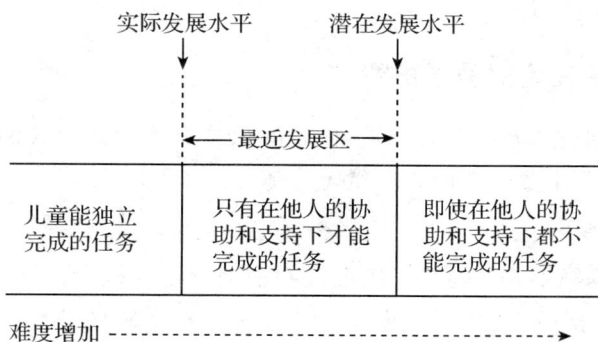

图 2-2　最近发展区

（资料来源：珍妮·埃利斯·奥姆罗德，2011）

学生：36。

教师：36，还有更接近的吗？（擦掉6）

学生：8。

教师：6乘8是多少？

学生：64——48。

教师：48，太大了，你还能想到……

学生：6乘7等于42。

最近发展区为学生提供了发展的可能性。维果茨基认为，儿童很少能够从他们已经能够独立完成的任务中有所收获，相反，儿童的发展主要是通过尝试那些只有在他人的协助和支持下才能完成的任务，即最近发展区中的任务来实现的。简单地说，是生活中的挑战，而不是能够轻易取得的成功，促进着我们的认知发展。虽然具有挑战性的任务如此重要，但是那些不可能完成的任务——即使在他人的协助和引导下仍不能完成的任务——是没有益处的。从本质上说，一个儿童的最近发展区从认知上限定着他能够学习的内容。

最近发展区也为教师提供了教学的作用范围。教师应该为学生布置那些只有在别人的帮助下才能被他们成功完成的任务。在一些情况下，这种帮助必须来自具备更高技能的个体，如成人或高年级学生。在另一些情况下，能力相当的学生之间的合作也能够使困难的任务得到解决，因为在合作中，每位成员都能够为团队贡献出自己独特的力量。此外，教学还需要给具有不同最近发展区的学生安排不同的任务，以使得所有学生都能够接受到最有利于自身认知发展的挑战。

教学的作用表现在两个方面：一方面可以决定儿童发展的内容、水平和速度等；另一方面也创造着最近发展区，因为儿童的两种水平之间的差距是动态的，它取决于教学如何帮助儿童掌握知识并促进其内化。教学需要注重学生的最近发展区，把儿童潜在的发展水平变成实际的发展水平，同时也在不断创造新的最近发展区。教学只要充分考虑到儿童现有的发展水平，而且能根据儿童的最近发展区对儿童提出更高的发展要求，就能够促进儿童的发展。维果茨基认为儿童通过教学才掌握了人类的经验，并内化于自身的认知结构中。

四、维果茨基理论对教学的影响

维果茨基的观点在教学活动中有很多可以应用的地方（Karpov & Haywood，1998），发展出了一些重要的理论概念和教学模式。

（一）教学支架

布鲁纳等人根据维果茨基的最近发展区和辅助学习的概念，提出了**教学支架**（sca-ffolding）的概念。根据最近发展区的概念，教学需要控制那些超出学生能力范围的任务元素，使学生将注意力集中到他们能力所及的任务内容上，并快速地掌握它们（Bru-nning，Schraw & Norby，2011）。在一个学习情境里，教师最初要承担大部分的工作；在这之后，学生和教师分担责任。当学生逐渐变得更有能力时，教师逐步撤走支架，从而使学生得以独立完成任务（申克，2003）。这其中的关键是，教师要保证支架一直使学生处于其最近发展区之内，在学生能力有所发展的时候，对这个支架做出调整。学生在最近发展区的范围内学习有挑战性的内容。以建筑工地中使用的脚手架做类比，教学支架有 5 个基本功能：提供支持，具有工具的性能，扩展学生所能达到的范围，使学生能完成本不可能完成的任务，只有在需要的时候才选择使用。

（二）合作学习与交互式教学

维果茨基的理论是合作学习的理论基础之一。当同伴合作完成一项任务时，他们分享到的社会交往可以起到教学指导的作用。

维果茨基强调社会交往和教学支持在学生逐步发展技能的过程中的作用。有研究者（Palincsar & Brown，1984）据此开发出了一种教学模式——**交互式教学**（reciprocal teaching）。交互式教学包括教师和学生小组之间的相互对话。最初，教师示范所要完成的活动，然后，教师和学生轮流扮演教师。例如，如果学生要学会阅读提问，那么教师首先示范提问—回答的策略，然后检查学生对某阅读材料的理解水平，再由学生相互检查。

（三）认知学徒制

维果茨基特别强调社会交互与内化在儿童发展中的作用，这对**认知学徒制**（cogni-tive apprenticeship）的提出具有一定的影响。在认知学徒制中，新手与专家近距离地一起进行与工作有关的活动。学徒在自身的最近发展区中工作，经常遇到超出他们能力范围的工作任务。通过与专家一起工作，新手获得了专家与他们分享的关于重要过程的知识，并且将之与自己当前的理解联系起来。认知学徒制非常强调社会性互动的作用，它被应用到教育的许多方面，表现为学生与指导教师一起在学校里面工作。各年龄段的学生通过这种形式获得了技能。

对儿童心理的发展问题，维果茨基用历史唯物主义的观点，较为全面地阐述了教育与发展的辩证关系，即教育不等于发展，但不受限于发展，在一定范围内教育可以促进发展。该理论重视社会历史背景在儿童发展中的作用，阐述了语言以及高级思维的发展，提出了最近发展区的概念，阐明了成人、同伴的相互作用在儿童学习发展中的重要作用等。在他逝世三四十年后，这些观点被越来越多西方的研究者和教育人员所接受和重视，这是十分可贵的。但是，维果茨基对发展过程的描述是不够确切和缺乏细节的，而且关于特定年龄阶段的儿童所应具备的特征，维果茨基几乎没有提及。因此，对研究者而言，证实或推翻维果茨基理论的任务就变得十分困难。

思考题

1. 简述教育与心理发展的关系。
2. 怎样理解皮亚杰认知发展理论中的同化和顺应两个概念？
3. 皮亚杰针对儿童认知发展因素提出了什么样的观点？这对教育有何启示？
4. 皮亚杰对儿童认知发展的阶段是如何划分的？
5. 联系实际论述皮亚杰理论在教学上的应用。
6. 什么是最近发展区？这一概念的提出对教育有何启示？
7. 如何理解维果茨基的教学支架概念在教学上的指导意义？
8. 如何理解维果茨基文化历史发展理论中的内化过程？

推荐阅读

陈琦，刘儒德．当代教育心理学(第3版)．北京：北京师范大学出版社，2019．第二章

[美]戴尔·H．申克．学习理论．韦小满，等，译．南京：江苏教育出版社，2003．第六章

[美]罗伯特·斯莱文．教育心理学：理论与实践(第10版)．吕红梅，姚梅林，等，译．北京：人民邮电出版社，2016．第二章

[美]安妮塔·伍尔福克．教育心理学(第12版)．伍新春，等，译．北京：中国人民大学出版社，2015．第二章

第三章

学生的社会性与道德发展

　　学生的心理发展，不仅指认知发展，还包括个性与社会性发展以及道德发展。教育的目的不仅是促进智力的发展，更重要的是塑造健全人格，培养遵守社会规范的道德品质。为此，教育者需要了解学生在这些方面的发展。

本章要点

- ● 学生的个性与社会性发展
- ○ 埃里克森的心理社会发展理论
- ○ 自我意识、自我概念和自尊
- ○ 社会化：家庭、同伴和教师
- ● 学生的道德发展
- ○ 皮亚杰的道德认知发展理论
- ○ 科尔伯格的道德认知发展理论

第一节　学生的个性与社会性发展

一、埃里克森的心理社会发展理论

　　埃里克森的**心理社会发展理论**(psychosocial developmental theory)认为，人格发展受社会文化背景的影响和制约。个体的发展贯穿人生全程，且这个过程存在阶段性。各个阶段都有特定的目标、任务和冲突，后一阶段**发展任务**(developmental task)的完成依赖于早期任务的完成和冲突的解决。在发展的不同阶段，个体都面临着**发展危机**(developmental crisis)。个体化解危机的方式会对个体对自我形象和社会的见解产生持久的影响。成功化解这些危机，个体就得到了发展。

（一）心理社会发展的八个阶段

　　埃里克森认为，人格的发展贯穿个体的一生，且整个发展过程可以划分为八个阶段(见表 3-1)。

表 3-1　埃里克森的心理社会发展的八个阶段

年龄	发展危机	重要事件	危机描述
出生～18 个月	信任对不信任	喂食	婴儿与照料者建立起初步的爱与信任的关系,获得安全感;处理不好,则会在不熟悉的环境中产生焦虑。
18 个月～3 岁	自主对羞愧和怀疑	如厕训练	儿童的身体技能获得发展,开始出现符合社会要求的自主性行为;如果不能较好地控制自己的行为,则容易缺乏信心,发展出羞愧的心理。
3～6 岁	主动对内疚	独立	儿童对周围世界更加好奇,更具信心和责任感;如果发展不顺利,则会表现出退缩行为,或因过于主动而引起内疚感。
6～12 岁	勤奋对自卑	入学	儿童开始学习知识,发展能力,并学习为人处事;如果发展不顺利,则会产生自卑感和失败感,缺乏基本能力。
12～18 岁	同一性对角色混乱	同伴关系	青少年在职业、性别角色等方面获得了同一性,方向明确;如果发展不顺利,则容易丧失目标,失去信心。
成年初期	亲密对孤独	爱情关系	个体在成年初期逐渐感到和他人相处具有亲密感;如果发展不顺利则容易被社会疏离而感到孤独寂寞。
成年中期	繁殖对停滞	养育子女/指导者	个体在成年中期关爱家庭,支持下一代人发展,具有社会责任感;如果发展不顺利则不关心他人,容易使生活失去意义。
成年晚期	完美无憾对悲观绝望	反省和接受生活	成年晚期,自我接受感和满足感达到顶点,安享晚年;如果发展不顺利则会固着于陈年往事,虚度时光。

1. 信任对不信任

在这个阶段尤其是在生命的头几个月,婴儿的目标是建立起对周围世界的基本信任感,这种信任感是健康人格的基础。基本信任感是指"一种充分信任他人以及自己也值得信赖的一种基本感觉"。如果婴儿得到较好的抚养(如得到所需要的食物、体贴与负责任的照顾),并与照料者建立了最初的爱与信任的关系,婴儿将对周围世界产生信任感,否则将产生不信任感和不安全感。这种不信任感可能伴随儿童度过整个童年期,甚至影响成年期的发展。

2. 自主对羞愧和怀疑

这个阶段中的儿童已经学会了走路，并且能够充分地利用自己掌握的语言和他人进行交流。儿童的精力多用于发展运动技能，如走路、抓握等。此外，儿童还学会了控制。儿童开始表现出自我控制的需要与倾向，渴望自主并试图自己做一些事情，比如吃饭、穿衣、大小便。但是，如果操作不好，儿童会感到羞愧与焦虑。这时，父母要允许儿童自由地探索，给予适当的关怀和保护，帮助儿童培养自信心。

儿童这种对权利和独立性的渴望常常与父母的要求相冲突。如果父母对儿童一味地严厉要求和限制，则会使得儿童怀疑自己的能力，过分怀疑自己和感到羞愧的个体可能一生都会对自己的能力缺乏信心。

3. 主动对内疚

这一阶段的儿童的活动范围逐渐超出家庭的圈子。儿童开始追求出于自我利益和动机的活动。他们想象自己正在扮演成年人的角色并因为能从事成年人的活动和胜任这些活动而体验到一种愉快的情绪。例如，当父母做饭时，儿童递过一把勺子，便认为自己是在从事一项重要的活动并发挥了重要的作用。成年人的认可和监督将会使儿童相信他们的活动和贡献被他人所接受。

由于儿童能力的局限，他们出于自我动机的活动常常会被成年人禁止，这使他们认识到"想做的"和"应该做的"之间的差距，从而可能会降低他们从事活动的热情。因此，本阶段的危机就在于儿童既要保持对活动的热情又要控制那些会造成危害或可能会被禁止的活动。成年人应监督而不是干涉儿童的具有主动性和创造性的活动。过多干涉可能会使儿童形成缺乏尝试和主动性的性格。

4. 勤奋对自卑

在这一阶段，儿童的认知能力得到快速发展，他们每周花大量时间在学校里探究周围的物理环境和社会环境。他们需要在陌生的环境中重构先前经历的心理社会发展阶段：学会信任新认识的成人，在这个更加复杂的情境中自主行动，表现出学校期待的主动行为。

儿童必须掌握新的技能并朝着新的目标努力，开始体会努力与完成学业所带来的喜悦之间的关系。儿童在家庭和学校中的适应能力以及他们处理学业、小组活动和朋友关系的能力，将影响他们胜任感的增强。如果儿童难以应对这些挑战，他们将会产生自卑感。同时，他们会被拿来与他人做比较，还可能存在失败的危险。

学校和社会要为儿童提供与家庭相适应的挑战，指导儿童处理好学业和群体活动之间的关系，培养其能力；要鼓励儿童践行自己的选择，接受儿童的错误，为每一个儿童提供锻炼的机会。

5. 同一性对角色混乱

从小学毕业到进入初中，学生需要一段适当的过渡时期，他们会越来越关注自己的成绩和表现以及在学业和社交等方面的竞争。他们能够自己做决定，在更加独立的同时，也面临更多的规则、课程和学习任务。

进入青春期，学生在发展抽象思维、认知能力的同时，也会出现生理上更大的变化。随着心理和生理的发展，青少年面临这一时期的核心问题——同一性的建构。在婴儿时期，个体就已经开始发展自我意识，直至青春期，他们才第一次有意识地回答这个紧要问题——"我是谁"。同一性是指个体的动机、能力、信念和经历组成的一个一致的自我形象，它涉及深思熟虑的选择和决定，尤其表现在工作、价值观、意识形态、对他人的承诺及看法等方面。

教师的专业特征和人格魅力对学生的同一性获得有重要影响。教师通过生动形象的课堂教学、热情细致的课外辅导和开放坦诚的思想交流，对学生的成就给予及时和合理的强化与反馈，这会直接影响学生未来的职业选择和自我概念的发展。成人给予的是理解和指导，而不是过多限制，在这种环境中，青春期的学生才能认识自己并与他人建立起良好的关系。

6. 亲密对孤独

这一时期相当于青年晚期。此时个体如能在人际交往中建立正常的人与人之间的友好关系就可形成一种亲密感。这种意义上的亲密感是指个体愿意与他人进行深层次的交往并保持一种长期的友好关系，学会与他人分享而不计较回报。如果个体害怕被他人占有和不愿与人分享便会陷入孤独。

7. 繁殖对停滞

这一时期包括中年期和壮年期。这里的繁殖指的是广义上的繁殖，不仅包括人的繁衍后代的能力，而且包括人的生产能力和创造能力等基本能力或特征。在本阶段，个体面临抚养下一代的任务，并把下一代看作自己能力的延伸。发展顺利的个体表现为家庭美满、富有创造力；反之，则陷入自我专注，只关心自己的需要与舒适，对他人及后代感情冷漠以至于颓废消极。

8. 完美无憾对悲观绝望

这一时期相当于老年期。在这一阶段，个体的发展受前几阶段发展的影响极大。如果个体在前几个阶段发展顺利，则个体在这一时期会巩固自我感觉并完全接受自我，接受自己不可替代的作用，获得自我完满感；相反，没有获得完满感的个体将陷入绝望并因而害怕死亡。

（二）心理社会发展理论的教育价值

埃里克森的心理社会发展理论对心理学研究和教育教学实践都有重要的启发意义。埃里克森从理论上探讨了文化和社会因素对人的发展的重要作用。他对个体与社会环境相互作用过程中的诸多因素进行了深入细致的探讨。他从个体心理发展的各个层面和相互关系的维度去考察人的社会性发展和道德等的形成和发展，而不是孤立地看待它们的发展历程。他的理论涵盖了人的一生，从个体出生到青春期、成年期直至晚年，体现了人的全程发展观，对发展心理学和现代教育观念有积极的指导意义。

埃里克森提出了个体发展阶段中的具体发展任务和需要化解的危机，这有助于教育工作者了解教育对象，并采取相应的教育指导策略，帮助受教育者顺利发展。根据埃里克森的理论，小学生正处于第四阶段（6～12岁），即处于勤奋的阶段，主要任务是培养勤奋感、克服自卑感。大多数小学生在入学后充满自信，期望通过学习获得教师和家长的赞许。但是，一进学校，他们便会根据相关标准被划分为不同的小组。如果学生被划分到低水平组或被评为差等级，他们就很容易丧失最初的成功期望，变得自卑或颓废。教师应鼓励学生大胆发挥想象力和创造力，减少消极的评价，给予积极的赞许和建议，增强其自信。学校也可以通过课堂活动组织形式，为每位学生提供表现独立性和责任感的机会，帮助他们获得成功的体验。学校要指导学生正确地对待失败，不要轻易丧失信心，更不可自卑。

根据埃里克森的理论，中学生正处于第五阶段(12～18 岁)。中学生处于建立自我同一性的时期，各个方面处于剧变时期。马西娅(Marcia，1966)从两个维度探讨了青少年的自我认同：一个维度是探索(exploration)，是对角色与新行为的尝试，包括对道德和价值的沉思；另一个维度是承诺(commitment)，是对个人生活领域做出的决定，如教育和职业目标、家庭义务或目标以及政治和宗教信仰。马西娅根据这两个维度划分了青春期自我认同的四种状态(见图 3-1)。

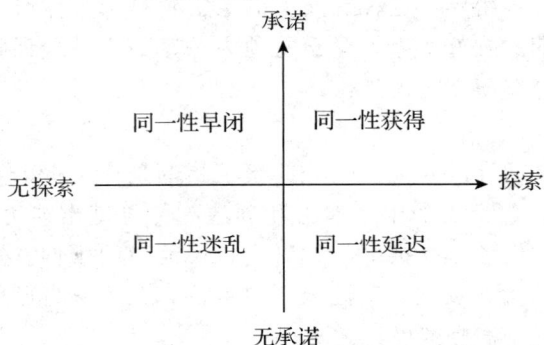

图 3-1　同一性状态

第一种是同一性获得(identity achievement)，个体在充分考虑了各种可能的机会和自己的情况后做出了自己的选择并为自己的目标而努力，但只有少数中学生属于这种情况。第二种是同一性早闭(identity foreclosure)，个体并没有充分考虑自己的各种体验和各种可能的选择，而是把选择的权利交给了父母或其他权威人士，完全接受他人对自己提出的要求和为自己树立的目标及选择的生活方式。第三种是同一性迷乱(identity diffusion)，个体未能成功地选择或没有严肃地考虑这些选择，对自己的社会角色和人生目标未能形成定论，陷入迷乱。第四种是同一性延迟(identity moratorium)，个体由于内心斗争而导致自己未能在这一阶段获得同一性，这是埃里克森所说的同一性危机，而这种同一性危机在儿童中是较常见的。学校和教师可以为学生提供职业选择的榜样和其他成人角色，宽容对待学生的狂热与流行文化，为学生的自我和学业提供现实的反馈，帮助学生处理这种危机。

中学时期的青少年希望摆脱父母的控制，成为独立自主的人。首先，教师要避免将学生简单地看作"孩子"，而应将他们当作成人看待，尊重他们的每一个想法；其次，教师不能在其同伴或其他有关的人面前轻视青少年；最后，教师应为学生提供大量的实践机会，明确具体的任务，让他们体验并解决问题。此外，我们也要注意同伴关系的影响。

二、自我意识、自我概念和自尊

（一）自我意识

在心理学中，**自我意识**（self-consciousness）是指个体对自己以及自己和周围人的关系的认识。自我意识一般包括两个方面：一个是主体的我，即对自己身心活动的觉察，如自我的性格、能力和行为等；另一个是客体的我，即被觉察到的我。比如，我们有时候听见学生说，"我是一个学习勤奋的好学生"，或者"我长大了要做一名教师"，这是作为主体的学生对自身的觉察。个体在生活中时刻又作为客体被自我和他人所认识。自我意识是个体在与周围环境不断相互作用的过程中逐渐产生和发展起来的。

自我意识由自我认识、自我体验和自我控制三种心理成分构成。这些成分密切联系、相互制约。

自我认识是主观的我对客观的我的认知与评价。自我认识是个体对自己身心特征的认知，而自我评价是在此基础上形成的判断。在认知发展过程中，个体不断调节自己对自身的认识和评价，个体的需要、动机等也伴随其中。教师应该引导学生正确看待学习和生活中的成功和失败，树立良好的人生观和价值观。

自我体验是个体对自己产生的态度和感觉，如自信、自尊、满足感、自豪感和自卑感等。如果个体对自己的优点缺乏信心，过于关注自己的缺点，就容易产生自卑心理。反之，如果个体长期自我中心，盲目乐观，停留在暂时的成绩上，就会阻碍个体良好人际关系的发展。教师给学生的反馈对学生的自尊有重要影响。任何惩罚和变相惩罚都有可能伤及学生的自尊。掌握学生特点，尽量从正面鼓励学生，有利于个体的成长和进步。

自我控制是个体对自身行为和心理活动自觉而有目的的调整和控制。自我控制包括两个方面：一是激发作用，即自己驱动和调节自己去从事某些活动；二是抑制作用，即根据实际情形控制自己的言语和行为。良好的自我控制能力有利于个体学习和工作的顺利进行，也能促进良好人际关系的建立和维持。教师在教学中可以在学生已有的认知基础上，通过榜样的示范作用和亲身体验，引导学生学会在特定的场景中调控自己的言行，使之符合社会规范。

自我意识存在积极的和消极的两个方面。积极的自我意识努力维持"现实我"与"理想我"之间的平衡，既客观又具有挑战性。而消极的自我意识常常是歪曲的、消极的，不利于个体认识和解决面临的问题。自我意识是人们意识的最高形式，它的成熟是人的意识的本质特征。个体通过自我意识的监控作用，不断地进行自我反馈，从而加强认识活动的目的性和自觉性，减少盲目性和冲动性，提高智力活动的效率和获取成功的可能性。

（二）自我概念

在心理学中，**自我概念**（self-concept）通常是指个体对自身的观念、情感和态度（Harter，2006）。在青少年初期，学生的总体自我概念可以分为学业方面的和非学业方面的。其中，学业方面的自我概念至少包括两个方面——语言的和数学的；非学业方面的自我概念涉及对身体能力、外貌、同伴关系、家庭（尤其是与父母）关系等方面的认知。许多研究（Marsh & Shavelson，1985）假设自我概念是按等级组织的。总体自我概念位于等级的上层。下面是一些具体的各个方面的自我概念，它们构成了一个等级的多维结构（见图3-2）。

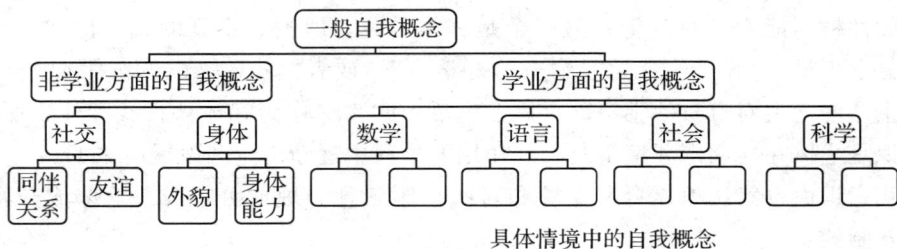

图 3-2　自我概念的结构

自我概念是个体在过去与环境相互作用而形成的经验的基础上建立的，随着情境和年龄的改变而不断变化发展。有研究（Chapman，Tunmer & Prochnow，2000）表明，刚入学的儿童的阅读自我概念差异已经开始出现。进入学校时，已经在语音和文字方面有较好知识的儿童学习得更加容易，更容易形成积极的阅读自我概念。随着时间的推移，这种差异更加明显。因此，与学校重要阅读任务有关的早期经验极大地影响着自我概念。进入中年级后，学生会根据自己的标准进行比较。例如，如果数学被认为是好学科，他们的数学自我概念会是最积极的，即使他们自己的数学成绩实际上并不好。

自我概念主要受到他人的强化和评价的影响（Shavelson & Bolus，1982）。自我概念的形成来源于个体与自己和他人的比较。学生在数学方面的自我概念是通过与自己以往的数学能力进行比较而形成的，也受到与他人的比较的影响。与重点学校里表现平平的学生相比，在普通学校中表现出较强数学能力的学生对自己的数学能力感觉更好，尽管两者能力相当。这种现象被称为大鱼小池塘效应（big-fish-little-pond effect）（Marsh et al.，2008）。

（三）自尊

自尊（self-esteem）是指学生对自己的评价及其情绪、情感。自尊常常与自我概念混用，但两者有不同的含义。自我概念是一种认知结构，指对个体是什么样的人的一种信念。例如，我是一名品学兼优的学生。自尊涉及个体对自我价值的评判及其情感反应，指个体因对自己是什么样的人的评判而产生的情绪、情感。例如，我的数学成绩在班上非常好，因此我觉得自己能力高、有价值。

自尊影响学生在学校中的行为。有研究（Marsh，1990）表明，高自尊的学生在学校里的某些方面表现得更成功。高自尊的学生常常与学校中较多的积极行为和学生之间的广泛交往紧密联系。自尊与这些行为表现之间可能存在着相互作用（Marsh，1987）。

学校生活又影响着学生的自尊。教师对学生的关爱和教师对学生言行的反馈与评价都会影响学生的自尊。教师在教学中引入团队合作有利于维持学生的自尊。按照能力分组或编班常常会对学生的自尊产生消极的影响。值得注意的是，维护和增强学生的自尊也需要考虑年龄差异。随着儿童的成熟，他们开始能够逐渐评估和考虑他人的意图。在认知发展的基础上，他们开始通过逻辑思维学会采纳他人的观点，并逐渐获得自如地运用情感的能力。

在 100 多年前，威廉·詹姆斯提出，个体在完成任务和达到目标中的成功也影响自尊。假如一种技能或技艺对个体来说不重要，那么个体在这个领域中的无能就不威胁自尊。有人（Harter，1990）也证明了上述观点，相信一个活动是重要的并在这个领域中感觉能胜任的学生比那些认为一个活动重要但怀疑自己能力的学生具有更高水平的自尊。学生必须在他们重视的领域中逐步更能胜任任务并获得成功，教师最大的挑战是帮助学生完成重要的理解任务并形成技能。值得一提的是，个体解释他们成功或失败的方式也是重要的。学生必须将他们的成功归因为他们自己的行为，而不是归因为运气或特别的帮助，才能建立自尊。

教育心理学家库珀史密斯（Coopersmith，1976）在其所著的《自尊心的养成》一书中，提出培养学生自尊心的三个先决条件。这三个条件是指三个方面的心理需求的满足。只有这三个方面的心理需求满足后，自尊心才会出现。这三个条件具体如下。①**重要感**（sense of significance），指个体觉得他的存在是重要的和有意义的。学生的重要感主要来自与人交往的社会关系。在家庭中得到父母的关爱和在学校得到教师及同学的接纳，就会使他们产生重要感。②**成就感**（sense of competence），指个体能在具有挑战性的工作中表现出成就感，而且能达到自己预期的目标，这时个体会产生一种完美感受。学生在学业上的成就感，是形成正确自我观念的关键。③**力量感**（sense of power），指个体感觉到自己有处理事务和适应困境的能力。对学生来说，他们在智能和经验上能接受学校考试的压力，能每天不需要别人督导、协助就能独立完成课后作业，就会产生力量感。力量感是使人敢于面对困难、接受挑战的重要心理特征，也是克服困难、获得成功的重要原因。与力量感相对应的是无力感，这是学生在多次失败之后形成的，也可能成为他们在以后求学过程中畏惧退缩而再度失败的原因。

三、社会化：家庭、同伴和教师

儿童的个性形成和社会性发展是在社会化中实现的。**社会化**（socialization）是个体在与社会环境相互作用中获得他所处的社会的各种价值观念和知识技能，成为独立的社会成员并逐步适应社会的过程。儿童的社会化过程受生态环境的影响。

根据布朗芬布伦纳（Bronfenbrenner，1989）的生态系统模型（bioecological model），个体所处的物理和社会环境是一个生态系统。这个系统像俄罗斯套娃，由四层构成，层层嵌套（见图 3-3）。

生态系统最里面的是微系统，包含了个体与家庭、同伴、邻居和学校的直接互动。微系统因素之间的关系，如亲子关系、师生关系、亲师关系构成了中系统。外系统则包括了所有对儿童产生影响的社会因素，如教育局、区县教研室、城市卫生条件、家

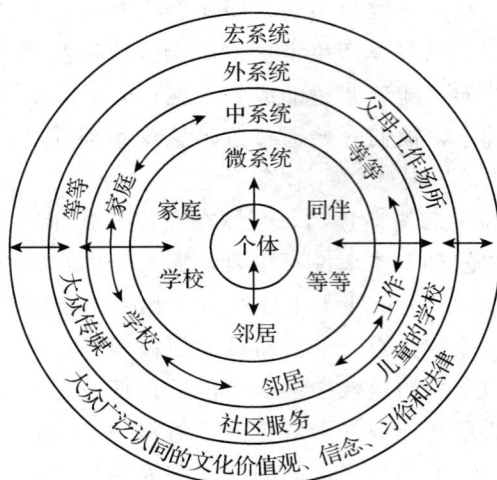

图 3-3　人类发展生态系统模型

庭宗教信仰等，即使儿童不直接参与到该系统中。宏系统是一个更大的社会环境，包含社会意识形态、法律、价值观、文化习俗等。生态系统中的各个要素之间持续地产生交互作用，在个体发展的不同时间段产生不同的影响。在这一模型中，微系统中的家人、同伴和教师对儿童产生着直接的重要影响。

（一）家庭

家庭作为儿童社会化最基本的动因，是儿童社会化的基础。家庭教养是在家庭生活中发生的，以亲子关系为中心，以培养社会需要的人为目的的教育活动。家庭教养的效果不仅取决于父母的教育动机和教育内容，更重要的是取决于父母的教养方式。教养方式（parenting styles）是指父母与儿童的互动方式以及教养儿童的方式。根据父母在"温暖"和"控制"两个方面的高低水平，父母的教养方式可以分为四种类型（见图 3-4）（Baumrind，1991）。

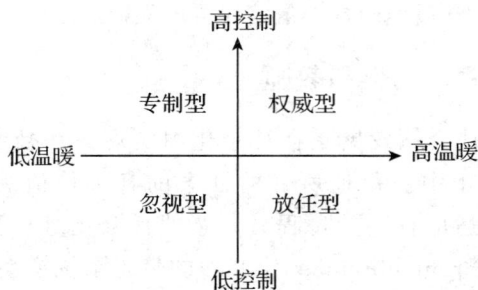

图 3-4　父母的教养方式

权威型（高温暖、高控制）父母给予儿童温暖，倾听儿童关心的事情；给儿童设定明确的界限，要求儿童遵守规则，并告知其原因，较少惩罚儿童；期望儿童有成熟的行为，给予儿童民主选择权，更多地指导儿童，并帮助儿童思考自己行为带来的后果。

专制型（低温暖、高控制）父母与儿童相处起来冷酷无情，惩罚严厉，控制欲强，期望儿童能快速成熟起来按照父母的话办事。忽视型（或拒绝型）（低温暖、低控制）父母对儿童漠不关心，也不会费心控制儿童的行为、与儿童沟通或教育他们。放任型（高温暖、低控制）父母让儿童感到温暖，但很少设定规则或告诉儿童后果，很少期望儿童有成熟的行为。权威型、专制型和放任型父母都爱自己的子女，并且尽力做到最好，只是他们对什么是最好的教养方式存在不同的看法。

良好的教养方式有利于儿童社会化。权威型的教养方式尊重儿童的独立性和自主性，而且保证了家长的合理要求。权威型父母的子女在学校里表现出色，对自己满意，与他人相处融洽。专制型的教养方式对儿童过于约束，导致儿童的人际交往能力发展不足，致使子女更容易产生负罪感和抑郁情绪。放任型的教养方式对儿童过于纵容，使得儿童不懂得基本道理，缺乏自制力，不能处理好与同伴的关系，因为他们习惯了我行我素（Berger，2006；Spera，2005）。极度放任会变成溺爱。溺爱型父母会满足子女每一个无理的要求。他们可能感觉顺着孩子的意愿比违背孩子的意愿更轻松、更容易。溺爱型和忽视型的教养方式对儿童都有害。忽视型父母的子女更易于加入一些与成人价值观相悖的团体。因此，家长不能过分干涉或过分保护儿童，也不能太放纵儿童，避免亲子之间冲突的恶性循环，而应与儿童建立起和谐的、适度的融洽关系。

现代社会的离婚率不断增高，单亲家庭、离异家庭对儿童心理的不良影响越来越受到人们的广泛关注。父母离婚后，其子女首先出现的是情绪、情感的变化，接着产生不适应的心理状态，继而影响学习，最后在整个智力和社会性上发生变化，这一系列变化可能持续相当长的时间。离婚不仅导致子女经济和社会资助来源的变化，而且还会引起子女与亲友关系的变化，这种变化因年龄不同而不同。随着时间的流逝并随着生活的变化，特别是父母与子女生活关系的变化，子女会逐步适应当前的环境。父母离婚后的前两年对子女来说是最困难的时期，在这段时间内，儿童在学校中可能表现出各种问题或者转学。他们可能会责备家庭的破裂，或者抱着家庭关系会得到调和的不现实念头（Hetherington et al.，1999；Pfeffer，1981）。一般来说，男孩比女孩倾向于表现出更高频率的外在行为和更多的内在心理问题。如果得到适当的教育和引导，这些儿童可能在责任心和处理问题方面得到大幅度改善（Amato，Loomis & Booth，1995；Berk，2002）。

（二）同伴

随着活动范围的扩大，同伴关系在儿童社会化过程中的作用越来越大。儿童间的交往是促进儿童发展的有利因素（Piaget，1932；Erikson，1950）。同伴关系对于健康的认知和社会性发展是绝对必需的。良好的同伴关系有利于儿童社会价值的获得、社会能力的培养以及认知和健康人格的发展。在婴儿时期，同伴关系比较松散，社会交往有限；进入幼儿园后，儿童与同伴的接触次数增多，合作性游戏增多，不过这种早期的友谊比较脆弱、易变，大多建立在共同感兴趣的玩具和活动上；小学阶段，儿童的社会性活动更加频繁，社会交往更加有组织性，他们开始建立起友谊并形成同伴团体；中学阶段，个体认为同伴关系更加重要，但是在选择同伴上有更高的要求；成年期，个体的社会交往领域进一步扩大，已经形成较为稳定的人际交往的观念和方式。

同伴关系不仅存在于建立友谊和交往受挫的过程中，在健康个体的社会性发展中也起着重要作用。大量的研究表明，在儿童时期有亲密朋友的成人比有孤独童年的成人有更高的自尊水平并更易于和他人保持亲密的关系。在面临父母离婚或转学时，有稳定、支持性关系的儿童更具有社会胜任性和成熟性以适应社会性发展（Hartup & Stevens，1999）。在课堂教学中，争强好胜或者退缩的儿童容易被同学排斥，而亲社会行为，如分享、合作、移情等更容易被同伴接受。因此，教师需要观察学生的同伴群体，及时帮助学生处理好同伴交往中存在的问题。

同伴文化在儿童社会性发展中也起着重要的作用。有些学生群体的同伴文化具有一套"规则"，这些规则包括如何穿着、谈话和设计发型等。群体来决定参加什么活动、听哪种音乐或者喜欢与不喜欢哪些学生。同伴文化鼓励学生按照这些群体规则行事。这种同伴力量在兴趣选择、社会交往等方面常常起着决定性作用。

（三）教师

教师作为学生在学校中最主要的指导者，是帮助学生面对情感问题或人际问题的最好资源。师生间的交往直接影响学生的处理人际关系能力的培养、个性的形成、知识技能的掌握。同时，良好的师生交往对学生学业水平的提高、与成人交往能力的提高、健康心理品质的形成也是大有裨益的。

教师通过运用学校环境，指导学生掌握学科知识和社会规范，正确处理人际关系，妥善自治，从而适应社会需要。教师如果未能认清自身在儿童社会化中的地位和作用，使得儿童在面临社会化危机的时候缺乏应对的基本技能，难以适应各种变化，不仅会影响儿童的人际关系，也会影响儿童的自我角色定位、学业发展等，乃至影响儿童一生的发展。

第二节　学生的道德发展

促进道德发展，很重要的一点是深入理解道德的各个要素，弄清它们的发展规律。

一、皮亚杰的道德认知发展理论

皮亚杰认为，道德是由种种规则体系构成的，道德的实质包括两个方面：一是个体对社会规则的理解和认识；二是个体对人类关系中平等、互惠的关心。他以独创的临床研究法（谈话法）为研究方法，先给儿童讲包含道德价值内容的对偶故事，然后向儿童提出一些事先设计好的问题，分析儿童的答案，尤其是错误的答案，从中找出规律，从而揭示了儿童道德认识发展的阶段及其影响因素。例如，在研究儿童对过失行为的判断时，他向儿童叙述了下面一则故事，然后要求儿童说出评定的理由（皮亚杰，1984）。

A. 一个叫约翰的小男孩在他的房间里，这时家里人叫他去吃饭。他走进餐厅，但在门后有一把椅子，椅子上有一个放着 15 只杯子的托盘。约翰并不知道门后有这些东西，他推门进去，门撞倒了托盘，结果 15 只杯子都碎了。

B. 故事的主人公是一个叫亨利的小男孩。一天，他母亲外出了，他想从碗橱里拿出一些果酱，但是放果酱的地方太高，他的手臂够不着。他试图取果酱时，碰倒了一只杯子，结果杯子掉下来碎了。

问题：①这两个孩子的过失是否相同？②这两个孩子中，哪一个更坏些？为什么？

皮亚杰从认知发展的观点考察和分析了儿童对这些问题的回答，认为随着认知能力的发展，儿童道德认知发展经历了一个从他律到自律的过程。在此之前，儿童还会经历一个具有自我中心的规则概念的阶段——前道德阶段。

第一，前道德阶段——无律（anomous）阶段。在皮亚杰看来，5 岁儿童以"自我中心"来考虑问题，对引起事情的结果只有朦胧的了解，其行为直接受行为结果支配。他只做规定的事情，因为他想避免惩罚或者得到奖励。因此，这一阶段的儿童既不是道德的，也不是非道德的。

第二，他律（heteronomous）阶段。6～8 岁儿童处于他律阶段。这一阶段儿童的道德认知一般是服从外部规则，接受权威指定的规范，只根据行为后果来判断对错。例如，这一阶段的儿童往往认为约翰错误更大，因为他打碎了更多的玻璃杯，而不考虑两个孩子的动机。有人称该时期的道德认知为道德现实主义或他律道德。这一阶段的儿童所提议的惩罚比较严厉。

第三，自律（autonomous）阶段。9～11 岁儿童进入自律阶段。发展到这个时期，儿童不再无条件服从权威。当然这一时期的判断还是不成熟的，儿童要到十一二岁后才能独立判断。有人称该时期的道德认知为道德相对主义或合作道德。

皮亚杰认为，儿童的道德认知发展是从他律道德向自律道德转化的过程。他律道德根据外在的道德法则来判断，只注意行为的外在结果，而不考虑行为的动机，其是非标准取决于是否服从成人的命令或规定，这是一种受自身之外的价值标准所支配的道德判断；自律道德已能从主观动机出发，用平等不平等、公道不公道等新的标准来判断是非，这是一种受儿童自身已具有的主观价值支配的道德判断。皮亚杰认为，儿童只有达到这个水平，才算有了真正的道德。

皮亚杰认为，儿童的道德发展源于儿童与社会环境积极的相互作用。他强调儿童在发展中的自主性，特别强调儿童的自我管理和自我发展，即强调要充分发挥儿童的自主性、能动性，以促进儿童道德观念的发展和道德水平的提高。同时，集体和同伴对儿童道德发展也有重要的意义。

二、科尔伯格的道德认知发展理论

科尔伯格继承了皮亚杰的理论，认为儿童道德的发展是分阶段的。他在 20 世纪 60 年代提出了著名的三水平六阶段的道德发展阶段论。

（一）研究方法

科尔伯格开创了**道德两难**（moral dilemma）故事法，并将其作为研究道德发展问题的重要研究方法。道德两难故事法是对皮亚杰对偶故事的发展，同样也是用情境故事设置道德冲突并提出道德问题，让被试在自己的反应中"投射"内心的观念，反映出个体的道德发展水平。科尔伯格共设计了九个两难故事，这些故事都包含两种尖锐对立的不同价值选择(Kuhmerker, 1980)。下面就是两则例子(Kohlberg, 1969)。

故事一：海因兹偷药

欧洲有一个妇女患有一种特殊的癌症，生命垂危。医生诊断后认为，只有一种药物能救她的命，这就是本城药剂师最近发明的一种新药——镭。该药成本较贵(400美元)，而药剂师的索价是成本的10倍(4000美元)。病妇的丈夫海因兹多方求援，只凑到药费的一半(2000美元)。海因兹把实情告诉药剂师，请求把药便宜一点儿卖给他，或者允许他赊账，但药剂师说："不行，我发明此药就是为了赚钱。"海因兹走投无路，竟铤而走险，于晚上夜深人静时撬开了药剂师经营的药店的店门，为妻子偷走了药物。

向儿童提出的问题有：①海因兹该不该偷药？为什么？②海因兹是对的还是错的？为什么？③海因兹有责任和义务去偷药吗？④人们竭尽所能去挽救另一个人的生命是否很重要？为什么？⑤海因兹偷药是违法的，他偷药在道义上是否是错的？为什么？⑥仔细回想故事中的情境，你认为海因兹最负责任的行为应该是什么？为什么？

故事二：海因兹偷药以后

海因兹撬门进入药店。他偷到了药，给妻子服用。第二天报纸就刊登了一则偷窃的消息。布朗先生是一位警察，他认识海因兹，他想起曾看到海因兹从药店跑出来，意识到偷药的人就是海因兹。布朗先生想他是否应该告发海因兹是盗贼呢？最后布朗告发了海因兹。海因兹被捕，被带到了法庭。法庭组织了一个陪审团，陪审团认为海因兹有罪。最终，法官对海因兹的罪行进行了宣判。

(二)阶段理论

科尔伯格采用道德两难故事法测试了十来个不同国家6～21岁的被试，发现尽管种族、文化和社会规范等各个方面存在不同，但道德判断能力随年龄发展而发展的趋势却是一致的。按照个体道德判断结果的性质，他将个体的道德发展划分为三种水平六个阶段，提出了全面的阶段模型(Kohlberg, 1975)。

1. 前习俗水平(preconventional level)

前习俗水平大约出现在幼儿园及小学低中年级，该时期的特征是，儿童遵守规范，但尚未形成自己的主见，着眼于人物行为的具体结果，关心自身的利害。这时期又分为两个阶段。

(1)惩罚和服从的定向阶段

这一阶段的儿童还缺乏是非善恶观念，只是因为恐惧惩罚而服从规范。他们认为免受处罚的行为都是好的，遭到批评指责的事都是坏的。对于海因兹偷药的行为，该阶段的儿童只从偷药行为的后果来考虑问题。因此，他们会认为海因兹不能去偷药，因为如果被人抓住的话是会坐牢的。

(2)工具性的相对主义的定向阶段

个体行为的好坏按行为后果带来的赏罚来定，得赏者为是，受罚者为非，没有主观的是非标准。儿童认为行为对自己有利就好，对自己不利就是不好。该阶段的儿童认为海因兹应该去偷药，他们的理由是"谁让那个药剂师那么坏，便宜一点儿就不行吗？"

2. 习俗水平（conventional level）

这是在小学中年级以上出现的，一直到青年、成年。这时期的特征是个体逐渐认识到团体的行为规范，进而接受并付诸实践。这时期也可分为两个阶段。

（1）人际协调的定向阶段

个体按照人们所称的"好孩子"的要求去做，以得到别人的赞许。例如，"偷"是不对的，"互助"是对的。因此，处于该阶段的个体认为海因兹应该去偷药，因为做一个好丈夫就应该照顾好自己的妻子。如果他不这样做，最后妻子死了，别人都会骂他见死不救，没有良心。

（2）维护权威或秩序的定向阶段

个体服从团体规范，"尽本分"，尊重法律权威，这时判断是非已有了法制观念。一个维护权威或秩序的个体会从法制观念出发，认为海因兹不应该去偷药，因为如果人人都违法去偷东西的话，社会就会变得很混乱。

3. 后习俗水平（postconventional level）

这个阶段的个体已经可以超越现实道德规范的约束，达到完全自律（自己支配）的境界。个体至少要在青年期人格成熟之后，才能达到这境界。这个水平是理想的境界，成人也只有少数人达到。这一时期也可分为两个阶段。

（1）社会契约的定向阶段

个体有强烈的责任心与义务感，尊重法制，但相信它是人定的，不适于社会时理应修正。该阶段获得社会契约意识的个体会认为海因兹应该去偷药，因为一个人生命的价值远远大于药剂师个人对财产的所有权。

（2）普遍道德原则的定向阶段

个体有自己的人生哲学，对是非善恶有其独立的价值标准，对事有所为有所不为，不受现实规范的限制。当个体进入这个阶段时，他能超越某些规章制度，更多考虑道德的本质，而非具体的原则。因此，他们会认为海因兹应该去偷药，因为和种种可考虑的事情相比，没有什么比人类的生命更有价值。

科尔伯格的研究为我们深入理解道德思维的发展提供了视角，但是人们对科尔伯格的发展论也存有一些不同的见解。研究者也发现，对于具体的道德问题，个人以不同的方式进行思考时，道德思维是"情境相似性"或"情境特异性"的（转引自霍尔，戴维斯，2003）。科尔伯格的研究并没有澄清道德发展的阶段是否有严格的顺序，获得一种新的思维方式是否要抛弃前一种思维方式。埃里沃特·杜里尔认为一个阶段向下一个阶段的转变，包含着对先前那个阶段的一种重新构造和取代（转引自霍尔，戴维斯，2003）。另外，就连科尔伯格在进行道德教育的实验中也承认，在现实的教学背景下，其所提出的道德发展理论过于复杂，操作性不强。不过，针对两难故事进行小组或者团体讨论的形式，却能够被广泛应用。

思考题

1. 评述埃里克森的心理社会发展理论。

2. 什么是心理发展危机？埃里克森对此是如何界定的？

3. 如何认识自我意识在个性与社会性发展过程中的地位和作用？

4. 简述皮亚杰的道德认知发展理论。

5. 谈谈道德两难故事法的重要作用。

6. 科尔伯格三水平六阶段的道德认知发展理论是什么？

推荐阅读

陈琦，刘儒德. 当代教育心理学(第 3 版). 北京：北京师范大学出版社，2019. 第二章

[美]戴尔·H. 申克. 学习理论. 韦小满，等，译. 南京：江苏教育出版社，2003.

[美]罗伯特·斯莱文. 教育心理学：理论与实践(第 10 版). 吕红梅，姚梅林，等，译. 北京：人民邮电出版社，2016. 第三章

[美]安妮塔·伍尔福克. 教育心理学(第 12 版). 伍新春，等，译. 北京：中国人民大学出版社，2015. 第三章

第四章

学生的个体差异

在学校环境中，学生的个体差异主要表现为智力、学习能力、先前知识经验、家庭文化背景、性别、志向水平、成就动机以及学习风格等方面的差异，所有这些差异都直接或间接地影响着教育教学活动及其效果。其中，学生多样化的智力与不同的学习风格受到了研究者与教育实践者的广泛关注。

本章要点

● 学生的智力差异
○ 智力超常儿童与智力落后儿童
○ 多元智力理论与个体差异
○ 三元智力理论与个体差异
● 学生的学习风格差异
○ 学习风格的生理因素
○ 学习风格的心理因素
○ 学习风格的社会因素

第一节　学生的智力差异

心理学家对智力结构——智力是由单一能力还是由多元能力构成的——存在着不同的看法(Sattler，2001)。根据不同的智力理论，我们可以从不同视角来描绘学生的智力差异。

一、智力超常儿童与智力落后儿童

有些理论家认为，智力是一种基本能力，影响个体在所有认知任务(从计算数学问题到写诗甚至猜谜)中的表现。心理学家采用标准化的试题和严格的测试方法来测查个体的这种基本能力，并用智力商数(intelligence quotient，IQ)来表示个体的智力水平。

一般来说，人类的智力发展水平呈常态分布，即少数人智力发展水平较高，多数人智力发展水平处于中等水平，还有少数人处于智力落后水平。

智力超常儿童（supernormal children）也被称作天才儿童，指智力发展明显超过同龄儿童一般发展水平的儿童。一般认为，智商 130 以上者属于超常儿童。这些儿童在某些领域的学习中，如文学、历史、数学或艺术方面，表现出的水平显著超过一般儿童。

学校可以通过调整和改变课程内容及评估体系，包括具体目标、学习内容、教学方法、教学评估方法、师资等，发展适合超常儿童发展特点的教育，从而达到促进儿童身心健康发展、培养儿童才能的教育目标。"超常教育"的实施有多种模式和多种途径及手段。课程设计的形态主要有加速制（acceleration）和充实制（enrichment）。加速制允许天才儿童以更快的速度去完成一般课程的任务，其主要方式为跳级、缩短修业年限和提早入学等；充实制强调天才儿童学习的深度、广度逐渐增加，其主要方式是增加一些有挑战性的学习任务与材料。与此同时，学校要培养这些儿童健全的人格，激发他们对社会的责任感，疏导社会期望给他们带来的过多压力。

智力落后儿童（mental retardation children）指一般智力水平明显低于平均水平并表现出适应性行为障碍的儿童。按照儿童的智力水平分类，智力落后可以分为轻度智力落后（智商为 50～70）、中度智力落后（智商为 35～50）及重度和极重度智力落后（智商为 35 以下）三类。特殊学校中的教学对象主要是轻、中度智力落后儿童。智力落后儿童在学校适应的各个方面都落后于正常儿童。他们的语言发展迟缓；注意力容易分散；记忆力特别是短时记忆存在缺陷，不会运用策略；学习迁移困难；思维大多停留在直观形象思维阶段，高级情感发展缓慢；行为常常表现出固执性，缺乏灵活应变能力。

根据智力落后儿童的特点，教学需要遵循一些原则，如个别化原则、直观化原则和充分练习原则等。教学应根据智力落后儿童的个别差异特点，为儿童设计他们所能完成的基本的学习量，然后采取相应的方法促进其发展；在活动中需要灵活采用直观教学手段，引导儿童掌握知识；在知识、技能的练习过程中要遵循充分练习的原则，将教师情感渗入整个教学过程，使儿童的身心在愉悦中得到协调发展。在个别化教学中，制定个别迁移计划有利于儿童将来在社会中适应生活和工作环境（Hallahan & Kauffman，2003）。

普通教育常用的一些教学方法，如讲授法、谈话法、演示法和实习法等都可以用于智力落后儿童的教学。另外，教师还需要根据智力落后儿童教育的特点和规律，采用一些符合自身特点的方法，如任务分析法、单元教学法、游戏法和多重感觉教学法等。实践中，教师可以根据不同的教学需要进行选择。

斯皮尔曼的学生卡特尔（Cattell，1963）以及后来的霍恩（Horn，1998）根据对智力测验结果的分析，将人的智力分为两类：流体智力和晶体智力。流体智力（fluid intelligence）是指基本与文化无关的、非言语的心智能力，如空间关系认知、反应速度、记忆力以及计算能力等。流体智力的神经生理基础可能与大脑容量的变化、神经髓鞘化、多巴胺受体的密度或大脑前额叶的加工能力（涉及选择性注意和工作记忆）有关。晶体智力（crystallized intelligence）是指个体应用从社会文化中习得的解决问题的方法的能力，是在实践（学习、生活和劳动）中形成的能力。流体智力随着大脑的发展而增长，在 30 岁左右达到顶峰（Horn & Donaldson，1980），随后逐渐衰退。而晶体智力在人的整个一生中都在增长，因为它包括了习得的技能和知识，如词汇、一般信息和审美能力等。人通过在解决问题时投入流体智力而发展晶体智力，但是，生活中的许多任务（如数学推理）同时需要流体智力和晶体智力。这一理论把人与生俱来的素质与后天通过学习而获得的东西区分开来，不仅在智力研究中给了人们很大启发，对适应学生的个体差异也具有一定的指导作用。有些学生的流体智力高，具备良好的学习基础，所以学习成绩好；有些学生虽然流体智力不高，但通过努力学习和经验积累，获得了较高的晶体智力，也能获得较好的学习成绩。

二、多元智力理论与个体差异

美国哈佛大学心理学家加德纳（Gardner，1983）提出了**多元智力理论**（multiple intelligence theory）。这种理论认为，不存在单纯的某种智力和达到目标的唯一方法，每个人都会用自己的方式来发掘自身的大脑资源，这种为达到目的所发挥的各种个人才智才是真正的智力，它导致了人与人之间的不同。人的智力可以分为逻辑数学智力、语言智力、音乐智力、空间智力、身体运动智力、人际关系智力和内省智力七种智力。后来他又在其模型中加入了第八种智力——自然智力。这八种智力的解释和教学应用见表 4-1。

表 4-1　加德纳的多元智力理论

智力维度	定义	代表性人物	教学应用举例
逻辑数学智力（logical-mathematical intelligence）	运算和推理等科学或数学的一般能力，以及处理较长推理、识别秩序、发现模型和建立因果模型的能力。	侦探、律师、工程师、科学家。	帮助学生学会用数字、逻辑以及模型来量化和阐明一个思想观点。
语言智力（linguistic intelligence）	运用语言达到各种目的的能力以及对声音、韵律、语意、语序等的敏感性，包括听、说、读和写的能力。	诗人、记者、编辑、作家、演讲家和政治领袖。	让学生流畅地表达某个思想观点。

续表

智力维度	定义	代表性人物	教学应用举例
音乐智力 （musical intelligence）	感受、辨别、记忆、理解、评价、改变和表达音乐的能力。	作曲家、指挥家、歌唱家、演奏家、乐器制造者和乐器调音师。	帮助学生理解和欣赏环境声音或者将思想观点以音乐旋律的形式表达出来。
空间智力 （spatial intelligence）	准确感受视觉—空间世界的能力，包括感受、辨别、记忆、再造、转换以及修改物体的空间关系，并借此表达思想和情感的能力。	画家、雕刻家、建筑师、航海家、博物学家和军事战略家。	帮助学生以空间形式将一个思想观点表述出来。
身体运动智力 （bodily-kinesthetic intelligence）	控制自己的身体运动和技术性地实现目标的能力。	运动员、舞蹈家、外科医生、赛车手和发明家。	帮助学生协调整个身体的动作或掌握一些动作技能。
人际关系智力 （interpersonal intelligence）	与人相处和交往的能力，表现为觉察他人情绪、情感、气质、意图和需求的能力并据此做出适当反应的能力。	教师、律师、推销员、临床治疗学家、公关人员、谈话节目主持人、管理者和政治家。	开展一些团体活动来帮助学生掌握人际交往技能。
内省智力 （intrapersonal intelligence）	认识、洞察和反省自身的能力，并在正确的自我意识和自我评价的基础上自尊、自律和自制的能力。	哲学家、小说家、律师。	让学生反思其能力和人格从而使其更清楚自己是怎样的一个人并完善自己。
自然智力 （natural intelligence）	认识物质世界的相似性和相异性，以及动物、植物和自然环境中其他事物（如云、岩石等）的能力。	猎人、农民、生物学家、人类学家或者解剖学家。	提供一些材料让学生进行分类并且分析自己是如何分类的。

在多元智力理念的基础上，加德纳提出了一种新的教育观——"以个人为中心的教育"，强调人与人的差别主要在于人与人所具有的不同智力组合，所以我们必须承认并开发各式各样的智力和智力组合，必须对每个学生的认知特点都能给予充分的理解并使之得到最好的发展。这对课程设置、教学内容、教学方法以及评价方法都提出了新的挑战。阿姆斯特朗（Armstrong，1994）曾把多元智力、整合主题教学与学科相结合，发展了一种跨学科的整合课程。具体见表4-2。

表 4-2　多元智力整合主题教学举例

语言智力 【数学课】报告有关某些发明的基本科学原理。 【社会课】写下想要发明的东西。	逻辑数学智力 【数学课】学习某项发明的基本数学公式。 【社会课】制作一条著名发明的时间线。	空间智力 画出某些发明中的几何图形。
自然智力	主题 发明	音乐智力
内省智力 阅读某位发明家的传记,想想其成功的原因。	人际关系智力 组织一个小组,讨论发明背后的科学根据。	身体运动智力 演示某项发明是如何出现的。

(资料来源:郑博真,2002)

多元智力理论是帮助学生理解某些关键主题的一种框架。教师应当选择能以多种方式体验的、丰富的、有意义的主题。例如,在科学课上教授"波义耳定律"时,教师可以采用各种不同形式的活动,来培养学生的多元智力,并帮助学生从不同角度理解对称的含义与应用情境。具体见表 4-3。

表 4-3　多元智力教学举例

语言智力 给出定义,并让学生讨论该定义:对于一定量气体,温度保持不变,则气体的压强和体积成反比。	逻辑数学智力 提供公式,让学生应用公式解决相关问题:$PV=K$。 让学生进行实验室实验(身体动觉),测量封闭容器中的压强(逻辑数学),然后画出压强与体积的关系图(视觉空间)。	空间智力 为学生提供比喻或视觉表象: "想象你的手中有一个气球,你开始挤它(体积减小)。挤压时,压强将会增大。你越挤,压强就越大,最后气球破了。"
自然智力	主题 波义耳定律	音乐智力 歌诀法: 体积在缩小,压强在增大。 血液在沸腾,声音在尖叫。 空间更需要,不然就烦恼。 体积在增大,压强在减小。
内省智力 询问学生"你在什么时候感觉压力很大""你是否感到空间不足,喘不过气来?"通常的答案是"压力很大/空间不足";然后问他们什么时候觉得没有压力(压力很小/空间很大)。学生的经验与这一定律有关。	人际关系智力 让学生扮演"容器"(教室某个角落)中的空气"分子"。他们以一定速率运动(代表温度一定),但不能离开这个容器。两名学生拉一根长线,代表容器的边界。随着长线向角落逐渐收拢,容器的体积逐渐缩小。大家可以观察到:空间越小,压强越大(比如,学生之间会互相碰撞);空间越大,压强越小。	身体运动智力 让学生做如下实验:将空气吸入口中,使两腮稍稍鼓起;然后再将空气挤到口腔一侧(体积缩小),让他们感受压强是增大还是减少了(增大);然后再将空气释放至整个口腔(体积增大),判断压强增大还是减小了(减小)。

(资料来源:Armstrong,2003)

三、三元智力理论与个体差异

美国耶鲁大学的斯腾博格（Sternberg，1985）在大量研究的基础上于 1985 年提出了**三元智力理论**（triarchic theory of intelligence）。这一理论认为，智力包括三个相互关联的方面——分析能力（analytical ability）、创造能力（creative ability）和实践能力（practical ability）（见表 4-4）。

表 4-4　斯腾博格的三元智力理论

内容	分析能力	创造能力	实践能力
定义	运用抽象思维处理信息的能力；语言能力。	阐明新思想、联合非相关事实的能力；处理新异情境以及自动提出新的解决方案的创新能力。	适应改变了的环境的能力；改造环境以最大限度利用机会的能力；在特殊情境中解决问题的能力。
举例	类推或演绎，学习词汇。	诊断汽车发动机的问题；为一个新方案寻找资源。	将电话筒从电话机上取下或在门上贴上一个"请勿打扰"的条子，以在学习时避免或减少干扰因素。

智力的这三个方面分别对应着不同的成分亚理论、经验亚理论和情境亚理论。成分亚理论（componential subtheory）解释了影响智力水平的基本信息加工过程或成分（元成分、操作成分、知识获取成分）。经验亚理论（experiential subtheory）将智力与经验关联起来，解释了与信息加工成分相关的不同水平的先前经验（相对新异情境和自动化）。情境亚理论（contextual subtheory）将智力与个体的日常生活情境联系起来，解释了个体与周围环境相互作用的基本方式（适应、塑造和选择环境）。

表 4-5　拥有不同能力的学生的特征

分析能力高的学生	创造能力高的学生	实践能力高的学生
成绩好	成绩中等或偏差	成绩中等或偏差
喜爱学校	在学校感觉受到限制	对学校感到厌倦
被教师喜欢	经常是教师眼中的大麻烦	教师眼中的思维混乱的学生
适应学校生活	对学校适应不良	对学校适应不良
听从指示	不喜欢遵守指令和规则	想知道任务和指导的用处
能看出观念上的错误	喜欢想出自己的观点	喜欢将理论在现实中加以应用
天生的批判者	天生的好点子者	天生的有常识的人
偏爱接受指令	喜欢我行我素	喜欢在实际工作中找寻自我

（资料来源：Sternberg & Spear-Swerling，2001）

斯腾博格的三元智力理论启发了教学（Sternberg & Williams，2016）。一方面，教师需要关注每一种学习行为对发展智力的作用，以使所有学生的智力都能得到全面发展。教师不仅强调智力的学术性方面，也强调其实践性方面，还要考虑学生的文化背景的影响。例如，社会研究课可以鼓励学生使用情境智力；生物学教师可以组织学生比较人类与其他动物适应、塑造和选择环境的方式。有些学生所处的文化重视实践能力与社会技能，而课堂重视学术能力。教师最好鼓励学生在两种环境中都努力做到最好。另一方面，教师需要帮助学生认识、利用并发挥自己的智力优势。教师可以让每个学生都明白自己擅长智力的什么方面，从而充分地利用它们，也明白自己不擅长智力的什么方面，从而改进它们。教师还可以让学生在学校中进行合理选择，以充分利用自己的智力，最终实现自己的目标。

第二节　学生的学习风格差异

学习风格（learning style，也译为学习方式）是指学生在完成学习任务时所表现出来的一贯的、典型的、独具个人特色的学习策略和学习倾向（陈琦，刘儒德，张建伟，2001；谭顶良，1995）。在这里，学习策略涉及学生在完成学习任务或实现学习目标中采取的一系列步骤、方法。学习倾向涉及学生的情绪、态度、动机、坚持性以及对学习环境、学习内容等方面的偏爱。学生的有些学习策略和学习倾向会表现出持续一贯性，即能够稳定地维持相当长的时间（持久性），在完成类似的任务时始终表现出这种稳定性（一致性）。正是这些稳定、持久、一致而独特的学习策略和学习倾向，构成了学生的学习风格。

不同的研究者（Dunn，R. & Dunn，K.，1986；Hunt，1987）对学习风格的因素进行了不同的分析。谭顶良（1995）在综合这些研究的基础上提出，学习风格可以分为生理因素、心理因素和社会因素三个层面。其中，心理因素又可分为认知、情感和意志三个方面。

一、学习风格的生理因素

学习风格的生理因素包括个体对外界物理环境刺激（如声音、光线、温度等）的偏爱，对一天内时间节律的偏爱，以及在接受外界信息时对不同感觉通道的偏爱。

（一）物理环境刺激

1. 声音

学生对学习的背景声音（或噪声）的偏爱或承受能力是不同的。有的学生学习时需要绝对安静，而有些则需要伴随背景声音（如音乐、广播）才能集中注意力。有人（转引自 Dunn，R. & Dunn，K.，1986）曾在不同的声音背景下对这两类学生进行了阅读理解测验。结果发现，在相对安静的环境中，前者的阅读理解力优于后者；而在有噪声的情况下，后者优于前者。

2. 光线

由于生理结构和功能的差异，个体对光线的感受性有高有低，因而对光线的明暗要求不等。有的需要光线明亮，而有的需要光线柔和。强光会导致偏爱弱光的个体情绪紧张，而弱光会使偏爱强光的个体提不起精神。有人（转引自 Dunn，R. & Dunn，K.，1986）研究发现，当光照条件满足个体需要时(给偏爱强光者以强光，给偏爱弱光者以弱光)，各类学生的阅读效率和准确性均会得到提高。

3. 温度

不同个体对同样的温度会产生不同的感觉。太冷太热均会影响学生的注意力。每个学生的适宜温度略有差异，有的需要室内温暖，有的需要室内凉爽。

(二)时间节律

个体对一天之中学习时间的偏爱是不同的。不同人在不同时段的心理状态各不相同。有人在早晨(这种人被称为百灵鸟型)学习效率高，有的人在晚上至深夜(被称为猫头鹰型)学习效率高，有的人在上午易于集中注意力，而另一些则在下午学得更好。

(三)感觉通道

依据个体识记材料时对某种感觉通道的偏爱，我们可将个体分为视觉型、听觉型与动觉型。

视觉型个体擅于通过自己读或看来学习，这样的学生对视觉刺激敏感，习惯通过视觉接受学习材料，如景色、相貌、书籍和图片等。这样的学生喜欢通过自己看书和记笔记来学习，而不适于听取教师讲授和灌输。

听觉型个体则善于通过听来学习，这样的学生对听觉刺激敏感，对语言、声响、音乐的接受力和理解力强。他们在学习时甚至喜欢戴着耳机听音乐。当学习外语时，他们喜欢的方式是多听多说，不太关心具体单词的写法或者句型结构。

动觉型个体则通过动手、动口来学习，这样效果最好。他们喜欢接触、操作物体，对自己能够动手参与的认知活动感兴趣，而教师用手拍拍他们的头表示赞赏，所产生的效果要比口头表扬好。

自我测查

感觉通道偏好量表

想想以下各项是否在你身上适用，然后给符合程度估分(常常＝3分/有时＝2分/从不或极少＝1分)。

听觉通道

1. 解答问题时，我自言自语，或者与朋友说话，或者哼歌。

2. 在听教师讲课时，我不必看着教师也能对其讲课内容集中注意力。

3. 我通过自己做口头复述来记忆学习内容。

4. 学新知识的时候，我喜欢听口头讲解、录音。

5. 我偏好使用记忆术或记忆工具来帮助自己记住课堂上的学习内容。

6. 我最喜欢做课本中的对话阅读练习。

视觉通道

1. 当解答问题时，我采取一种有序有系统的方法。

2. 上课听讲时，我尽量坐得离教师近一些，并集中注意力看教师及其讲解的内容。

3. 我通过在心里画图画的方式记住上课内容。

4. 当学新知识时，我喜欢先看它的演示内容。

5. 我发现当我学习的时候，划重点最有助益。

6. 我最喜欢浏览课本中大量的描述性插图。

动觉通道

1. 当解答问题时，我喜欢四处走动。

2. 上课听讲时，我喜欢做笔记。

3. 我通过实践记住上课内容。

4. 当学新东西时，我喜欢亲手试验一番。

5. 我喜欢有活动计划分派的课。

6. 我喜欢看有活动场景的故事。

评分：

给每项打分并把总分相加，哪一组的得分最高，就表明你是哪个感觉通道的偏好者。你也有可能是双通道或多通道偏好者。

（资料来源：Parsons，Hinson & Deborah，2001）

（四）大脑的单侧化

这是指左侧或右侧大脑半球何者占优势的问题。右脑与直觉、艺术等倾向相联系，其加工方式是视觉的、平行的、整体的、模拟的。左脑则与逻辑和系统思维相联系，其加工方式是言语的、系列的、数字的、几何学的、理性的和有逻辑的。个体单侧化优势不同，在学习有关材料时就会有差别。

二、学习风格的心理因素

学习风格的心理因素包括认知、情感和意志三个方面。**认知风格**（cognitive style）是指个体感知、记忆、思维、问题解决、决策以及信息加工的典型方式（Messick，1994）。学习风格的情感和意志因素涉及情绪表露、价值判断、行为决策等活动的方式及其特征，例如好奇心、焦虑水平、坚持性、成就动机、志向水平、主动性以及冒险性等，其中有些方面的内容将在学习动机一章加以介绍。下面只介绍几种经典的认知风格。

（一）场独立型和场依存型

早在 20 世纪 40 年代，美国心理学家赫尔曼·威特金（Herman Witkin）就对空军飞行员靠什么线索来确定自己是否坐直的问题产生了兴趣。他设计了一种可以倾斜的房间，让被试坐在一张椅子上。椅子可以通过转动把手与房间同向或逆向倾斜。当房间倾斜后，威特金要求被试转动把手使椅子转到事实上竖直的位置。结果发现，有些被试在离垂直差 35° 的情况下，仍然坚持认为自己完全是坐直的；有些人则能在椅子与倾斜的房间看上去角度明显不正的情况下，仍能使椅子非常接近于竖直状态。威特金由此提出，有些人的知觉较多地受他所看到的环境信息的影响，而有些人则较多地受来自身体内部的线索的影响。他把易受环境因素影响者称为**场依存型**（field dependence），把不受或很少受环境因素影响者称为**场独立型**(field independence)。前者是"外部定向者"，基本上倾向于依赖外在的参照(身外客观事物)；后者是"内部定向者"，基本上倾向于依赖内在的参照(主体感觉)。场依存型的人不能将一个模式分解成许多部分，或者只能专注于情境的某一个方面。场独立型的人善于分析和组织(Witkin，Moore，Goodenough & Cox，1977)情境。

场依存型与场独立型这两种认知风格与学习有密切关系。一般说来，场依存型的人对人文学科和社会学科更感兴趣，而场独立型者更擅长数学与自然科学方面。凡是在与学生的认知风格相符合的学科中，学生的成绩一般会好些。场依存型的人的社会定向特征使他们在学习社会材料时较场独立型的人好，而场独立型的人在学习未经充分组织好的材料时较场依存型的人好。

但相对场依存型的人和相对场独立型的人的区别不是在学习能力上，而是在学习过程上。有人(转引自陈琦，刘儒德，2019)给被试提供按某种次序排列的词单。词单上的词有按从种概念到属概念排列的(如动物、脊椎动物、人)，也有按从属概念到种概念排列的(如人、脊椎动物、动物)。词的系列从开始就有内在的结构，但当排列顺序颠倒时，有助于被试学习的结构就没有了，于是被试需重新组织结构。研究发现，在回忆按从种概念到属概念排列的词时，场依存型和场独立型的被试没有显著差异，但在回忆按从属概念到种概念排列的词时，场依存型的被试回忆得较少。

场定向很可能是影响职业选择的一个因素。如果其他条件相等，那些场独立型的人相对地在领航员、建筑师、工程师等涉及数学和自然科学的职业中，做得比较好，而场依存型的人在社会科学的教学、精神病护理等涉及人的职业中会做得好些。

(二)冲动型和沉思型

卡根等人(Kagan，1966；Kagan，Pearson & Welch，1966)曾对认知速度进行过深入研究。卡根在对儿童的分类风格进行研究时发现，一些儿童反应得很快，而另一些儿童并不急于反应，会用更多的时间思考。

卡根编制了匹配相似图形测验，以考查儿童的认知速度。例如，在图4-1中，儿童要从下面一组图片中找出与顶端图片一模一样的图片。

图4-1 匹配相似图形测验

通过这类测验，我们可以识别出两种不同的认知风格。**冲动型**（impulsive）学生一直有一种迅速确认相同图案的欲望，他们急忙做出选择，犯的错误多些；**沉思型**（reflective）学生则采取谨慎小心的态度，做出的选择比较精确，但速度要慢些。

认知速度的差异与智力分数无关，但与学校的学习成绩有关。有人发现，不能顺利升级的学生更具有冲动性。沉思型学生在中等难度的知觉与概念性的问题解决任务中的成绩比较好，在概念获得和类比推理任务中能做出更成熟的判断（Shipman，S. & Shipman，V. C.，1985）。沉思型与散文阅读、系列回忆和空间透视能力呈正相关。与沉思型学生相比，冲动型学生更容易分心，急于求成，成绩较差，掌握性动机比较弱（Sternberg & Grigorenko，1997）。

有研究者（Kagan，1966）根据学生在匹配相似图形测验中的思考时间与错误率，认为除了沉思型和冲动型，还有快而正确型与慢而非正确型。但是，近三分之二的学生属于沉思型或冲动型。可见，沉思型或冲动型是学生普遍具有的两种认知风格。

鉴于认知速度与教育的关系，许多研究者建议，训练学生以弱化其冲动性。有人（Meichenbaum，1977）研究发现，自我指导训练能减少冲动型学生的错误。给冲动型学生呈现沉思型学习的榜样，让他们进行练习并给予反馈，似乎是一种有效的方法。

（三）深层加工和表层加工

学生对信息进行加工的方式有两种（Snow，Corno & Jackson，1996）：深层加工和表层加工。**深层加工**（deep processing）是指深刻理解所学内容，将所学内容与更大的概念框架联结起来，以获取内容的深层意义。**表层加工**（surface processing）是指记忆学习内容的表面信息，不将它们与更大的概念框架联结起来。例如，学生在学习"中心"（centration）这一概念时，是否注意到它是皮亚杰理论的内容，并将其与其他诸如"自我中心"（egocentricity）、"守恒"（conservation）、"前运算思维"（preoperational thinking）等概念联系起来？是否会将它与成人常常表现出自我中心的事实联系起来，尽管它属于幼儿思维方式的内容？如果是，那他就是在使用深层加工方式。相反，如果他只是记住其定义和确认一到两个中心主义的例子，那他就是在使用表层加工方式。深层加工有利于侧重理解的考试，而表层加工有利于侧重事实学习和记忆的考试。

（四）系列型和整体型

英国心理学家帕斯克曾经让学生对一些想象出来的火星上的动物图片进行分类，并形成自己分类的原则（转引自陈琦，刘儒德，2019）。学生完成分类任务后，要报告他们是怎样进行这项学习任务的。帕斯克发现，学生在使用的假设的类型以及建立分类系统的方式上，都表现出一些有趣的差异。有些学生把精力集中在一步一步的策略上，他们提出的假设一般说来比较简单（每个假设只包括一种属性）。这种策略被称为**系列型策略**（serial strategy），也就是说，一个假设到下一个假设是以直线的方式进行的。而另一些学生则倾向于使用比较复杂的假设（每个假设同时涉及若干属性）。这种策略被称为**整体型策略**（holistic strategy），就是指全盘考虑如何解决问题。

采取整体型策略的学生在从事学习任务时，往往倾向于对整个问题涉及的各个子问题的层次结构以及自己将采取的方式进行预测，而且他们的视野比较宽，能把一系列子问题组合起来，而不是一碰到问题就立即着手一步一步地解决。采取系列型策略的学生，一般把重点放在解决一系列子问题上。他们在把这些子问题联系在一起时，十分注重其逻辑顺序。由于他们通常都按顺序一步一步地前进，因此，只是在学习快结束时，他们才能对所学的内容形成一种比较完整的看法。如果他们要使用类比或图解等方法，也是比较谨慎的。

三、学习风格的社会因素

学习总是在一定的社会环境中进行的，或多或少受到同伴、师长的影响，因而具有社会性。学生在学习的社会因素方面存在着不同的风格。下面是几种常见的学习风格的社会因素（转引自谭顶良，1995）。

（一）独立学习与结伴学习

有些学生喜欢独立学习，与其他人在一起时不易集中注意力或注意持续时间短，从而使学习效率下降；有些学生则相反，喜欢与他人一起学习，在集体环境中相互激励、相互督促，从而提高学习效率。为了满足所有学生的不同需要，有经验的教师既会提供小组或合作学习的机会，也会给学生留出独立学习的时间。

（二）竞争与合作

竞争与合作均是动机激发的主要手段。有些学生更倾向于通过竞争激发学习动机，而有些则偏爱合作学习，觉得在合作的情境中学习更有安全感。

（三）成人支持

有的学生学习时需要成人支持，而有的只要有人陪伴就好。

思考题

1. 简述智力差异的几种理论。
2. 什么叫作智力超常儿童？如何为这类儿童设计合理的课程？
3. 简述智力落后儿童教育的基本原则。
4. 加德纳的多元智力理论将智力分为哪几个部分？这对教学有何启示？
5. 简要叙述斯腾博格的三元智力理论。
6. 什么叫学习风格？教师了解学生的学习风格对教学有什么意义？
7. 学习风格的生理因素有哪些？怎样做到"因材施教"？
8. 列举几种经典的学习风格，并谈谈这对教学有什么启示。
9. 简述常见的学习风格的社会因素。

推荐读物

陈琦，刘儒德．当代教育心理学（第3版）．北京：北京师范大学出版社，2019．第

四章

　　[美]Sternberg，R. J.，& Williams，W. M. 教育心理学(第 2 版). 姚梅林，张厚粲，译. 北京：机械工业出版社，2016. 第四章

　　[美]哈维·席尔瓦，理查德·斯特朗，马修·佩里尼. 多元智能与学习风格. 张玲，译. 北京：教育科学出版社，2003.

　　谭顶良. 学习风格论. 南京：江苏教育出版社，1995.

第五章

行为主义学习理论

学习是在学校和生活中频繁发生的。从广义上说，学习（learning）是指由经验或练习而导致的行为或行为潜能的持久的变化。不同的理论家对变化的实质、引起变化的经验以及导致变化的过程存在不同的观点。**行为主义学习理论**（behavioral learning theory）关注可观察、可改变的行为的变化，重视环境中的事件对行为的影响，强调个体学习的行为是由特定条件引起的反应，个体当前行为的后果改变了未来的行为。行为主义学习理论主要应用于教学设计以及行为治疗方面。本章将介绍行为主义学习理论的主要人物和观点，并探讨行为主义学习理论在实际工作中的应用。

本章要点

- ● 经典性条件作用理论
- ○ 巴甫洛夫的经典性条件作用理论
- ○ 华生的行为主义
- ● 操作性条件作用理论
- ○ 桑代克的联结主义
- ○ 斯金纳的操作性条件作用学说
- ○ 强化理论
- ○ 行为的学习
- ● 社会学习理论
- ○ 社会认知理论
- ○ 观察学习过程
- ○ 观察学习理论的教育应用

第一节　经典性条件作用理论

对学习的最早解释来自亚里士多德。他认为，人的记忆遵循三条联想律：相似律、相对律和邻近律，尤其是**邻近律**（contiguity）更具有普遍性。根据这条原则，当两种或两种以上的事件（如"6×7"和"42"）经常一起出现时，它们就会被人联系起来。以后，只要出现其中一种事件（如"6×7"），人就能够想起另外一种事件（如"42"）。前者是激活行为的事件，叫作**刺激**（stimuli）；后者是可以观察的对刺激的回应行为，叫作**反应**（response）。人在记忆事实、外语单词或者操练某种技能时，形成了这种简单的刺激—反应配对联系。人在复杂的学习中，可能形成了更加复杂的刺激—反应关系。巴甫洛夫在其经典性条件作用理论中，最早阐明了复杂学习中的这种复杂的刺激—反应关系。

一、巴甫洛夫的经典性条件作用理论

经典性条件作用是由苏联生理学家巴甫洛夫首创的。巴甫洛夫是研究消化问题的，并于1904年获得了诺贝尔奖。

1900年左右，巴甫洛夫在研究狗的消化腺分泌时，需要用容器收集并测量狗闻到食物（肉末）气味后分泌的唾液。他意外地发现，狗即使没有闻到肉末的气味，只听到实验人员的脚步声，也会分泌唾液。他推断，唾液分泌的变化与外在刺激的性质和出现的时间存在密切关系，由此进行了经典性条件作用的实验。

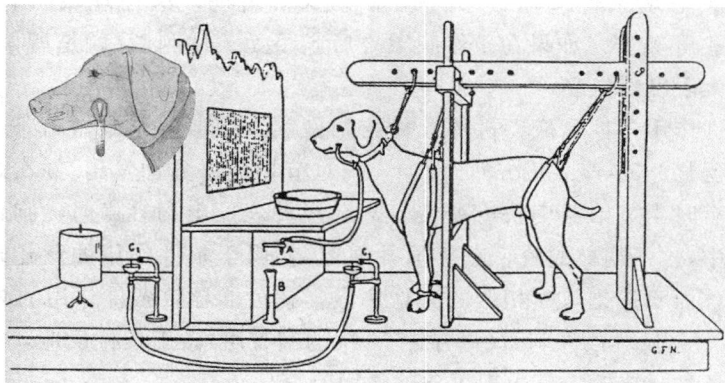

图 5-1 经典性条件作用实验

（资料来源：Weiten，1995）

在实验中，如果将肉末放在一条饿狗的口中或嘴巴附近，肉末可以自动引起狗的唾液分泌反应。在这里，肉末被称为**无条件刺激**（unconditioned stimulus，US）；狗的唾液分泌反应，因为无须任何训练和经验而自动出现，被称为**无条件反应**（unconditioned response，UR）。如果给狗呈现其他刺激，如铃声，狗不会产生唾液分泌的反应，此时铃声被称为**中性刺激**（neutral stimuli）。如果将中性刺激与无条件刺激反复多次配对呈现，中性刺激就成为**条件刺激**（conditioned stimulus，CS），能够引起原先只有无条件刺激才能引发的反应，也就是唾液分泌的反应，这种反应被称为**条件反应**（conditioned response，CR）。这个过程被称为**经典性条件作用**（classical conditioning）（见表 5-1）。

表 5-1　经典性条件作用的形成过程

建立前	无条件刺激　　　　　　　　　　→　　　无条件反应 （食物）　　　　　　　　　　　　　　　（唾液分泌）	
	中性刺激　　　　　　　　　　　→　　　引起注意 （铃声）　　　　　　　　　　　　　　　但无唾液分泌	
建立中 （多次重复）	中性刺激 （铃声） 无条件刺激　　　　　　　　　　→　　　无条件反应 （食物）　　　　　　　　　　　　　　　（唾液分泌）	
建立后	条件刺激　　　　　　　　　　　→　　　条件反应 （铃声）　　　　　　　　　　　　　　　（唾液分泌）	

（资料来源：布恩·埃克斯特兰德，1985）

经典性条件作用形成后，如果反复呈现条件刺激，却不呈现无条件刺激，条件反应的强度会逐渐减弱，甚至消失，这种现象被称为**消退**（extinction）现象。经过一段时间后，如果再次呈现条件刺激，条件反应又重新出现，这种现象被称为**自然恢复**（spontaneous recovery）。如果在条件刺激之后紧跟无条件刺激（就是所谓强化），条件反应会得到最大限度的恢复。

经典性条件作用一旦形成，机体会对与条件刺激相似的刺激做出条件反应，这称为条件作用的**泛化**（generalization）。例如，狗对节拍器每分钟发出 70 次的滴答声建立条件作用后，有时当节拍器变快或变慢，甚至当钟表发出滴答声时，狗也会产生条件反应。在生活中，"一朝被蛇咬，十年怕井绳"，就属于条件作用的泛化现象。如果只强化条件刺激，而不强化与其相似的其他刺激，就可能导致条件作用的**分化**（discrimination）。当狗学会只对条件刺激（每分钟 70 次的滴答声）做出条件反应，而对其他相似的刺激不做出条件反应时，就出现了条件作用的分化。

中性刺激一旦成为条件刺激，就可以作为无条件刺激。另一个中性刺激与其反复结合，可形成新的条件作用，这一过程被称为**高级条件作用**（higher-order conditioning）。人们可以在一级条件作用基础上建立二级条件作用，在二级条件作用基础上建立三级条件作用。测验失败引起学生条件性的紧张或焦虑等情绪反应，就经历了一个高级条件作用的形成过程。测验失败一开始也许只是一个中性事件，但逐渐与家长或教师的批评联系起来，而批评本身是引起学生焦虑的条件刺激，久而久之，测验失败引起焦虑情绪。再进一步，与测验情境有关的线索也可能成为条件刺激。例如，当学生走进考场时，或者当教师宣布即将举行考试时，学生会感到非常焦虑。

凡是能够引起条件反应的物理性的条件刺激叫作**第一信号系统**（first signal system）的刺激，而凡是能够引起条件反应的以语言符号为中介的条件刺激叫作**第二信号系统**（second signal system）的刺激。在生活中，谈虎色变就属于第二信号系统的条件作用。学生一想到测验或听到即将进行测验就会焦虑，也属于第二信号系统的条件作用。并不是测验使得学生焦虑，而是有关测验的观念和语义导致学生焦虑。

值得注意的是，巴甫洛夫的两个信号系统理论明确指出，人类由于有了以语言为主的第二信号系统，其学习与动物具有了本质的区别。这说明了他本人对人类学习的研究并非只限于刺激与反应间建立的条件反射。西方学习理论只是选取了巴甫洛夫理论的经典性条件作用部分，显然是不完善的。

经典性条件作用所解释的学习一般与生理的、情绪的反应有关。在教育实践中，教师可以将快乐事件作为学习任务的无条件刺激。例如，在学生阅读的时候，教师呈现漂亮的封面、放置阅读玩偶、设置游戏活动等。教师也可以帮助学生适应引起焦虑、紧张的情境，例如，指派小学低年级害羞的学生发放作业。

二、华生的行为主义

华生是行为主义的奠基者和捍卫者。他相信，巴甫洛夫的条件作用模式适于用来建立人类行为的科学，如果将这种模式加以扩展，可以解释各种类型的学习和个性特征。他认为，学习就是以一种刺激替代另一种刺激建立条件作用的过程。人类出生时只有几种反射（如打喷嚏、膝跳反射）和情绪反应（如爱、怒等），所有其他行为都是通过条件作用建立新的刺激—反应（S-R）联结而形成的。例如，婴儿的恐惧可能是由突如其来的巨响和得不到母亲的照顾引起的。各种物品和地方与无条件刺激结对出现，就变成了条件刺激。在森林里与家长走散的儿童会对森林产生一种条件性恐惧。

华生曾经用条件作用的原理做了一个恐惧形成的实验（转引自布恩·埃克斯特兰德，1985）。一种动物和一种引起恐惧的刺激产生了联系，后来婴儿产生了对这种动物的恐惧（见图5-2）。

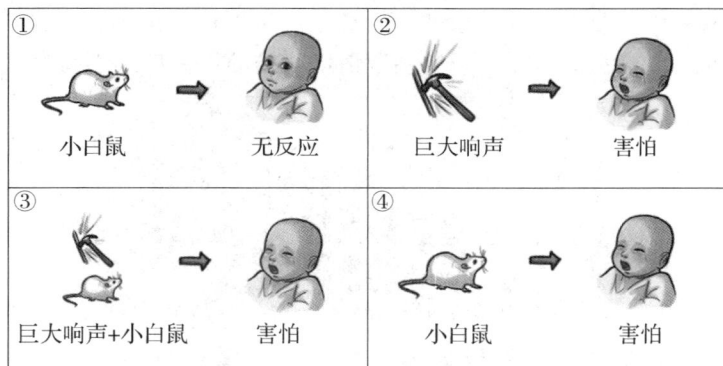

①	②
小白鼠 → 无反应	巨大响声 → 害怕
③	④
巨大响声+小白鼠 → 害怕	小白鼠 → 害怕

图 5-2　恐惧形成实验

在这个实验中，11个月大的小阿尔伯特本不害怕小白鼠（见图5-2①）。当他走近小白鼠时，他背后传来一声巨响（见图5-2③），他被吓了一跳。不断重复这一过程，一周以后，小阿尔伯特对小白鼠产生了情绪反应（见图5-2④）。而且他对小白鼠的条件反应泛化到了其他任何有毛的东西上，如兔子、制成标本的动物。

根据这一实验，华生提出，有机体的学习实质上就是通过建立条件作用，形成刺激与反应之间的联结的过程。条件刺激通过与无条件刺激在时空上的结合，替代无条件刺激与无条件反应建立了联系。在实际教育中，许多学生的态度就是通过经典性条件作用习得的。例如，许多学生可能不喜欢外语，因为教师在课堂上要求他们大声翻译句子，或者要求他们回答难题，这引起了他们的焦虑反应。他们将外语与这种不愉快的体验联系起来，形成了对外语的恐惧反应，并可能将这种条件作用泛化为对其他课程乃至学校的恐惧。

第二节　操作性条件作用理论

经典性条件作用理论关注诸如分泌唾液与恐惧等非自愿的生理与情绪反应，而且这些反应是由刺激引发的。但是，人的学习并非都是自动的或无意的，人的绝大多数行为是自发的或自愿的。人主动作用于环境而产生各种后果。这些有意的动作叫作**操作**(operant)。随着对环境的作用，我们学会了某种行为方式。桑代克与斯金纳发展的操作性条件作用的知识解释了这种操作行为所涉及的学习过程。

一、桑代克的联结主义

桑代克也是从动物实验中发展他的理论的，其中最著名的一个实验就是饿猫打开迷笼的实验。

在这个经典实验中，桑代克将饿猫放在一个迷笼里（见图5-3），将小鱼放在笼外猫看得见的地方。猫只有用前爪拉住开门的机关，才能出笼获食。在经过一系列盲目尝试之后，猫终于拉住机关，逃了出来。桑代克把猫多次放回笼中。猫几经尝试，逃出笼子的速度越来越快，犯错次数越来越少。经过反复尝试，猫学会了做出成功的反应，而抛弃不成功的反应，自动形成了迷笼刺激情境与踏动机关反应之间的联结。

图 5-3　迷笼实验

桑代克根据其实验结果提出了**联结主义**（connectionism）学习理论。这种理论认为，学习的实质在于形成这种刺激—反应联结，这种联结是通过尝试错误的过程而自动形成的，不需要以观念为中介。鉴于对动物和人的研究结果存在相似性，桑代克坚持用这一基本的学习原理来解释各种复杂的学习。在他看来，一个受过教育的成年人不过是拥有成千上万个刺激—反应联结的个体而已（申克，2003）。

桑代克超越巴甫洛夫之处在于他提出在某个行为之后出现的刺激影响了未来的行为。这种操作性条件作用的思想隐含在他所提出的学习的**效果律**（law of effect）之中。学习的效果律表明，在刺激与反应之间形成可改变的联结，给予满意的后果，联结就增强；给予不满意的后果，联结就减弱。这意味着，一个人当前行为的后果对决定他未来的行为起着关键的作用。如果一个动作带来了情境中一个满意的变化，它在类似情境中重复出现的可能性将增加；如果这个动作带来了一个不满意的变化，这个动作重复出现的可能性将减少。

桑代克的学习理论指导了大量的教育实践。学校教育就是让学生形成大量的刺激—反应联结（如乘法表和高频词汇等），反复练习这些联结，并且奖励这些联结。

二、斯金纳的操作性条件作用学说

桑代克为操作性条件作用理论奠定了基础。斯金纳则系统地发展了这一理论，并使之对教育实践产生了巨大作用。

斯金纳认为，行为可分为应答性行为和操作性行为。应答性行为是由已知的刺激引起的。无条件反应是由无条件刺激引起的，是一种应答性行为。例如，用针刺手，手马上缩回；遇到强光，眼睛马上闭上等。操作性行为并不是由已知的刺激引起的，而是机体自发的。例如，幼儿最初在幼儿园上课时会吹口哨、站起来以及扔玩具等。日常生活中的大部分行为属于操作性行为。操作性行为并不取决于其事先的刺激，而是由其结果控制的。根据这两种行为，斯金纳区分出了两种条件作用：应答型条件作用（与经典性条件作用相对应，又称刺激型条件作用或 S 型条件作用）和反应型条件作用（又称操作性条件作用或 R 型条件作用）。前者强调刺激对引起期望反应的重要性，后者强调行为反应及其后果。斯金纳的工作主要集中在行为反应与其后果之间的关系上。

（一）操作性条件作用的形成

与巴甫洛夫一样，斯金纳采用科学的方法，在可控制的环境下对操作性行为进行了细致的研究。他发明了一种学习装置叫作斯金纳箱（Skinner box），箱内装着一个操纵杆，操纵杆连接着一个供应食丸的装置（见图 5-4）。斯金纳将饥饿的白鼠置于箱内。在这种缺乏明显的无条件食物刺激的环境中，当白鼠偶然踏上操纵杆时，供丸装置自动送出一粒食丸。白鼠经过几次尝试后，就会不断按压杠杆，直到吃饱为止。在这一实验中，白鼠学会了按压杠杆而获取食物的反应，把强化（食物）与操作性反应联系起来，形成了**操作性条件作用**（operant conditioning）。杠杆变成了获取食物的工具，操作性条件作用故而又叫作工具性条件作用。

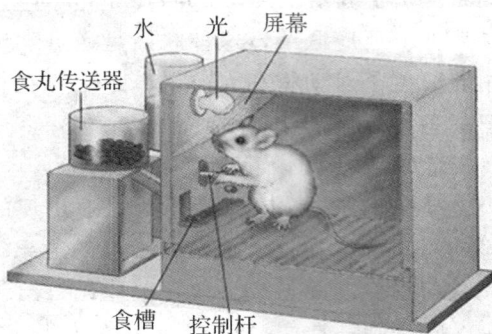

图 5-4　斯金纳箱

（资料来源：Coon，1998）

斯金纳认为，操作性条件作用与两个基本原则相联系：第一，任何反应如果紧随强化刺激，就会具有重复出现的趋向；第二，任何能够提高操作反应率的刺激都是强化刺激。

根据这两个原则，与经典性条件作用的刺激—反应过程相比，操作性条件作用是刺激—反应—刺激的过程。在这一过程中，重要的是反应之后的刺激。例如，幼儿园的幼儿在入园第一周，可能做出许多反应，诸如与其他同学交谈、注意教师、在屋子里走动或者打扰其他同学等。随着教师强化某些反应，如对注意教师的幼儿报以微笑，这些反应将会出现得更为频繁。

从这两个原则还可以看出，斯金纳与桑代克对学习的解释略有不同。桑代克认为，奖励能加强刺激与反应之间的联结，而斯金纳认为，强化刺激并不是加强了刺激与反应之间的联结，而是增加了相同行为再次发生的频率。

（二）操作性条件作用的消退和维持

消退（extinction）是指消除强化从而消除或减少某一个行为。例如，教师要求学生利用业余时间完成额外的数学和语文作业。几周后，他发现学生只做数学作业，没有完成语文作业。于是，他改变规则，只让学生在课余时间完成语文作业。学生很快就完成语文作业了。在这里，教师应用消退取消了对完成数学作业的强化。再如，在二年级课堂上，有些过分焦急的学生不举手就回答教师的问题，这时教师可以不理会他们，只点那些举手的学生起来回答，并且提醒全班学生"小明举了手在等待回答""小华也举了手"等。教师很快就发现，全班举手行为明显增加，并且那些并不参与讨论的学生也举起了手，同时学生参与讨论的机会也增多了。许多教师发现，使用消退比较困难。因为他们必须学会忽视某些不良行为，而且这些不良行为减弱后，还有可能突然重新出现，这一现象叫作自然恢复。因此，教师需要前后一致地忽视某些不良行为，还可以结合消退使用其他方法，如强化适当的行为。

维持（maintenance）就是行为的保持。操作性条件作用形成以后，为了永久保持所获得的行为，应当逐渐减少强化的频次，或者使强化变得不可预测。例如，当一个学生每次答完数学题后，教师都给予表扬。根据消退原则，一旦停止表扬，他就可能停止解答数学题。根据维持原则，如果逐渐增加解答题数才给予表扬，并且以随机的时间间隔给予表扬，那么，他就可能在教师没有给予强化或给予很小强化的情况下，仍然能够长时间地解答数学题。事实上，学生的生活世界充满了许多自然的强化，这些强化可以维持他们在学校中学到的大多数技能和行为。例如，学生最初可能要求教师经常强化他们的阅读行为。一旦他们学会了阅读技能，他们就能借助阅读来了解世界。对大多数学生而言，此时他们不再需要对阅读的强化，所读内容本身就具有高度的强化作用，这样便维持了阅读行为。再如，那些成绩较差的学生可能需要教师对他们的学业行为给予较为细致而系统的强化。但过了一段时间，这些学生就会发现，完成学校的功课可以获得很多方面的回报，诸如高分、家长的认可、理解能力的提高或者知识的增长等，这些回报可以作为自然强化物来强化他们完成功课。此外，某些行为（如绘画、唱歌和下棋等）本身就能使学生感到愉快，即使从来没有得到外在强化，这些行为也能够强化个体长久维持下去。

（三）操作性条件作用的分化和泛化

在操作性条件作用中，行为的后果强烈影响行为，先前刺激也起着重要的作用。**先前刺激**（antecedent stimuli）是指行为之前的事件。它可以提供这样的信息：什么行为将导致正面后果，什么行为将导致负面后果；什么时候应当改变行为，什么时间不应当改变行为。在斯金纳箱中，鸽子学会了只有在灯亮时才去啄取食物。在数学课上，教师对那些认真做题的学生进行强化，但是当教师宣布下课后做课间操时，学生的行为也会随之而改变。我们常常对这样的先前刺激做出反应，却没有完全意识到它们在影响着我们的行为，而教师可以在课堂上有意识地使用这些刺激。

当某一种先前刺激（如数学课）存在时，学生表现出一种行为；当另一种先前刺激（如课间操）出现时，学生表现出另一种行为。这就是操作性条件作用的分化。**分化**（discrimination）就是指个体觉察到先前刺激的差异并对这种差异做出反应。这些先前刺激可能表现为一些线索、信号和信息，暗示着什么时候自己的行为更易得到强化。操作性条件作用的分化与经典性条件作用的分化不同：前者涉及诸如啄食的自愿行为，后者涉及诸如分泌唾液的反射行为。

为了使学生的反应产生分化，一方面，教师可以给学生提供一些线索和提示。线索对于那些必须在特定时间发生但却容易被遗忘的行为是非常有用的。有时候，教师还需要通过提示来帮助学生以适当的方式对线索做出反应。例如，上课时，班内很乱，教师就举起一只手引起大家的注意，这就是给予**线索**（cue）。如果教师在这之后又附加一句话"我举起手来是什么意思"或者"我正等着你们做什么"就是**提示**（prompting），以确保学生对线索做出正确的反应。教师在使用提示时要遵循两个基本原则：第一，提示要紧跟在线索的后面，以便学生对线索而非提示做出反应；第二，尽可能地淡化提示，避免学生依赖提示。

另一方面，教师必须对学生反应的正确与否进行反馈，不仅要表扬学生的正确答案，而且要对他们的错误答案进行纠正，使学生知道什么情况下他们的反应是正确的。

教师最好直截了当地告诉学生："要想得到强化，你就必须这样做。"教师甚至可以利用核查表来提示学生应当表现出的行为，如发言先举手、大声发言以及倾听同学发言等。这样做能避免学生在错误的活动上花太多时间和努力，确保学生习得所要求的行为。

如果学生已经学会在数学课堂上坐在座位上认真做作业，他们是否也能在语文课堂上表现出这种行为呢？这就涉及操作性条件作用的泛化问题了。**泛化**（generalization）是指个体将所习得的行为、技能或概念从一个情境移到另一个情境中。泛化最容易在相似的情境中发生，例如，一个新的行为更容易从语文课上泛化到常识课上，而不是泛化到课余或家庭情境中。值得注意的是，教师不要因为学生能在一种情境下表现出某些行为，就想当然地以为他们在其他情境下也能表现出这些行为。一般来说，学生并不会自动地将某一情境下的行为泛化到另一情境中。学生可能不会识别这两种情境相似的线索，或者虽能识别这些线索却没有动力做出反应。有时候，学生还可能学会对不同环境进行分化，甚至虽然在学校里学会了什么行为是受鼓励的，什么行为是受禁止的，在家应当做什么，在不同的朋友家应当做什么，但是，在各种环境下根据不同的规则和期望，他们的行为可能大不相同。

三、强化理论

在操作性条件作用中，强化是最主要的自变量。行为之所以发生变化是因为强化的作用。斯金纳对强化问题进行了较为全面的研究。所谓**强化**（reinforcement），是指能够增加反应率的后果。斯金纳坚信，对强化的控制就是对行为的控制。

（一）后果类型

在操作性条件作用中，后果决定了行为再次发生的频率。不同类型的**后果**（consequence）可以增强或者减弱行为。凡是能增加反应频率的刺激或事件叫作**强化物**（reinforcer）。**正强化**（positive reinforcement）通过呈现被试想要的愉快刺激来增加反应频率，如小物品、表扬、认可；**负强化**（negative reinforcement）通过消除或中止厌恶、不愉快刺激来增加反应频率，如免做家庭作业、免考。反之，凡是能够减弱行为或者降低反应频率的刺激或事件叫作**惩罚**（punishment）。**Ⅰ型惩罚**（type Ⅰ punishment）通过呈现厌恶刺激来降低反应频率，如扣分、降级、批评、罚款、增加家庭作业、罚做俯卧撑；**Ⅱ型惩罚**（type Ⅱ punishment）通过消除愉快刺激来降低反应频率，如不能坐在想坐的座位、不能和朋友一起合作。负强化容易与惩罚相混，表 5-2 说明了它们之间的关系。

表 5-2　强化与惩罚的种类

	行为被增强	行为被减弱
呈现刺激	正强化（呈现愉快刺激，如给予高分）	Ⅰ型惩罚（呈现厌恶刺激，如给予批评）
消除刺激	负强化（消除厌恶刺激，如免除杂务）	Ⅱ型惩罚（消除愉快刺激，如禁看电视）

强化还可划分为一级强化和二级强化两类。**一级强化**（primary reinforcement）满足人和动物的基本生理需要，如食物、水、安全、温暖与性等。**二级强化**（secondary reinforcement）是指强化物与一级强化或者其他已经牢固建立的二级强化反复结合后，自身获得强化效力。以金钱为例，对于小孩而言，它不是强化物，但当小孩知道钱能换来糖果时，它就能对小孩的行为产生效果。分数也是受到教师的注意后才具有强化性质的。二级强化可分为社会强化（社会接纳与微笑）、代用券（如钱、级别、证书以及奖品等）和活动（自由地玩、听音乐以及旅游等）。

在实际教育中，学生可能会对不同的强化做出反应。教师需要为班上不同的学生提供不同的强化物系列。教师要注意观察和了解学生对什么强化物感兴趣。教师可以事先让学生填写一个问卷，如"在课堂上你喜欢干什么或玩什么东西？在课堂上你最喜爱干的三件事是什么？如果你去商店，你将买哪三件喜爱的玩具？"教师还要注意不同年龄的学生对强化物的不同兴趣。例如，有些活动（如帮助教师或解答谜题）对小学生而言可能是有力的强化物，但对中学生而言，与朋友聊天、玩电子游戏、看杂志或听音乐则可能是更合适的强化物。

教师在选择强化物时，可以遵循**普雷马克原则**（Premack principle），即用高频的活动作为低频活动的有效强化物，或者说用学生喜爱的活动去强化学生参与不喜爱的活动。如果学生喜爱做航空模型而不喜欢阅读，教师可以让他先完成一定的阅读然后去做模型。这一原则有时也叫作祖母的法则（Grandma's rule）：首先，你要做我要你做的事情，然后才可以做你想做的事情。例如，"你吃完这些青菜，才可以吃肉"。

（二）强化程序

强化程序（reinforcement schedule）是指强化出现的时机和频率，也能增强或减弱行为。强化程序可以分为连续强化程序和断续强化程序两种类型。如果在每一个适当反应之后都呈现强化，这叫**连续强化程序**（continuous reinforcement schedule）。如果只在有些而非所有反应之后呈现强化，这叫**断续强化程序**（intermittent reinforcement schedule）。断续强化程序又可分为间隔程序和比率程序。**间隔程序**（interval schedule）根据历次强化之间的时间间隔来安排强化。**比率程序**（ratio schedule）根据历次强化之间学习者做出适当反应的数量来安排强化。间隔程序和比率程序既可以是固定的（fixed）（可预测的），也可以是变化的（variable）（不可预测的）。表5-3比较了四种断续强化程序的含义、例子、反应模式以及停止强化后的效果。

表5-3　四种断续强化程序

	间隔程序	比率程序
固定的	固定间隔程序（fixed-interval schedule）：每隔固定时间予以强化，如计时工资、每周五测验等。强化来临时反应率增加，强化过后反应率下降。维持效果弱。过了强化时间而不出现强化时，反应率急剧下降。	固定比率程序（fixed-ratio schedule）：每隔固定反应次数予以强化，如每举三次手给一次发言机会等。反应率高，强化过后反应暂停。维持效果弱。过了如期次数而不出现强化，反应率急剧下降。

续表

	间隔程序	比率程序
变化的	变化间隔程序（variable-interval schedule）： 每隔不定时间予以强化，如冲浪运动、随时小测验等。 反应率平缓而稳定，强化过后反应几乎没有暂停。 维持效果较好，停止强化后反应率逐渐下降。	变化比率程序（variable-ratio schedule）： 每隔不定反应次数予以强化，如买东西讨价还价等。 反应率非常高，强化过后反应少有暂停。 维持效果最好，停止强化后，反应率一度保持高水平，然后逐渐下降。

　　每种程序都会产生相应的反应模式。当学生学习新行为时，如果给予连续强化，他们就学得比较快。当他们掌握了这个新行为时，如果给予断续强化，他们就能很好地维持这一行为。断续强化程序比连续强化程序可获得更高的反应率和更低的消退率。在断续强化程序中，比率程序比间隔程序更能加快行为获得的速度。如果根据学生做出反应的次数予以强化，学生积累正确反应的次数越多，强化就来得越快。如果教师对学生说："你们做对这 10 道题，就去操场玩。"或者教师说："你们完成这 10 道题。20 分钟后我要检查你们的作业，全部做对的人可去操场玩。"前者与后者相比，会使学生更快地完成作业。变化强化程序比固定强化程序更能有效地维持行为。学生对行为的维持取决于强化的不可预测性。两种固定强化程序（固定间隔强化和固定比例强化）以及连续强化程序都是可预测的。学生逐渐期待在特定时刻出现强化，而当强化并未如期出现时，他们将很快放弃行为。在变化强化程序中，强化的出现是无规律可循的，所以学生必须始终如一地做出反应。稍有松懈，强化可能就不符合暗中的强化条件，致使个体可能需要付出更大的代价。如果每周三进行课堂测验，学生主要在周二晚上学习。如果将测验的时间做出变化，学生不知道什么时候会有课堂测验，就会每天学习。尤其是变化比率强化程序对维持稳定的反应最为有效。在实际教育中，教师可能无意间对学生的不良行为进行了变化比率强化，而一次侥幸可能会使学生永远记住这个行为。

四、行为的学习

（一）塑造

　　斯金纳认为"教育就是塑造行为"。复杂的行为可以通过塑造而获得。**塑造**（shaping）是指通过小步强化达成最终目标。具体而言，教学者将目标行为分解成一个个小步子，每完成一小步就给予强化，直到获得最终的目标行为。这种方法也叫作**连续接近**（successive approximation）。例如，主试训练鸽子将头抬到一定的高度，只有当它把头朝着所需方向抬起来时才强化，不断提高对高度的要求，直到鸽子全部达到所需方向和高度，获得新的目标行为。再如，教师在教学生 26 个英文字母时，先要求学生说出一个字母，然后是几个，最后是全部字母，这样逐步予以强化，引导学生达到最终目标。

行为塑造需要遵循以下步骤：

①选择目标（终点行为）；

②了解学生目前能做什么或知道什么（起点行为）；

③找出学生所在环境中的潜在强化物（强化物）；

④将终点行为分解成有序的步骤，步调大小因学生的能力而异（步调划分）；

⑤即时反馈学生的每步行为，使学生由起点行为逐渐向终点行为靠近（即时反馈）。

在塑造行为时，教师要遵循一个原则：学生必须在力所能及的行为范围内得到强化，这些行为又必须能向新的行为延伸。学生能在 15 分钟之内解 10 道数学题，如果能在 12 分钟之内解出就应得到强化，但不必在 8 分钟之内解出才予以强化。反过来，一个学生能做 20 题，必须做 24 题后才能得到强化，不能在少于 20 题时就得到强化。

（二）连锁

行为塑造可以通过连锁方法来实现。复杂行为是由许多反应组成的，这些反应是按顺序发生的，前一个反应引发后一个反应，这叫作行为链。**连锁**（chaining），就是有步骤地训练复杂行为（行为链）的方法。

连锁方法可分为顺向连锁和逆向连锁。

顺向连锁（forward chaining）就是从第一步行为开始，每次只训练一步行为，从前往后将所有单步行为连接起来，最终使学习者获得整个复杂行为。假如教师想让学生撰写一段含有一个主题句、一些佐证句和一个总括句的英文段落，可以先让学生学如何写主题句，然后让学生学写佐证材料，接着让学生学写总括句。

逆向连锁（backward chaining）则是从最后一步行为开始，每次只训练一步行为，从后往前将所有单步行为连接起来，最终使学习者获得整个复杂行为。逆向连锁是一种强有力的训练方法，在学习者能力非常有限的情况下可以采用。在逆向连锁方法中，如果学习者每次完成后面的步骤后体验到了完整的复杂行为，这些步骤便得到了自然强化。这里还是以前面的英语段落写作的例子来说明。首先，教师给学生提供一段没有总括句的段落，要求学生补充，使之成为一篇完整的段落。其次，教师提供一段不完整的文字，要求学生加上一些佐证材料和总括性句子。最后，教师只提供一个主题句，要求学生写出佐证材料和总括句。

斯金纳认为，教学过程基本上就是一个塑造行为的过程。教学者首先确定教学的目标（终点行为）和学生的起点行为，然后明确描述从起点行为到终点行为的各个小步行为，通过各种手段（如教师讲演、学生小组活动以及完成课堂作业等）让学生按步骤学完所安排的内容，并且对学生主动回答的问题给予即时反馈。教学只有满足教学内容小步呈现、学习者自定步调和积极回答以及教学者即时反馈，才能取得较好的教学效果。斯金纳根据自己的教学理论和以上原则，发明了程序教学模式及其教学技术（如教学机器）（见第十三章"有效教学"）。

第三节　社会学习理论

自 20 世纪 40 年代以来，行为主义心理学家对儿童是如何获得社会行为的很感兴趣。这些行为包括合作、竞争、攻击、道德—伦理和其他社会反应。社会反应主要通过观察和模仿别人的行为学得。强化理论在解释所有的模仿形式上已经不能令人满意。首先，儿童为什么总是有选择地模仿而不是模仿所有受到强化的行为？其次，儿童为什么有时模仿那些过去没有相互作用过的行为？最后，儿童为什么在最初的几天、几周之后没有受到强化，也没看到榜样的这种行为受到强化，却会模仿新的行为？面对这些问题，班杜拉提出了一套综合并且被人们广为接受的模仿学习理论，这一理论最初被称为**社会学习理论**(social learning theory)。由于这种理论使用诸如信念、期望、记忆以及自我强化等认知因素来解释社会学习过程，现在它被看作**社会认知理论**(social cognitive theory)，属于新行为主义(Hill，2002)。

一、社会认知理论

班杜拉认为，儿童的大多数学习发生在社会环境中，儿童通过观察生活中重要人物的行为而学得社会行为，这些观察以心理表象或其他符号表征的形式储存在大脑中来帮助他们模仿行为。儿童没有必要在学习过程中表现这些行为，而且外在强化也不是绝对有必要的。这些观点对行为主义核心假设提出了挑战，关注线索对行为及其内在心理过程的作用，强调思想对行为和行为对思想的作用。这些观点在行为派和认知派之间架起一座桥梁。

社会认知理论对学习和行为表现提出了这样三种假设：个人、行为和环境之间是相互作用的；学习与表现是不能等同的；学习可以分为参与性学习和替代性学习。

(一)交互决定论

在社会认知理论看来，人类的行为既不只受内部因素驱动，也不仅由外部环境刺激自动塑造和控制。个人的行为可以由交互决定论来解释。**交互决定论**(reciprocal determinism)认为，个人、行为和环境是相互影响、彼此联系的。三者影响力的大小取决于当时的环境和行为的性质。图 5-5 所示的三向图表示了三者之间的关系。

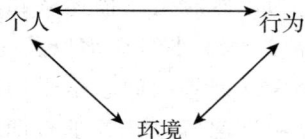

图 5-5　个人、行为和环境之间的交互决定关系
(资料来源：Bandura，1986)

例如，攻击性强的儿童期望其他儿童对他产生有敌意的反应(个人认知因素)，这种期望使该儿童产生了攻击性反应（行为），其后果是其他儿童对该儿童更有攻击性（环境），从而又强化了该儿童的最初期望（个人认知因素）。再如，在教师讲课时，学生思考教师所教的内容（环境→个人认知因素）。如果不理解，他会举手提问（个人认知因素→行为）。教师于是复述这一内容（行为→环境）。学生做练习时，认为自己做得非常好，喜欢做这些练习（行为→个人认知、情感因素），询问教师是否继续往下做（个人因素→行为）。教师同意他们继续做（行为→环境）。

（二）学习和表现

为了说明行为主义的局限性，班杜拉将新的**学习**（learning）与习得行为的**表现**（performance）区分开来，强调知识的获得（学习）与基于知识的可观察的表现（行为表现）是两种不同的过程（申克，2003）。人所知道的要比所表现出来的多。班杜拉曾做过这样一个实验。他让儿童观看一场电影。在电影中，一个人正在踢打一个充气娃娃。第一组儿童看到那个人因为这种行为受到奖励；第二组儿童看到那个人受到惩罚；第三组没有看到任何结果。看完电影后，这些儿童被带到摆有充气娃娃的房间。

图 5-6 玩偶实验截图

结果发现，第一组儿童最具攻击性，他们踢打这些玩具。第二组儿童的攻击性行为最少，但是如果他们被告知模仿电影中的人踢打充气娃娃可得到奖励，他们就会将攻击性行为表现出来。这意味着，尽管学习已经发生了，但除非情境是合适的或者有引起行为的刺激，否则学习是不会表现出来的。外在强化或者学习者对即将出现的后果的高度相信会影响表现而不是学习。

学习者是否把从观察中习得的行为表现出来，依赖许多因素，如动机、兴趣、外在刺激、觉察到的需求、生理状况、社会压力以及社会竞争等。有些学生尽管从同伴那里学到了一些诸如抽烟等不好的行为，但却没有表现出来，因为个人的后果不鼓励他们表现这些行为。小学低年级学生可能学会了某些汉字，但因为他们的精细动作协调能力有限而可能写得不够工整。小学高年级学生可能学会了约分，但因为焦虑、生病或者误解题意而在考试中出现错误。在这些情况中，学生的表现并不能代表他们的学习情况。

事实上，学校尽管有一些活动（如复习课）要涉及学生以前习得的技能，但是学生的大部分时间还是花在了新行为的学习上。

（三）参与性学习和替代性学习

社会认知理论把学习分为参与性学习和替代性学习（Bandura，1986）。

参与性学习（enactive learning）是通过实践并体验行动后果而进行的学习，实际上就是做中学。那些能导致成功后果的行为被保留下来，而那些导致失败后果的行为则被舍弃。行为后果所发挥的作用与斯金纳操作性条件作用是不一样的：斯金纳认为行为的后果会增加或减少该行为，而参与性学习的后果为学习者提供信息，是在形成预期、影响动机并塑造信念。行为后果告知学习者动作是否准确合适。如果成功地完成了某项任务或受到一定奖励，学习者就知道自己做得很好；如果失败或者受到惩罚，学习者就知道自己犯了某些错误并会尽力加以修正。行为后果还能激发学习者学习和表现的动机。学习者总是学习并表现他所看重并确信能带来理想后果的行为，而避免学习和表现一些受到惩罚或令人不满意的行为。这意味着，正是学习者的认知而非行为的后果影响了学习。

替代性学习（vicarious learning）是通过观察别人而进行的学习。在学习过程中，学习者没有外显的行为。人类的大部分学习是替代性学习，它通常是通过观察下列来源中的榜样而进行的：现实生活中的（亲眼所见或亲耳所闻的）、象征性的或者非人类的（广播中可以说话的）、电子产品或印刷品（图书或杂志）中的榜样。不是人必须表现出每个行为，学习才能发生。替代性学习则可以大大加快这种学习的速度。替代性学习还可以避免人去经历有负面影响的行为后果。例如，我们可以通过听他人讲述、看书以及看电影等来了解交通事故的危险性，而不必亲身去体验交通事故的难受后果。第六章所提到的认知学徒制就属于替代性学习。

学习复杂的技能一般要通过观察和参与实践才能学会。学习者首先观察榜样解释并示范这些技能，然后进行大量练习和实践，并从指导者那里获得反馈和激励。

二、观察学习过程

班杜拉（Bandura，1986）描述了观察学习的具体过程。**观察学习**（observational learning）是指通过观察并模仿他人而进行的学习。观察学习包括注意、保持、复制和动机四个子过程。

在**注意**（attention）过程中，观察者注意并知觉榜样情境的各个方面。榜样和观察者的几个特征决定了观察学习的程度：观察者比较容易观察那些与他们自身相似的或者被认为是优秀的、热门的和有力的榜样。有依赖性的、自身概念弱的或焦虑的观察者更容易模仿行为。强化的可能性或外在的期望影响个体决定观察谁、观察什么。具体见表5-4。

表5-4 观察学习中易受注意的榜样的特征

特征	举例
卓越：在竞争中显得很突出的榜样。	高中数学教师演示如何使用正确的方法解决问题。教师（无论男女）对学生来说就是一个卓越的榜样。
受人喜欢和尊敬：榜样受人喜欢和尊敬。	为了给学生再提供一个受人喜欢和尊敬的榜样，数学教师让一个很受大家欢迎的学生第一个到黑板上解题。

特征	举例
类似：个体认为榜样与自己很相似是很关键的。	数学教师叫了好几名学生解题，这样每个学生都会开始预想，自己将是下一个要到黑板上解题的人。
强化：所观察到的榜样行为的结果。	数学教师在全班同学面前很公平地表扬每一个学生，不光针对最后结果，还对有助于解决问题的每一步骤都提出了表扬。

（资料来源：Sternberg & Williams，2016）

教师要热情地、清晰地进行行为示范，将学生的注意力吸引过来，让学生能够观察到正确的行为特征。有时教师需要突出强调某种行为，引起学生的特别关注。例如，如果教师希望学生学会回收废纸，可以大声提醒学生注意将废纸放进回收箱中，而不是静悄悄地将废纸扔进回收箱。

在**保持**（retention）过程中，观察者记住从榜样情境中了解的行为，以表象和言语形式将它们在记忆中进行表征、编码以及存储。

在教学中，教师需要进行步骤分解，可以编制一些口诀，甚至可以将难以记住的、复杂的行为冠以一个名称，作为标签帮助学生记住完成任务的步骤。例如，在教授仰泳时，教师可以采用贴标签的方法，帮助学生记住仰泳中的胳膊位置顺序："小鸡""飞机"和"士兵"（见图 5-7）。

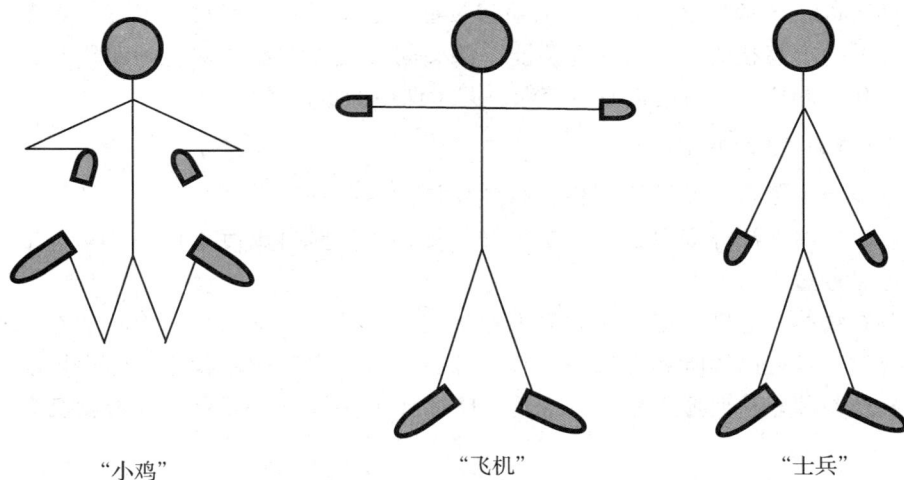

"小鸡"　　　　　　　"飞机"　　　　　　　"士兵"

图 5-7　仰泳中胳膊的位置顺序

在**复制**（reproduction）过程中，观察者的将头脑中有关榜样情境的表象和符号概念转为外显的行为。观察者需要选择和组织榜样情境中的反应要素，进行**模仿**（modeling）和练习，并在信息反馈的基础上精炼自己的反应。教师需要对学生的模仿和练习给予反馈和细微的指导。

在**动机**（motivation）过程中，观察者因表现所观察到的行为而受到激励。观察者的模仿动机存在三种来源。①**直接强化**（direct reinforcement）。在社会认知理论中，直接强化的作用并不是增强行为，而是提供信息和诱因。观察者对强化的期望影响他注意榜样行为，激励他编码并记住可以模仿的、有价值的行为。②**替代强化**（vicarious reinforcement），指观察者因看到榜样受强化而受到的强化。例如，当教师强化一个学生的助人行为时，班上其他学生也将花一定时间相互帮助。替代强化往往能够唤起观察者的情绪反应。例如，当电视广告中的明星因使用某种洗发露而光彩夺目时，观众将有愉快的情绪体验。③**自我强化**（self-reinforcement）。自我强化依赖社会传递的结果。社会向个体传递某一行为标准，当个体的行为表现符合甚至超过这一标准时，他就对自己的行为进行自我奖励。例如，补习了一年语言的学生为自己设立了一个成绩标准，于是他将根据教师对他成绩的评价对自己的行为进行自我奖赏或自我批评。人还能观察自己的行为，并根据自己的标准对行为做出判断，由此而强化或惩罚自己。例如，在一次测验中，一个学生可能因为得了 90 分而沾沾自喜，而另一个学生则可能感到大失所望。

三、观察学习理论的教育应用

学校课堂中存在着大量观察学习。教师需要明确意识到它们的存在，并按照观察学习的过程来指导学生的观察学习。

（一）教学内容中的新技能

教师可以在课堂教学中有意示范动作技能、心智技能、思维方式或学习策略，例如语文课上的书写技能、字词发音技能、课文朗读技能，数学课上的制图技能，还有打字、操作实验仪器的技能以及体育课、艺术课中的形体动作等。

（二）教师的榜样作用

教师以身示范，身教胜于言传。教师要注意自身在问题解决、创造性思维、批判性思维以及学习方法等方面也是一个很好的榜样，有时可以有意识地、明确地大声说出自己的思维过程。

教师在情感、态度、道德品质等方面更是一个活生生的榜样。教师的意志力、对他人的尊重、良好的倾听和交流习惯等，都在无形之中影响着学生。学生可能在暗中观察、模仿教师，从而形成相同的品质。反过来，教师的消极社会行为就极有可能误导学生。

教师对世界的好奇心、对其他学科的兴趣爱好、对本学科的热爱以及对学习的热情等都将感染学生。如果一个教师总是要求学生不断学习，而自己从来不学习本学科的新知识，学生可能认为这门学科知识已经失去了活力，没有学习的激情。一个教师对学习本身的巨大热情为学生树立了良好的榜样。学生将对教师加以模仿，并从中体验学习的乐趣，获得内在的学习动力。

（三）同伴的榜样作用

同龄人中的榜样对学生有很好的示范作用。有研究（Schunk & Hanson，1985）比较了存在加法困难的二年级学生观察同学的学习效果与观察教师的学习效果，结果发现，观察同学的学生在教学后的加法测验中获得更高的成绩，而且对自己的学习能力充满自信。对于那些怀疑自己能力的学生，最好的榜样是那些学习成绩较差但一直坚持努力并最终掌握学习内容的学生(Schunk，2004)。

在小组学习中，教师可以将好学生与学困生进行配对，可以请成功解题的学生在黑板上演示解题过程或进行语言对话、课文朗诵等，确保学生看到他人的积极行为受到强化，然后公平地给予所有学生的好行为以同样的奖励。

教师可以让很受学生欢迎的学生友好地对待处境不利的学生或者有特殊需要的学生，还可以让较受学生欢迎的学生引导全班学生做他们不情愿做但该做的事情。

(四)学生习得行为的表现

学生可能已经学会了某种行为，并且知道自己也需要表现出这种行为，但是，他们需要教师进行角色示范，来促使他们表现出这些行为。例如，如果教师表现出对学生的尊敬以及宽容等，学生就可能受到激励而表现出这些行为。

对于学生的一些受到抑制的良好行为，教师需要利用去抑制效应。**去抑制效应**(disinhibitory effect)是指个体看到榜样表现出自己原来抑制的行为受到奖励时而加强这种反应的倾向。例如，学生以前在考试和作业中写出自己的创造性解法但因不符合标准答案而被扣了分。他学习新的学科时，看到教师当堂表扬那些在考试中写下自己想法的学生，从此在考试中也经常写出自己的创造性解法。

对于学生的有些不良行为，教师需要利用抑制效应。**抑制效应**(inhibitory effect)是指个体由于看见榜样得到惩罚而引起的反应倾向减弱。例如，有考试作弊行为的学生看到其他学生作弊受到重罚后，再也不敢考试作弊了。

在有些情况下，教师需要给学生提供一些线索，促进学生表现出相同的行为，这是在利用社会促进效应。**社会促进效应**(social facilitation effect)是指学生观看榜样行为能引发其行为库中已有的反应。例如，如果教师对学生表示尊敬，使用礼貌敬语，学生就可能受到激励而表现出这些行为。

思考题

1. 中性刺激怎么变为条件刺激？
2. 经典性条件作用的分化和泛化有什么区别？
3. 如何利用经典性条件作用帮助学生热爱某门学科？
4. 什么样的后果就是强化物？什么样的后果就是惩罚？
5. 负强化与惩罚存在什么区别？
6. 如何利用普雷马克原理来识别学习者的最佳强化物？
7. 如何利用强化程序来教学习者习得并维持一个新行为？
8. 如何利用连锁方法来塑造学习者的新的复杂行为？
9. 社会认知理论的基本观点是什么？
10. 操作性条件作用与社会认知理论对强化的看法存在什么区别？

11. 参与性学习和替代性学习有什么区别？

12. 什么是交互决定论？请举例说明。

13. 观察学习经历了什么过程？请举例说明。

14. 在课堂中如何应用观察学习？

推荐阅读

陈琦，刘儒德．当代教育心理学(第 3 版)．北京：北京师范大学出版社，2019．第五章

[美]罗伯特·斯莱文．教育心理学：理论与实践(第 10 版)．吕红梅，姚梅林，等，译．北京：人民邮电出版社，2016．第五章

[美]安妮塔·伍尔福克．教育心理学(第 12 版)．伍新春，等，译．北京：中国人民大学出版社，2015．第七章

[美]戴尔·H. 申克．学习理论．韦小满，等，译．南京：江苏教育出版社，2003.

[美]索耶．剑桥学习科学手册．徐晓东，等，译．北京：教育科学出版社，2010.

[美]A. 班杜拉．思想和行动的社会基础——社会认知论．林颖，等，译．上海：华东师范大学出版社，2007.

第六章

认知学习理论

　　认知学习理论重在研究学习者对环境刺激（信息）的内部加工过程和机制，研究人是如何形成概念、理解事物，以及如何进行思考和问题解决的，强调学习是内在认知系统形成、丰富或改组的过程。认知学习理论包括两种密切相关的理论：一是信息加工理论，它主要受计算机科学的启发，用计算机类比人的认知加工过程，从信息的接收、编码、存储和提取的流程来分析学习的认知过程，代表性人物包括纽厄尔、西蒙、安德森、加涅等；二是认知结构理论，这与早期的格式塔理论有着更为密切的联系，它把人的认知看成整体的结构，学习就是认知结构形成和重组的过程，代表性人物包括布鲁纳和奥苏贝尔等。

本章要点

- ● 学习的信息加工理论
- ○ 学习的实质与结果
- ○ 学习的信息加工过程
- ○ 学习的条件与教学事件
- ● 认知结构学习理论
- ○ 认知结构与学习
- ○ 认知表征发展
- ○ 发现学习
- ● 有意义学习理论
- ○ 有意义学习
- ○ 认知同化过程
- ○ 接受学习

第一节　学习的信息加工理论

　　由于信息加工理论的影响，认知学习理论将人脑比拟为计算机的信息加工系统，把学习过程看作对信息的接收、转换、存储和提取的过程。加涅以此信息加工过程为模型，对学习的实质、过程和条件以及相应的教学过程进行了系统的阐述。

一、学习的实质与结果

加涅（1985）认为，学习是人可以持久保持且不能归因于生长过程的性情倾向或能力倾向的变化。这种变化可以从人学习前后行为表现的变化推断出来。作为学习结果的能力倾向存在不同的类型。人的不同类型的行为是以不同类型的能力倾向为基础的。

加涅认为，**学习结果**（learning outcome）就是各种习得的能力倾向或性情倾向。学习结果包括五种：言语信息（verbal information）、智力技能（intelligential skill）、认知策略（cognitive strategy）、态度（attitude）和运动技能（motor skill）。具体见表6-1。

表6-1　学习结果及其例子

学习结果	解释	行为表现举例
言语信息	有关事物的名称、时间、地点、定义以及特征等方面的事实性信息。	北京是中国的首都。
智力技能	运用符号或概念与环境交互作用的能力。	把分数转换成小数。
辨别	对一个或几个物理量不同的刺激物做出不同的反应。	说出两个物体（如生物标本）的异同。
具体概念	在一系列事物中找出共同特征并对其赋予同一名称。	指出两个具有共同属性（如颜色）或位置关系的物体。
定义概念	用定义（句子或命题）表示事物及其性质和关系。	给物理学中的"质量"下定义。
规则	用语言符号揭示两个或多个概念之间的关系。	陈述勾股定理。
高级规则	由简单规则组合而成的、用来解决一个或一类问题的复杂的规则。	把两个简单运算规则组合成一个组合算法，并能够在类似的应用题中运用这套组合算法。
认知策略	调控自己注意、记忆和思维等内部心理过程的技能。	画出组织结构图。
态度	影响个人对人、事和物采取行动的内部状态。	做出听古典音乐的行为选择。
运动技能	通过身体动作质量（如敏捷、准确、有力和连贯等）的不断改善而形成的整体动作模式。	打字"R"，进行"8"字形溜冰。

（资料来源：加涅，1999）

这五种学习结果是不受学科限制的。例如，学习者在数学课和语文课上都会学习运动技能（如规则），在体育课和化学课上都会学习运动技能（如操作）。而且人的学习结果往往是综合的，即在同一项学习活动中学习者能同时学到不同的学习结果。例如，在体育课上，学习者不仅学习打球的运动技能，同时还学习打球的规则。

二、学习的信息加工过程

加涅（1985）认为，学习过程是学习者内部的功能结构完成的各种信息加工过程（见

图 6-1)。这些过程把环境刺激转换成多种形式的信息，逐渐形成长时记忆的某种状态，这种状态(学习结果)构成了行为所赖以形成的能力倾向。

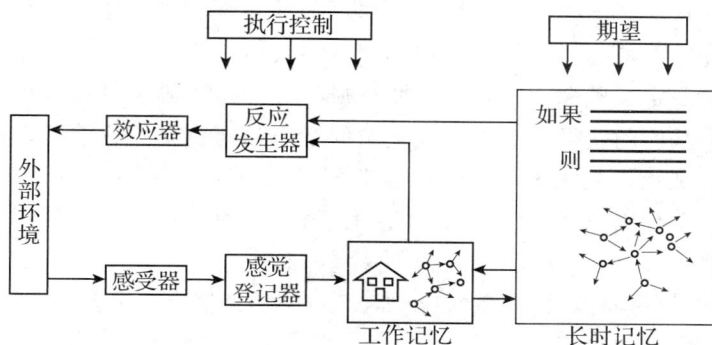

图 6-1　学习的信息加工模式

(资料来源：加涅，1999)

这一模式表示，来自学习者的环境中的刺激作用于他的感受器，并通过感觉登记器(记录器)进入神经系统。信息最初在感觉登记器中进行编码。最初的刺激以映象的形式保持在感觉登记器中，保留 0.25～2 秒。当信息进入短时记忆后再次被编码，这时信息以语义的形式储存下来。在短时记忆中，信息保持的时间也是很短的，一般只保持 2.5～20 秒。但是如果学习者做了内部的复述，信息在短时记忆里就可以保持很长一段时间，但也不超过一分钟。经过复述、精细加工和组织等编码，信息还可以被转移到长时记忆中进行储存，以备日后回忆。大部分学习理论家认为学习者长时记忆中的信息储存是长久的，而后来回忆不起来的原因是"提取"这些信息有困难。

值得注意的是，实际上，短时记忆和长时记忆并非不同的结构，它们只不过是同一结构起作用的不同方式而已。同样值得注意的是，从短时记忆进入长时记忆的信息有可能被检索出来并回到短时记忆，这时记忆又被称为"工作记忆"。工作记忆(working memory)是指个体在执行认知任务过程中暂时储存与加工信息的容量有限的系统，是人类认知活动的核心，是学习、推理、问题解决等智力活动的重要成分(Baddeley，2001)。

当新的学习部分地依赖学习者对原先学过的东西的回忆时，这些原先学过的东西就从长时记忆中被检索出来并重新进入短时记忆。

从短时记忆或长时记忆中检索出来的信息要通过反应发生器。反应发生器具有信息转换的功能，从反应发生器中传来的神经传导信息使效应器(肌肉)活动起来，产生一个影响学习者环境的操作行为。这种操作使外部的观察者了解原先的刺激发生了作用——信息得到了加工，也就是说学习者确实学了点什么。

在这个信息加工过程中，一组很重要的结构就是图 6-1 中的"执行控制"和"期望"这两个部分："执行控制"即已有的经验对现在学习过程的影响，"期望"即动机系统对学习过程的影响。整个学习过程都是在这两个结构的作用下进行的。

三、学习的条件与教学事件

加涅(1985)认为，不同的学习结果需要不同的内部和外部学习条件。学习的内部条件是学习者先前习得的能力倾向。例如，智力技能按学习水平由低到高排列依次为辨别—具体概念—定义概念—规则—高级规则(解决问题)等。每一级智力技能的学习要以低一级智力技能的获得为前提；最复杂的智力技能则是由许多简单的技能组合起来形成的。这一观点就是加涅(1999)的**学习层级说**(theory of learning hierarchy)。例如，如果学习一个规则"圆的直径是其半径的两倍"，学习者就必须掌握"圆""直径"和"半径"等概念。

学习的外部条件是外部的刺激情境(加涅，1985)。假定某人具有学习 10 个外语单词的先前能力倾向，而另一个人具有学习负数乘法的先前能力倾向。这两个学习活动的外部条件显然是不同的：单词的学习需要学习者对单词进行多次重复，而对于负数乘法的学习，重复不会取得相似的效果。学习者要习得的是两种不同的能力倾向，他们需要不同的先前能力倾向，而且需要不同的外部学习条件。

教学就是要合理安排可靠的外部条件(教学事件)，来支持、激活、促进学习的内部条件和过程。教学事件应当与学习过程相匹配。教学设计就是事先从学习的结果、条件、展开过程以及评价等方面对教学进行的一系列整体设计。

教学包含一系列独立的事件，每一个事件都对应学习的内部活动，对学习者都有显著的影响。加涅在《学习的条件和教学论》(1999)一书中列举了教学事件与内部学习过程的对应关系(见表 6-2)。

表 6-2　内部学习过程及其相应的教学事件、行动例子

内部学习过程	教学事件	行动例子	"三角形概念"教学过程举例
接收 预期	1. 引起注意 2. 告知学习者目标	使用突然变化的刺激。 告诉学习者在学习之后，他们将能够做些什么。	呈现不同的几何图形。 告知学习者学完这节课之后他们能够辨认三角形。
提取到工作记忆中	3. 刺激学习者回忆先前的学习	要求学习者回忆先前习得的知识或技能。	向学习者提问，让学习者回忆一些必备概念，如直线、闭合曲线，给出一些直线封闭或未封闭、曲线封闭或未封闭的图形，要求学习者分析这些图形的边有什么异同。
选择性知觉	4. 呈现刺激	显示具有区别性特征的内容。	呈现两个三角形，给出三角形定义。
语义编码	5. 提供"学习指导"	建构一个有意义的组织。	呈现更多的三角形以及与之表面相似的非三角形。
反应	6. 引出行为	要求学习者表现出行为。	出示一组图形，要求学习者从中辨认出三角形。
强化	7. 提供反馈	给予信息反馈。	提供正确答案，让学习者核对，如果发现错误，对学习者进行重新指导。

续表

内部学习过程	教学事件	行动例子	"三角形概念"教学过程举例
提取和强化	8. 评价行为	要求学习者另外再表现出行为并给予强化。	给学习者三组图形，让学习者辨认三角形，并给予反馈和指导。
提取并概括化	9. 促进保持和迁移	提供变化了的练习及间时复习。	呈现两个含有三角形的物体，让学习者辨认其中包含的三角形。

第二节 认知结构学习理论

德国的格式塔学派是早期认知学习理论的代表。该学派的一个核心观点是强调学习者的知识经验的整体性。人在认知活动中需要把感知到的信息组成有机的整体，在头脑中构造和组织一种**格式塔**（gestalt）（或称为完形），对事物、情境的各个部分及其相互关系形成整体理解，而不是各种经验要素的简单集合。学习的过程是顿悟的过程。在这种思想的基础上，布鲁纳和奥苏贝尔等人集中发展了认知结构的观点。

一、认知结构与学习

人所生活的大千世界如此纷繁复杂，而人的认知系统之所以没有被环境信息的复杂性所压垮，是因为人具有归类的能力。人并不是把任何新接触的人、物或事件都当作全新的刺激来处理，而是试图把它们与某些类别联系起来。比如，见到一个陌生人，我们会判断他的性别、年龄、职业类型等，从而对这个人形成初步的认识，并选择与这个人的谈话内容和方式。

在与环境的相互作用中，人建立了一套相互关联的、具有一定概括性的分类系统。例如，一提起食物，我们会怎么分类呢？如果一时难以说清，现在让我们想象下面的情境：如果去一家饭馆，我们会怎么点餐呢？先点肉类，再点蔬菜，然后点主食，之后点水果、点心和饮料。这意味着，我们在头脑中将食物分为这样六大类别，每个类别又包含许多不同子类（见图6-2）。

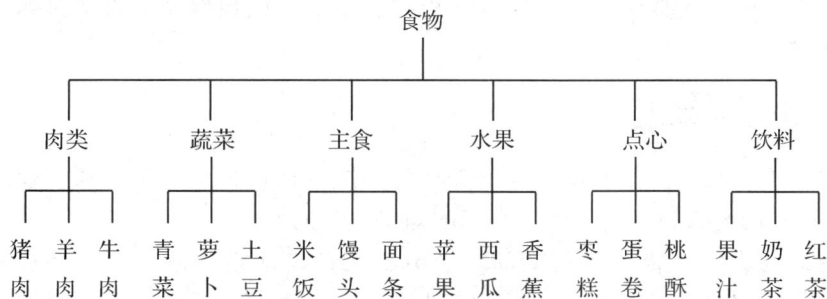

图 6-2 编码系统图示

美国著名心理学家布鲁纳提出，人头脑中关于现实世界的一系列相互关联的、非具体的类别构成了人的**编码系统**（coding system）。这种编码系统就是人的**认知结构**（cognitive structure），它是人用以感知外界的分类模式，是新信息借以加工的依据。人是根据自己已经建立起来的编码系统来与环境打交道的。人借助已有的类别来感知、处理外来信息，并基于外来信息划分新的类别。如果某种新信息与一个人已有的分类系统全然无关，那这种新信息就会令人感到茫然，正如远古时期的人看到月食、极光等现象而感到神秘不解一样。

这种编码系统也是人的推理活动的参照框架。在感知外界时，人不只要把所感受到的信息归入某一类别，还要根据有关的类别进行推理，形成相应的预期。比如，当我们看到一种动物长有羽毛和两个翅膀时，尽管我们没有见过这种动物，但我们可以判断它应该是一种鸟，进而推断它会飞，会鸣唱……其实我们并没有直接看到和听到这些。通过归类，我们可以将关于这一类别的知识推论到具体事物上，从而超越所感知到的外界信息，超越直接的感觉材料。因此，人对事物进行分类和概括的过程实际上是"超越所给信息"（beyond information given）的过程。

学习就是发展和调整内在认知结构（编码系统）的过程。学习者要把同类事物联系起来，赋予它们意义，并把它们联结成一定的结构。为了促进学习者最佳地学习，提供信息是必要的，但是，掌握这些信息本身并不是学习的目的。学习还应该通过归类、推理所给信息，形成更为丰富的观点。

与其认知结构的思想相联系，布鲁纳还强调**学科结构**（disciplinary structure）的重要性。一个学科的教学一定要促进学习者对该学科的基本结构的理解。"不论我们选择教什么学科，我们务必要使学生理解该学科的基本结构。"（布鲁纳，1989）学科的基本结构是指一个学科围绕其基本概念、基本原理以及基本态度和方法而形成的整体知识框架和思维框架。比如，物理力学中的惯性定律、实验方法，代数中的交换律、分配律和结合律等，能够帮助学习者形成良好的认知结构，为学习者获得新的知识、解决新问题提供非常有价值的思维框架。教学不能只着眼于一门学科的事实、名词和技巧的掌握。学习一门学科的关键是理解和掌握那些核心的和基本的概念、原理、态度及方法，抓住它们之间的意义联系，并将其他的知识点与这些基本结构有逻辑地联系起来，形成一个有联系的整体。这种学科结构的思想对于课程编制和教学过程都很有启发意义，并产生了广泛的影响。

二、认知表征发展

布鲁纳认为，儿童的智力发展过程表现为形成表征模式的过程。**表征模式**（model of representation）是人再现自己关于世界的知识经验的方式。

布鲁纳认为，人在智力生长期间，经历了三种表征模式阶段。①**动作表征**（enactive representation），即儿童通过作用于事物来学习和再现它们，以后就能通过合适的动作反应再现过去的事物，如爬、走路、玩玩具，一般利用身体影响周围环境。儿童通过做和通过看别人做来学习。②**映象表征**（iconic representation），即儿童通过形成图像或表象，去表现他们的世界中所发生的事件。他们能记住过去发生了的事件并能根据对可能再发生的事件的想象力（远见）把它们想象出来。③**符号表征**（symbolic representation），即儿童能够通过符号再现他们的世界，这些符号中最重要的是语言。这些符号既不是直接的事物，也不必是现实世界的复制，而可以是抽象的、间接的和任意的。凭借这些抽象的符号，人最终能假设他们从来没有经历过的事情以及可能性等。人能为将来做计划，能从其他人的行为中抽象出意义和打算，并能与别人交流，从而知道不同的时代、世界和观念。

当人进入符号表征阶段时，人仍需要大力利用动作表征和映象表征，尤其是在研究某种新事物时，仍然需要它们。例如，一个人刚开始学给一个照相机装胶卷时，可能需要利用动作表征，反复亲手试几次，一直到对这个过程有一个很好的再现表象时为止；或许还需要利用映象表征，反复研究图解。因此，动作表征和映象表征在课堂中、学习中也是十分有帮助的。

三、发现学习

布鲁纳大力倡导**发现学习**（discovery learning）。所谓发现，当然不只限于发现人类尚未知晓的事物的行动，还包括人类用自己的头脑亲自获得知识的一切形式。布鲁纳认为，学习和了解一般的原理、原则固然重要，但尤其重要的是发展一种态度，即探索新情境的态度，做出假设、推测关系并应用自己的能力解决新问题或发现新事物的态度。

布鲁纳认为，教育工作者的任务是，以表征系统发展顺序，把知识转换成一种发展的过程，让学生进行发现学习。

布鲁纳和数学家迪因斯（Z. P. Dienes）合作设计了一个发现教学法的经典例子（皮连生，1997）。教学任务是引导儿童发现二次方程式的因式分解规律。在实验教学中，布鲁纳首先让儿童熟悉表示数量的积木块，即迪因斯积木块（见图6-3）。儿童可以玩弄这些积木块，以获得知觉经验（动作表征），然后看到正方形的面积图形（映象表征），最后提炼出因式分解的公式（符号表征）。

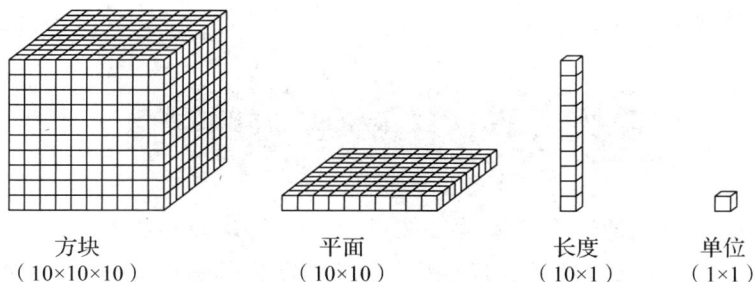

方块	平面	长度	单位
（10×10×10）	（10×10）	（10×1）	（1×1）

图 6-3　表示数量的迪因斯积木块

在儿童熟悉这些积木块以后，布鲁纳向儿童呈现一个由积木块拼成的正方形（见图6-4），并告诉儿童，这个图叫 x 正方形（由 x 乘 x 个积木块组成）。然后，布鲁纳问儿童："你们能拼成比这个正方形更大的正方形吗？"儿童轻而易举地拼出了另一个正方形。接着，布鲁纳要求儿童描述他们拼成的图形。他们说："我们拼成的这个正方形是一个 x 正方形加上两个 x 长度，再加上一个单元。"

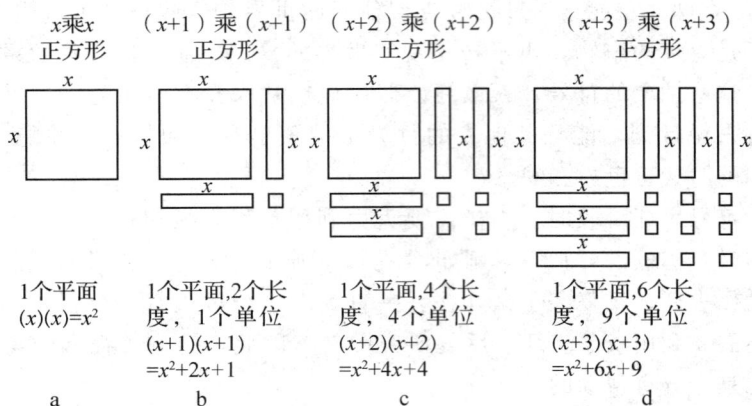

图 6-4　布鲁纳用于发现教学的积木组合

在此基础上，布鲁纳告诉儿童："我们还有另一种根据边来说明你们所拼成的正方形的方法，即 $(x+1)(x+1)$。以上是表示同一个正方形的两种基本方法，因此可以写成 $x^2+2x+1=(x+1)(x+1)$。依此类推，图 6-4c 和 6-4d 可以分别写成 $(x+2)(x+2)=x^2+4x+4$ 和 $(x+3)(x+3)=x^2+6x+9$。"

布鲁纳在推动美国的认知运动中，特别是在以认知结构学习理论为指导改革教学的运动中是极重要的人物，在心理学为教育教学服务方面做出了显著的贡献。发现学习在当时虽然有其积极作用，但是人们指出，发现学习运用范围有限：从学习主体来看，真正能够运用发现学习的只是极少数学生；从学科领域来看，发现学习只适合自然科学某些知识的教学，对于文学、艺术等以情感为基础的学科是不适用的；从执教人员来看，发现学习没有现成方案，过于灵活，对教师的知识素养、教学机智、教学技巧和耐心等要求很高。而且发现学习耗时过多，不适合短时间内向学生传授一定数量的知识和技能的集体教学活动。

第三节　有意义学习理论

人的知识是有组织的、有联系的，能形成一定的认知结构。在学习活动中，学习者原有的认知结构会对新知识的学习产生很重要的影响。美国教育心理学家奥苏贝尔提出了有意义学习理论，集中分析了新知识是如何被同化到原有的认知结构之中的。

一、有意义学习

奥苏贝尔认为，学生的学习主要是学习言语符号所代表的系统知识，是有意义学习，而非机械学习(rote learning)。传统教育的弊端是让学生用太多的时间以机械的而非有意义的方式来学习各种知识。**有意义学习**(meaningful learning)是指符号所代表的新知识与学生认知结构中已有的适当观念建立实质的(substantive)和非任意的(nonarbitrary)联系(奥苏贝尔等，1994)。这实际上是区分机械学习与有意义学习的标准。实质性联系实际上就是一种非字面联系，指新的符号或符号代表的观念与学生认知结构中已有的表象和已经有意义的符号、概念或命题的联系。一个熟背九九乘法表的儿童如果和九九乘法表建立起实质性联系，就会知道"九八七十二"和"八九七十二"这两个口诀是等值的。非任意的联系是指新知识与认知结构中有关观念在某种合理的或逻辑基础上的联系。比如，学生原有认知结构中已有"三角形内角之和等于180°"，现在学习新命题"四边形的内角之和等于360°"，他们可以推导出任何四边形都可以分成两个三角形，所以四边形的内角和自然是360°。这种联系就是合理的而非任意的联系。

奥苏贝尔等人(1994)根据两个维度对认知领域的学习进行了分类：一个维度是学习方式，学习因此可分为接受的和发现的；另一个维度是学习性质，即材料与学生原有知识的关系，学习因此可分为机械的和有意义的。这两个维度互不依赖，彼此独立。同时，每一个维度都存在许多过渡形式，其具体的组合可见图6-5。

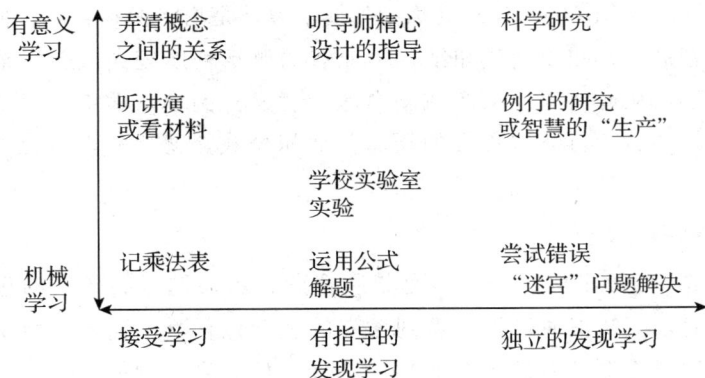

图6-5　学习分类及举例

（资料来源：奥苏贝尔等，1994）

二、认知同化过程

奥苏贝尔等人(1994)认为，学生把教学内容与自己的认知结构联系起来时，就发生了有意义学习。在奥苏贝尔看来，**认知结构**(cognitive structure)是指学生头脑内部的知识结构。它是由学生眼下能回想出的事实、概念、命题、理论等构成的。

学生能否有意义地习得新知识，主要取决于他们认知结构中已有的能够对新知识起到"挂钩"作用的观念，这种观念被称为**固着观念**(anchoring idea)。学生必须积极主动地将新知识与原有认知结构中的固着观念关联起来，把学习材料中的潜在意义转化为自己现实的心理意义，形成自己的观点。例如，在学生具有了"力"的基本概念之后，他就可以更好地理解"浮力"的特征和规律。在奥苏贝尔看来，学生对教材进行机械学习的主要原因之一，就是学生在还没有具备固着观念之前，就被要求学习新内容。由于学生认知结构中还没有可以同新教材建立联系的有关观念，学生往往难以对新知识形成明晰的、稳定的观点，因而教材也就失去了潜在意义。

奥苏贝尔认为，由于知识的概括水平不同，认知结构是有一定层次性的。依据新旧观念的概括水平及其联系方式的不同，他提出了三种同化方式（见图6-6）。

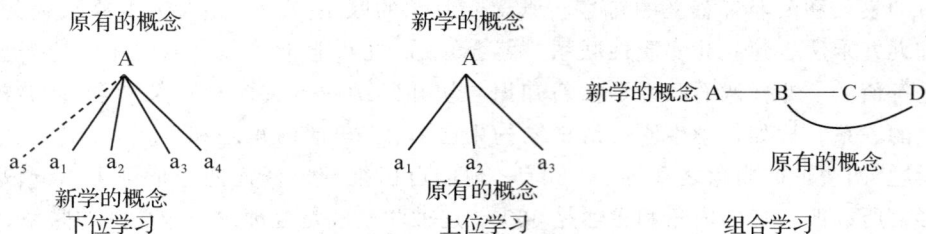

图6-6　认知同化的三种方式

（资料来源：奥苏贝尔等，1994）

（一）下位学习

下位学习（subordinate learning）又称为类属学习，是指将概括程度较低或包容范围较小的新概念或新命题，归属到认知结构中原有的概括程度较高或包容范围较大的适当概念或命题之下，从而获得新概念或新命题的意义。例如，学生学习了平行四边形的概念和面积公式之后，再学习菱形的概念与面积公式，就是一种下位学习，因为菱形属于平行四边形。

（二）上位学习

上位学习（super-ordinate learning）是指新概念、新命题具有较广的包容面或较高的概括水平。这时，新知识通过把一系列已有的观念包含其下而获得意义，新学习的内容便与学生认知结构中已有的观念产生了一种上位关系。例如，儿童往往是在熟悉了"胡萝卜""豌豆"和"菠菜"这类下位概念之后，再学习"蔬菜"这一上位概念的。

（三）组合学习

当新概念或新命题与认知结构中已有的观念既不产生下位关系，又不产生上位关系时，它们之间可能存在组合关系。这种只能凭借组合关系来理解的学习就是**组合学习**（coordinate learning）。学生在自然学科、社会学科和人文学科中学习的许多新概念，都可以作为组合学习的例子，如质量与能量、热与体积、遗传与变异、需求与价格之间的关系。新观念虽然既不类属于学生已掌握的有关观念，也不能总括原有的观念，但新旧观念仍然具有某些共同的关键特征。在这种学习中，实际上学生头脑中没有最直接的可以利用的观念，只能在更一般的知识背景中为新知识寻找适当的固定点。因此，这种学习通常会更困难。

认知结构的同化过程就是通过这三种方式进行的。一旦学生将新知识的意义同化到认知结构中，原有认知结构就发生了一定变化。例如，学生学习了"杠杆"的概念，知道了杠杆的力臂原理，而后他们学习定滑轮的知识，把"定滑轮"同化到"杠杆"的概念之下，理解了定滑轮实质上是一种等臂杠杆，就能很容易理解定滑轮为什么不省力。随着对定滑轮概念的同化理解，学生对杠杆的理解也会有一定变化：杠杆并不一定是细长的，它也可以是一个圆轮子。可见，认知同化学习带来意义的双向变化，使新概念获得了意义，也使学生原有观念发生了变化。

三、接受学习

奥苏贝尔等人（1994）大力提倡讲授教学，认为学习应该是通过接受而发生的。教师给学生提供的材料应该是经过仔细考虑的、有组织的、有序列的、完整的形式，因此学生接受的是最有用的材料。**讲授教学**（expository teaching）就是以一种有组织的、有意义的方式将知识讲授给学生的接受学习。这种学习主要适用于有意义的言语学习。

奥苏贝尔提出，讲授教学要遵循两个原则：一是**逐渐分化原则**（principle of progressive differentiation），即首先应该传授最一般的、包摄性最广的观念，然后根据具体细节对它们逐渐加以分化；二是**整合协调原则**（principle of integrative reconciliation），即当教材内容无法按纵向序列的形式组织，只得采用横向并列的形式组织教材时，学生要对认知结构中现有的要素重新加以组合。

奥苏贝尔等人（1994）就如何贯彻逐渐分化和整合协调的原则，提出了先行组织者的教学技术。**先行组织者**（advance organizer）是先于学习任务本身呈现的一种引导性材料，它要比学习任务本身具有更高的抽象、概括和综合水平，并且能清晰地与认知结构中原有的观念和新的学习任务相关联。例如，教师在教学生钢铁的知识之前，先教学生合金的概念；在教学生一种新的化学元素之前，先教学生元素周期表。设计先行组织者的目的，是为新的学习任务提供观念上的固定点，为学生已知的东西与需要知道的东西之间架设一座知识之桥，促进下位学习，使学生更有效地学习新材料。

讲授教学具有以下特点。第一，它要求师生之间有大量的相互活动。虽然讲授教学以教师先讲为主，但课上学生要始终做出反应。第二，它大量利用例证。虽然讲授教学强调意义言语学习，但例证也可以包括图解或图画。第三，它是演绎的。最一般的概念最先呈现，然后从中引出特殊的概念。第四，它是有序列的。材料的呈现有一定的步骤，这些步骤为首先呈现先行组织者，然后呈现新知识，最后加强新知识与先行组织者的联系。

奥苏贝尔的有意义学习理论注重有意义的接受学习，突出了学生的认知结构和有意义学习在知识获得中的重要作用，澄清了长期以来人们对传统讲授教学和接受学习的偏见，也澄清了"发现学习和接受学习"与"意义学习和机械学习"之间的关系。他提出的先行组织者策略对改进课堂教学设计、提高教学效果有重要的实用价值。但他偏重学生对知识的掌握，而对学生能力的培养尤其是创造能力的培养是不够重视的。实际上，在学生学习知识的活动中，有意义的接受学习和有意义的发现学习各具特色、各有所长，都是重要的学习方式，是相辅相成、互相补充的。

思考题

1. 图示学习的信息加工过程。
2. 举例说明认知结构是如何帮助学习者"超越所给信息"的。
3. 举例说明发现学习的过程。
4. 举例说明认知同化的三种方式。
5. 举例说明先行组织者在教学中的应用。

推荐阅读

〔美〕R. M. 加涅，L. J. 布里格斯，W. W. 韦杰 . 教学设计原理 . 皮连生，庞维国，等，译 . 上海：华东师范大学出版社，1999.

〔美〕R. M. 加涅 . 学习的条件和教学论 . 皮连生，王映学，郑崴，等，译 . 上海：华东师范大学出版社，1999.

〔美〕布鲁纳 . 布鲁纳教育论著选 . 邵瑞珍，张渭城，等，译 . 北京：人民教育出版社，1989.

〔美〕D. P. 奥苏贝尔，等 . 教育心理学——认知观点 . 佘星南，等，译 . 北京：人民教育出版社，1994.

〔美〕托马斯·费兹科，约翰·麦克卢尔 . 教育心理学——课堂决策的整合之路 . 吴庆麟，等，译 . 上海：上海人民出版社，2008.

第七章

建构主义学习理论

自 20 世纪 80 年代中期以来，建构主义作为一种新的认识论和学习理论在教育研究领域产生了非常深远的影响。这种学习理论进一步揭示了学习者在学习过程中的主动性，突出了意义建构和社会文化互动在学习中的作用。建构主义是众多理论观点的统称。很多研究者都认为自己的理论是建构主义的理论，但他们之间却有很多分歧和不同。在本章中，我们先简要介绍建构主义的基本观点，而后重点分析学习过程中的意义建构和社会文化互动。

本章要点

● 建构主义概述
○ 建构主义的哲学立场
○ 建构主义的基本观点
● 学习的认知建构过程
○ 生成性学习
○ 认知灵活性理论
○ 探究性学习
● 学习的社会建构过程
○ 活动参与和文化内化
○ 情境性学习和认知学徒制
○ 支架式教学和交互式教学

第一节　建构主义概述

建构主义是在皮亚杰、维果茨基以及教育哲学家杜威等人理论的基础上，针对传统教学中存在的问题而发展起来的。尽管建构主义存在诸多派别和不同观点，但各派别在基本的哲学立场和核心问题上存在共同的认识。

一、建构主义的哲学立场

西方传统认识论中，历来存在经验论与唯理论之争，争论的焦点问题是人具有普遍必然性的认识是如何获得的。以英国哲学家洛克的"白板说"为代表，经验论认为人的知识来自人的感知经验。以莱布尼兹的"天赋观念说"为代表，唯理论认为人的认识的普遍性是先天就有的。康德的先验认识论调和了经验论和唯理论。他认为，感知所得到的经验材料与"先验自我"所产生的时空直观和知性范畴两者相结合，产生了具有普遍必然性的认识。经验论和先验论（以及遗传论或成熟论）在认识起源问题上，其实都是一种预成论：经验论认为认识预先存在于外部世界中（这是一种客观主义观点）；先验论认为认识预先存在于内部世界中。

如果做个形象的比拟，经验论就相当于照相机理论（李其维，1999）。照相机理论把人脑比拟为一部照相机，其功能就是拍照。我们的头脑之外，存在着一个现实的世界，它完全独立于我们的感知过程。儿童头脑像照相机一样，拍下了外界现实的图片，而这些图片又储存在记忆之中。这些图片和客观世界一样是客观的。成人世界和儿童世界之间的差异是因为成人比儿童储存了更多的图片；个体之间的差异是照相机的质量（如精确度）、底片感光速度等不同所导致的。

先验论认为知识预成于头脑内部。如果做个形象的比拟，先验论就相当于电影放映机理论（李其维，1999）。电影放映机理论把人脑比拟为一部放映着电影胶卷的机器。婴儿带着一个内存的胶卷库来到世界上。这些胶卷不是一张张白纸，而是记录着内容的东西。这些内容是个体天赋才能的一部分。个体后天对外界事物的学习就等于通过放映机放映这些胶卷，并在银幕上显示出图像来。这个银幕就是世界本身。对电影放映机理论来说，我们从来就没有学习什么新的东西，因为我们头脑之外别无他物，整个世界只不过是我们自己心理过程的产物。成人与儿童之间的差异是成人比儿童放映出了更多的胶卷而已；个体之间的差异是放映机的质量、胶卷的性质和内容不同所导致的。

皮亚杰的建构主义理论与预成论是截然不同的，是一种渐成论。皮亚杰明确指出，人的知识既不来自主体，也不来自客体，而是来自主体与客体的相互作用。如果用一个比喻来说的话，在建构主义看来，我们的心理不是被动地记录现实的一种心理复制品，如同照相机复制景物一样，也不是向现实凭空投射自己的先验的知识，而是用艺术家的创造性手法，生动地解释现实，并建立它的表象，在头脑中存储一幅幅个性化的画作（Labinowicz，1985）。

经验论（照相机理论）实际上是一种客观主义（objectivism）理论，是传统学习理论的哲学基础。客观主义认为，认识和学习是表征和反映客观实体的过程。学习理论中历来存在这种客观主义哲学传统。行为主义学习理论是以客观主义哲学传统为基础的，即把知识和意义看成是存在于个体之外的东西，是完全由客观事物本身决定的，而学习就要把外在的、客观的内容转移到学习者身上。认知派的信息加工论改变了行为主义不谈内部过程的做法，把研究的中心放在认知活动的信息流程上。信息加工论看到了人对信息的主动选择、编码和存储等。但是，信息加工论假定，信息或知识是以某种先在的形式存在的，个体必须首先接受它们才能进行认知加工，那些更复杂的认知活动才得以进行。因此，与行为主义相一致，信息加工的学习理论基本也是与客观主义传统相一致的。

建构主义（constructivism）是向与客观主义更对立的另一方向的发展（Jonassen，1992）。建构主义认为认识是一个主动解释并建构个体知识表征的过程。建构主义强调，意义不是独立于我们而存在的，个体的知识是由人建构起来的，人对事物的理解不是简单由事物本身决定的，人以原有的知识经验为基础来理解现实世界。不同的人由于原有经验的不同，对同一种事物会有不同的理解。学习是积极主动的意义建构和社会互动过程。教学并不是要把知识经验从外部装到学生的头脑中，而是要引导学生从原有的经验出发，生长（建构）起新的经验，而这一认知建构过程常常是学生通过参与共同体的社会互动而完成的。当代建构主义者比皮亚杰走得更远，他们更强调学习中的主动性、情境性、非结构性、社会互动性和社会文化等。

二、建构主义的基本观点

建构主义理论家常常使用隐喻来阐述建构主义思想。建构这一术语是来自建筑行业的一个比喻。在建筑行业，人们一般是在建构楼房、桥梁之类的新产品。建筑行业中的建构实际上就是把事先造好了的零部件，诸如钢筋水泥之类的，合成建造出一个新的结构性产品。知识建构也是同样的道理，但是，在知识建构中，事先准备好的零部件在哪里呢？就在学习者的头脑里，那就是学习者过去的知识经验，简称先前经验。一个人是不可能超越自己的先前经验而解释新信息的意义的。

荷兰儿童故事画家李奥·里欧尼（Leo Lionni）的一个故事《鱼就是鱼》（*Fish Is Fish*）非常形象地说明了这一道理。故事是这样的（布兰斯福特等，2002）：

有一条鱼，它很想了解陆地上发生的事，却因为只能在水中呼吸而无法实现。它与一个小蝌蚪交上了朋友。小蝌蚪在长成青蛙之后，就跳上了陆地。几周后青蛙回到池塘，向鱼汇报它所看到的景象。青蛙描述了陆地上的各种东西：鸟、牛和人。故事书呈现了鱼根据青蛙对每一样东西的描述所做的图画表征：每一样东西都带有鱼的形状，只是根据青蛙的描述稍做调整——人被想象成了用鱼尾巴走路的鱼，鸟是长着翅膀的鱼，奶牛是长着乳房的鱼。

这个故事形象地说明了，学习者正是基于自己的先前经验来建构新知识的意义的。建构主义对知识、学习和教学重新做出了阐释（陈琦，张建伟，1998）。

（一）知识观

在知识观上，建构主义在一定程度上对知识的客观性和确定性表示疑惑，强调知识的动态性。建构主义一般强调：①知识并不是对现实的准确表征，它只是一种解释、一种假设，不是最终答案；②知识并不能精确地概括世界的法则，在具体问题中，它并不是拿来便用、一用就灵的，而是需要针对具体情境进行再创造的；③尽管我们通过语言符号赋予了知识一定的外在形式，甚至这些命题还得到了较普遍的认可，但这并不意味着学生会对这些命题有同样的理解，因为这种理解只能由每个学生基于自己的经验背景建构起来。尽管这种知识观未免激进，但它向传统教学提出的挑战值得我们深思。学习不能满足于教条式的知识掌握，而需要不断深化，把握知识在具体情境中的灵活变化。

（二）学生观

在学生观上，建构主义强调学生经验世界的丰富性和差异性。近年来关于儿童早期认知发展的研究表明，即便年龄很小的儿童也已经形成了远比我们所想象的丰富得多的知识经验。比如，一个三四个月大的婴儿已经懂得一个东西需要支撑才不会下落（Needham & Baillargeon，1993），静止的东西被活动的东西碰撞时会改变位置。他还能够发现有生命和无生命的东西的区别：有生命的东西可以自己移动，而无生命的东西不能自己移动，需要有外力才能动，等等（张建伟，孙燕青，2005）。一个婴儿尚且如此，那么当他慢慢成长，进幼儿园，上小学，升中学……他的头脑中会形成多么庞大的经验体系呀！

学生并不是空着脑袋走进教室的，在日常生活和以往的学习中，他们形成了丰富的经验。小到身边的衣食住行，大到星体、宇宙的运行，从自然现象到社会生活，他们几乎都有一些自己的看法。而且有些问题即便他们还没有接触过，没有现成的经验，但当问题呈现在他们面前时，他们往往也可以基于相关的经验，依靠自己的推理判断能力，形成对问题的某种解释。

一个以前从未去过医院的孩子正躺在候诊室等待做身体检查。陪伴他的母亲刚出去办检查手续，床头上方的对讲机里就传来体检室工作人员的声音："你好，王小明，请你做好准备，下面轮到你过来检查。"小明很迷惑，没有出声。工作人员又重复了一遍，小明还是没有回应。后来，工作人员问道："王小明，你在候诊室里吗？"小明鼓足勇气，试着回答："墙壁你好，我在这儿。"

在这个例子中，小明遇到了他从未见过的新情境——会说话的墙壁，而且它不停地问话，仿佛跟活人说话一般。他知道不应该跟陌生人说话，但不知道怎么应对。结果，他只能利用自己所知道的以及当前的情境来建构意义并做出反应。

由于经验背景的差异，学生对问题的理解常常各异，他们可以在一个学习共同体之中相互沟通、相互合作，从而多角度地理解问题。因此，学生经验世界的差异本身便是一种宝贵的学习资源。每一个学生都有一个丰富的经验世界。教师不能漠视学生已经存在的经验世界，像往瓶子里灌水一样装入新知识，而是需要在学生已有的经验世界中找到新知识的生长点。

（三）学习观

每一个学习者都在自己先前经验（包括学科知识、日常生活经验、信念、学习动机、学习策略、学习风格、学习态度、价值观等）的基础上，以特殊的方式，来建构对新信息、新现象、新事物、新问题的理解，形成个人的意义。与以往的学习理论相比，建构主义在学习观上体现出来三种密切相关的重要倾向，或者说重心性变化：强调学习的主动建构性、社会互动性和情境性（张建伟，2000）。

1. 学习的主动建构性

在传统教学中，学生学习时的主要任务是对各种事实性信息及概念、原理进行记忆保持和简单应用。建构主义认为，学习不是从外界吸收知识的过程，而是学生建构知识的过程。每个学生都在以自己原有的知识经验为基础建构自己的理解。假如一个孩子的父母是卖烧饼的，他整天跟烧饼打交道，有一天他听别人说地球是圆的，那么他可能会想，地球像烧饼一样，人类是站在烧饼之上的。这个孩子就是在积极主动地利用先前经验，建构起自己对新知识的理解。

建构主义强调，学习过程中的核心认知活动是**高水平思维**（higher-order thinking）（张建伟，2000）活动。高水平思维活动是需要学生付出较多的认知努力的思维活动，它需要学生对知识进行分析、综合、评价和灵活应用，解决具有一定复杂性和不确定性的问题。解决问题的方法不循规蹈矩，解决问题的方案常常是多元化的，评价解决方案的标准常常也是多元的（Resnick，1987）。学生要不断地思考，对各种信息和观念进行加工转换，基于新旧知识进行综合和概括，解释有关的现象，形成新的假设和推论，并对自己的想法进行反思性推敲和检验。学生作为学习活动的主人，需要对学习活动进行积极的自我管理和反思。

2. 学习的社会互动性

传统观点往往把学习看作每个学生单独在头脑中进行的活动，往往忽视了学习活动的社会情境，或者至多将它看作一种背景，而非实际学习过程的一部分。建构主义强调，学习是学生在与他人的社会互动中完成的。每个人对事物都有独特的理解，不同人之间的交流可以影响学生的建构活动。每个学生的先前经验系统都是独特的，他们对同一个事物的解释也是独特的、单视角的。但是，每个学生解释得有没有道理、深不深刻，要在与他人的交流和对话之中去验证。个体对知识的建构不是一次形成的，也不会终止。个体在与他人的交流中逐渐丰富、深化、多元化对主题的理解。

不仅如此，建构主义还强调社会文化在学习中的作用，主张学习是通过对某种社会文化的参与而内化相关知识和技能、掌握相关工具用法的过程，这一过程常常需要通过一个学习共同体的合作互动来完成。所谓**学习共同体**（learning community）（或称为"学习社群"），是指由学生及其助学者（包括教师、专家、辅导者等）共同构成的团体。他们彼此之间经常在学习过程中进行沟通交流，分享各种学习资源，共同完成一定的学习任务，因而成员之间形成了相互影响、相互促进的人际联系，形成了一定的规范和文化（张建伟，孙燕青，2005）。学习共同体内部所形成的学习文化是最具实质意义的要素。

3. 学习的情境性

传统教学观念对学习基本持"去情境"的观点，认为概括化的知识是学习的核心内容，这些知识可以从具体情境中抽象出来，让学生脱离具体的物理情境和社会实践情境进行学习，而所习得的概括化知识可以自然地迁移到各种具体情境中。但是，情境总是具体的、千变万化的，抽象概念和规则的学习无法灵活适应变化的具体情境，因此，学生常常难以灵活应用在学校中获得的知识来解决现实世界中的真实问题，难以有效地参与社会实践活动。

建构主义强调，知识的意义不完全取决于符号，而是存在于情境之中的。人不能超越具体的情境来获得某种知识。每一个学生都是在特定的情境下建构知识的意义的。特定的情境使得知识在学生头脑中的意义具体化了，与其他知识的意义协调化了。

所谓**情境**（context），其基本含义就是上下文，引申为前后关系。它既包括物理情境（如采用了什么媒体），也包括社会环境（如和什么人一起交流）、领域文化（如不同学科领域对同一知识的应用方式是不同的）和实践活动及其意图（如为什么要学这一知识及这一知识又被用来解决哪些问题）等。也就是说，情境包括很多问题：学生为什么要学这一知识或者说学了这一知识要达到什么目的？在学之前学生知道一些什么？用什么材料学的？在什么场合学的？与谁在一起学的？使用这一知识解决了一些什么问题？学生怎么使用这一知识？等等。

情境在学习中为什么这么重要呢？因为学生面对新信息时，总是利用头脑中的先前经验来做解释，但是头脑中的先前经验多了，到底利用哪些知识经验呢？这就是由情境制约的。这就好比一个词语在词典中可能有十几个意思，但在一篇文章或者一段对话中只有一个特定的意思，这是由什么制约的呢？答案是文章或者对话的上下文。

例如，小学数学课本中有一个植树问题：有一条路长 100 米，每隔 10 米植一棵树，这条路总共能植多少棵树？这个问题要教给学生的是这个数学模型：点数等于段数加一。如果一端有墙就减一棵，两端有墙就减两棵。如果学生在课上总是通过植树这样一个情境来学习，那这节课之后，学生只能解决植多少棵树的问题，至多能够迁移到一条马路能插多少面红旗的问题之中。但学生对这个数学模型的深刻领会需要在其他各种情境的应用之中才能实现，如切蛋糕、上楼梯、锯木头、折纸、在餐桌上摆放碗筷等。学生每在新的情境中应用一次，就会加深对这个数学模型的理解。

综上所述，当今的建构主义者对学习和教学做了新的解释，强调知识的动态性，强调学生的经验世界的丰富性和差异性，强调学习的主动建构性、社会互动性和情境性。

第二节　学习的认知建构过程

建构主义的一个共识是学习者主动建构自己的知识。面对新事物、新现象、新信息和新问题，学习者需要建构自己对它们的理解，生成知识的意义，同时在各种情境中应用知识，深化对知识的理解，通过探究性学习在解决问题的过程中建构起具有个人特质的知识。

一、生成性学习

我们是怎样建构对知识的理解的呢？比如，当我们读一段文字时，似乎它所表达的意义就在字里行间，它"射入"我们的感官，进而进入我们的头脑，让我们可以很自然地明白它在说什么。但其实，理解过程并不是这样"简捷"的。请阅读下面的文字，看它说的是什么意思。

这个程序实际上很简单。首先，你把总件数分成几组。当然，如果件数不多的话，分一组就行了……很重要的是，一组件数不能太多。就是说，每组太多不如少些好。这在短时间内似乎无所谓，但经常不注意这一点，就很容易带来麻烦，而且一旦带来麻烦，其代价可能是很昂贵的。一开始，整个程序可能看上去比较复杂，但过不了多久，它就会成为你生活的一部分。（张庆林，1995）

这段话你理解了吗？现在，我告诉你这段文字的标题是"洗衣机使用说明书"，请你再读一遍上面这段话。

在这段文字中，每个字我们都认识，每句话我们似乎都懂，但整段文字会让人不知所云。而一旦知道了标题，我们便恍然大悟。一个简单的标题，实际上唤醒了我们头脑中的相关经验。有了这个经验背景，我们就可以解释、组织这段文字。而离开了经验背景，这段话就成了一些杂乱无章的文字符号。可见，理解并不是信息简单地通过感官"射入"我们的头脑的过程，同时学习者已有的知识经验也"射入"了当前的情境。意义的理解正是通过外界信息与已有知识经验的相互作用而实现的。

人们对知识的理解是通过新旧知识之间的相互作用而建构起来的，那这种相互作用的具体过程是怎样的呢？美国加利福尼亚大学的维特罗克（Wittrock，1974）提出了**生成学习**（generative learning）的理论，对理解的生成过程做了深入分析和解释。他认为，学习是学习者生成信息的意义的过程，意义的生成是通过原有认知结构与从环境中接收到的感觉信息的相互作用而实现的。学习的发生依赖学习者已有的相关经验。要生成对所知觉到的事物的理解，学习者总是需要与他以前的知识经验相结合。另外，人脑并不是被动地记录外界输入的信息的，而是主动地建构对输入信息的解释的，主动地选择一些信息、忽视一些信息，并在此基础上进行推论。也就是说，在生成理解的过程中，学习者原有的认知结构——已经储存在长时记忆中的知识经验和信息加工策略——与从环境中接受的感觉信息（新知识）相互作用。在这一过程中，学习者主动地选择和注意信息，主动地建构信息的意义。

二、认知灵活性理论

学习是一个不断深化的过程。为了灵活地运用知识、解决各种问题，学习者必须对知识进行深层的理解。只建构了一些字面的解释，只记住了一些零碎的概念，是远远不够的。斯皮罗等人（Spiro et al.，1995）提出了**认知灵活性理论**（cognitive flexibility theory），重点解释了如何通过理解的深化促进知识的灵活迁移应用。根据知识及其应用的复杂多变程度，斯皮罗等人把知识分为结构良好领域（well-structured domain）的知识和结构不良领域（ill-structured domain）的知识。在我们周围，有些知识领域的问题是比较规则和确定的，解决这样的问题有明确的规则，基本可以直接套用相应的法则或公式，这样的知识叫作结构良好领域的知识。但是，现实生活中的许多实际问题却常常是不规则和不确定的，不能简单套用原来的解决方法，而需要面对新问题，在原有经验的基础上重新具体分析，建构新的理解方式和解决方案。这就涉及结构不良领域的知识。结构不良领域有以下两个特点：第一，概念具有复杂性，即应用知识的每个实例，都包含着许多应用广泛的概念（知识点）的共同作用，而不是只涉及某一个知识点；第二，实例具有差异性，即同一类别的各个具体实例所涉及的概念是不同的，它们之间的相互关系也是不同的。结构不良领域是普遍存在的，可以说，所有的领域，只要将知识运用到具体情境中去，都会有大量的结构不良的特征。比如，我们学习了教育心理学的原理，要把它用到自己的课堂教学中，但我们所教的学科是不同的，所面对的学生是不同的，具体的教学条件也是不同的。面对具体的教学问题，我们不可能简单地套用所学的教学理论。我们不能靠将已有知识简单地提取出来去解决实际问题，而只能根据具体情境，以原有的知识为基础，建构起理解和解决当前问题的方法，而且这往往不是单以某一个概念、某一条原理为基础的，而是要通过多个概念、原理以及大量的经验背景的共同作用。同样，医生看病、法官断案、工程师设计某项工程等都会涉及大量的结构不良的问题，不是靠简单地套用规则就能解决的。

针对结构良好与结构不良领域的划分，斯皮罗等人认为，按照学习所达到的深度和水平（而非年龄）的不同，学习可以分为两个阶段：初级知识获得（introductory knowledge acquisition）阶段与高级知识获得（advanced knowledge acquisition）阶段。初级知识获得阶段是某一知识主题的入门学习阶段。教师只要求学生知道一些重要的、基本的概念和事实，只要求他们在测验中把所学的东西按照接近原样的方式再现出来（如背诵、填空等），这里所涉及的内容具有结构良好领域的特征。而高级知识获得阶段则与此不同，它要求学生把握概念的复杂性，并把它们灵活地运用到各种具体情境中。这时，概念的复杂性以及实例的差异性都显而易见，因而涉及大量的结构不良领域的问题。

在初级知识获得阶段，传统的教学策略是比较有效的，如在讲解知识时把整体分为不同的部分，学习普遍性规则，强调标准答案，通过有反馈的练习来熟练掌握知识技能，等等。但传统教学有一个重要缺陷，就是它混淆了初级知识获得阶段与高级知识获得阶段之间的界限，把初级学习阶段的教学策略不合理地推到了高级学习阶段的教学中，使教学过于简单化，如将事物从复杂的背景中抽离出来进行学习，将本来连续的过程简单地当成一个个的阶段处理，以及忽视各部分之间的相互联系，等等。必要的简单化对教学来说是有意义的，但整个教学过程都过于简单化则会使得学生的理解简单、片面和僵化，这正是妨碍学习在具体情境中广泛而灵活迁移的主要原因。在高级知识获得阶段，学习者开始接触大量的结构不良领域的问题，这时的教学主要是以对知识的深层理解为基础的，着眼于知识的综合联系和灵活变通，面对复杂多变的任务情境，灵活地理解问题和解决问题。

教学需要培养学生的**认知灵活性**（cognitive flexibility），即为了适应剧烈变化的情境要求，个体自然而然地以多种方式重组自己知识的能力（Spiro & Jehng, 1990）。在知识的获得过程中，个体对信息的意义的建构需要从不同的角度入手，从而从不同方面理解知识。同时，在应用知识解决实际问题时，由于概念的复杂性和实例的差异性，任何对事物的简单理解都会漏掉事物的某些方面，而这些方面在另外一个情境中或从另外一个角度看时可能是非常重要的。

斯皮罗等人（Spiro et al.，1991）因此提出了**随机通达教学**（random access instruction）原则。在阐明这一教学原则时，他们运用了这样一个比喻：在日常生活中，当我们在不同的时间带着不同的目的重游某一处风景时，我们会对这处风景产生不同的感受和认识。同理，对同一内容，学习者要在不同的时间、不同的情境中带着不同的目的从不同的角度进行多次交叉反复的学习，以把握概念的复杂性并促进迁移。这种反复绝非为了巩固知识技能而进行的简单重复，因为每一种学习情境都存在着互不重合的方面，可使学习者对概念进行新的理解。这种教学避免抽象地、一般性地谈如何运用概念，而是把概念具体到一定情境下的实例中，并且涵盖多种实例变式，分别显示概念不同方面的含义及其与其他概念的联系。在这种学习中，学习者可以多角度理解概念，并与具体情境联系起来，形成背景性经验，为今后的灵活迁移做准备。

三、探究性学习

为了促进知识建构，建构主义鼓励以学习者为中心的探究性学习，这种学习方式在当前的教学改革中得到了越来越多的应用。探究性学习的基本过程是怎样的呢？

在传统教学中，教师一般在教学之初先讲解概念和原理，而后让学生去做一定的练习，尝试去解答有关的习题。其潜在的假设是，学和做是两个过程，知识的获得和知识的应用是教学中两个独立的阶段。学生必须先学会了知识，才能去解决有关的问题。实际上，学和做、知识的获得和知识的应用是可以合而为一的，学生可以"在做中学"（learning by doing），"通过问题解决来学习"（learning through problem solving）（张建伟，2000）。以问题为中心进行学习是各种探究性学习活动的核心思路。

杜威早在 1910 年就描述了**探究性学习**（inquiry learning/inquiry-based learning）的基本模式。探究性学习就是学习者通过发现问题和解决问题而建构知识的过程。按照这种思路，我们应该把学习活动设置到有意义的问题情境中。教师或学生针对所要探究的领域提出感兴趣的问题；学生通过不断解决问题和发现新问题，来学习与探究的问题有关的知识，形成解决问题的技能，并形成自主学习的能力。研究表明，以问题为中心进行的探究性学习有利于帮助学生提高灵活应用知识的能力，有利于帮助他们形成有效的问题解决和推理策略（Hmelo，1998），并发展他们的自主学习技能（Hmelo & Lin，2000）。

探究性学习具有各种变式，但通常包括一些基本要素。在教师向学生呈现一个有难度或有挑战性的现象、问题情境后，学生需要提出可以解释现象或解决问题的假设，收集数据验证假设，形成结论，反思问题解决的思维过程（有关探究性学习的具体内容请参见本书第十三章"有效教学"）。

探究性学习的一个广为采用的具体模式是基于项目的学习（project-based learning）。它的基本做法是，针对课程内容设计出一个个学习单元，即项目，每个项目围绕一个具有启发性的问题展开，然后学习者以合作的方式来分析问题、搜集资料、确定方案步骤，直至解决问题（Marx，Blumenfeld，Krajcik & Soloway，1997）。作为这种学习活动的结果，学习者通常要形成能表达自己的看法的实际产品，如研究报告、模型、表演、给有关部门的信或者多媒体演示软件、网站等。基于项目的学习通常包括如下基本环节。

①提出驱动性问题：教师向学生提出驱动性问题，比如，我们周围的水中都有什么？它们是从哪儿来的？这种对学生有意义的驱动性问题为学生提供了一个明确的探究框架，其中包含丰富的可能性，使学生可以在真实的情境之中开展探究活动。

②形成具体的探究问题和探究计划：学生必须形成自己要探究的具体问题，规划探究活动，并对探究计划的可行性进行评价。在规划探究活动时，学生通常需要确定分工与合作方式。教师可以观察各个小组对探究问题的分析和对探究过程的规划，并提供适当的建议。

③实施探究过程：一旦学生决定进行某种探究活动，他们就要付诸实施了，包括做背景性研究、搜集数据、分析数据、形成结论等。在此过程中，学生常常需要与其同伴、指导教师以及社区中有知识经验的相关人士进行合作和交流。教师可以为学生提供探究策略的指导。

④形成和交流探究结果：探究活动的结果通常体现为各种人工制品（如采集的水样、测量结果、统计图表等）和产品（如研究报告、多媒体演示软件、档案资料等）。

⑤反思评价：教师和学生一起对任务的完成过程进行反思，同时分享经验，并结合活动过程和结果表现做出综合评价。

第三节　学习的社会建构过程

学习不单是个体对学习内容的主动加工，而且需要学习者进行合作互动。探究不仅是一种认知活动，也是一种社会文化活动，是个体对某种社会实践活动的参与。建构主义大力倡导在学习中组织社会互动、合作学习（具体内容参见本书第十三章"有效教学"）和文化参与活动。

一、活动参与和文化内化

马克思主义强调实践活动对于认识发展的基础性作用，同时强调人的智力是依据人如何学会改变自然界而发展的。按照这样的思想，苏联心理学家维果茨基（1994）提出了关于高级心理机能发展的理论，后来的列昂捷夫（1980）更系统地提出了**活动理论**（activity theory）。当今的建构主义者进一步在活动理论的基础上对知识建构的社会文化机制做了分析。

按照维果茨基的观点，人具有其他动物没有的高级心理机能，其核心特征是人能够利用符号工具——不仅用符号工具完成相互之间的交流，而且用符号工具指引、掌握自己的心理过程，即用语言进行思考。人的高级心理机能的发展是社会文化内化的结果。所谓**内化**（internalization 或 appropriation），即把存在于社会中的文化（如语言、概念体系、文化规范等)变成自己的一部分,以有意识地指引、掌握自己的各种心理活动。

维果茨基分析了内化过程中两种知识的相互作用。在自己的日常生活、交往和游戏等活动中,学习者形成了大量的个体经验,这可以叫作**自下而上的知识**(bottom-up knowledge)。它从具体水平向知识的高级水平发展,走向以语言为中介实现的概括,从而形成更明确的意义,更有意识地走向应用。人类在社会实践活动中则形成了丰富的公共文化知识。在个体的学习中,这种知识首先以语言符号的形式出现,由概括水平向具体经验领域发展,所以可以称为**自上而下的知识**(top-down knowledge)(维果茨基,1994)。比如,在物理教学中,中学生接触到教材中描述的"电流""电压"等较抽象的概念(自上而下的知识),同时他们已经在日常生活中积累了很多关于电现象的直接经验(自下而上的知识)。在学习过程中,学习者需要联系和利用自己的直接经验,形成对抽象概念的具体理解,使这些概念变得更生动、更真切,同时使自己的直接经验更明确、更概括化。概念的发展是一个连续的过程。学习者已经实现的概括性理解会参与到之后的思维活动中,成为达到更高的理解水平的基础。

在维果茨基思想的基础上,列昂捷夫进一步强调了活动在内化过程中的关键作用。一切高级心理机能最初都是在人与人的交往中以外部动作的形式表现出来的,然后经过多次重复、多次变化,才能内化为智力动作。活动是这种内化过程的桥梁。人的心理是在人的活动中发展起来的。活动构成了心理特别是人的意识的发生、发展的基础。

人的活动具有对象性。活动是指主体与客观对象进行相互作用的过程,是一种感性实践过程。人通过活动反映客观世界,形成关于世界的知识,又通过活动反作用于客观世界,使知识得到检验和发展。活动和知识之间存在着相互反馈、相互作用的关系。我们在活动时获得知识,这些知识又影响我们活动,活动进而又改变我们的知识,如此循环下去。

二、情境性学习和认知学徒制

在维果茨基思想的基础上,当前的研究者对知识建构过程中的社会互动模式做了更为具体的研究。这些研究主要强调学校教学应该为学生提供参与活动的机会,而这种活动应该具有真实性,应该反映该活动作为一种社会实践活动的关键特性。

建构主义提出了**情境性认知**(situated cognition)的观点,强调学习、知识和智慧的情境性(situativity),认为知识是不可能脱离活动情境而抽象地存在的,学习应该与情境化的社会实践活动结合起来。知识是存在于具体的、情境性的、可感知的活动之中的。知识不是一套独立于情境的知识符号(如名词术语等),它只有通过实际应用活动才能真正被人所理解(Brown,Collins & Duguid,1989)。

建构主义提倡情境性教学。首先,这种教学应使学习在与现实情境相类似的情境中发生,以解决学生在现实生活中遇到的问题为目标(Cunningham,1991)。教学要选择真实性任务(authentic task)作为教学内容,不能对其做过于简单化的处理,使其远离现实的问题情境。由于具体问题往往同时与多个概念理论相关,因此,建构主义主张弱化学科界限，强调学科间的交叉。其次，这种教学的过程与现实的问题解决过程相类似，所需要的工具往往隐含于情境当中。教师并不是将提前已准备好的内容教给学生，而是在课堂上展示出与现实中专家解决问题相类似的探索过程（甚至有人主张教师不要备课），要提供解决问题的原型，并指导学生的探索行为。最后，情境性教学不需要独立于教学过程中的测验，而是要采用融合式测验（test integrated）。学习者在学习中对具体问题的解决过程本身就反映了学习的效果。

请看下面这则有关一位数乘两位数的教学实例（罗伯特·斯莱文，2016）。在传统教学中，教师先教学生分步的程序，当学生掌握了这些基本技能后，给他们呈现一些简单的应用题。而情境性教学则相反，学生一开始遇到的就是复杂的、完整的、真实的问题，然后教师帮助学生发现如何解决问题。

教师：你们能否举个例子，它可以用乘法算式 12×4 来表述？

生一：有 12 个瓶子，每个瓶子里有 4 只蝴蝶。

教师：如果我进行乘法运算并得到了答案，我会了解到瓶子和蝴蝶的哪些信息呢？

生一：你会知道你一共有多少蝴蝶。

教师：好，这是瓶子（画一幅图来代表瓶子和蝴蝶）。现在如果我们把瓶子分组的话，就比较容易数出总共有多少只蝴蝶了。通常情况下，数学家们在考虑分组时喜欢的组数是多少？

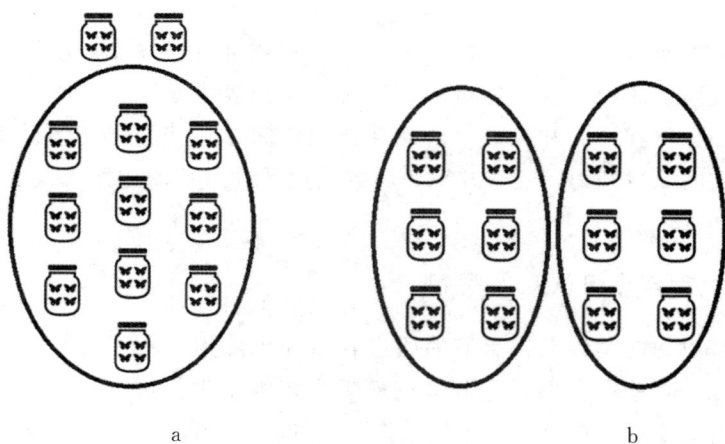

图 7-1　瓶子和蝴蝶

生二：10。

教师：这 10 个瓶子中的每个瓶子里面都有 4 只蝴蝶（画个圈将 10 个瓶子圈起来，见图 7-1a）。

教师：假如擦掉画的圈，你们再回头看一下这 12 个瓶子，有没有其他的分组方法使我们更容易计算出蝴蝶的总数？

生三：可以分成 6 个一组。

教师：那现在这个组里有多少只？

学生：24 只。

教师：你是怎么计算出来的？

生四：8 加 8 加 8（他将 6 个瓶子分成 3 对，直观地发现了比较容易的一种分组方法）。

教师：是 3×8，也可以是 6×4。那么这一组有多少只蝴蝶？

生三：24 只。它们是相同的。两组都有 6 个瓶子。

教师：那么总共有多少只？

学生：24 加 24 等于 48 只。

教师：我们得到的蝴蝶数量和以前一样，为什么？

生五：因为我们有相同数量的瓶子，每个瓶子里也都有 4 只蝴蝶。

作为一种典型的情境性学习模式，美国范德堡大学认知与技术课题组提出了**锚式教学**（anchored instruction），其主要意图是将学习活动与某种有意义的大情境挂钩，让学生在真实的问题情境中进行学习（Cognition & Technology Group at Vanderbilt，1991）。在学习中，学生首先看到一种问题情境，他们要先运用原有的知识去尝试理解情境中的现象和活动。在此基础上，教师逐步引导他们形成一些概念，然后让他们用自己的理解方式去体验和思考问题。在此过程中，学生常常要进行合作、讨论。该课题组根据这种模式设计了一种录像教材，这种录像素材由一系列历险故事录像片段组成。这些录像衍生出了有待学生解决的问题。在解决了主要问题之后，该课题组还鼓励学生解答类似的或延伸的问题，以帮助学生形成变通的、灵活的知识表征，深刻理解蕴含在问题中的原理原则。比如，针对距离、时间和速度的关系，研究者设计了一个名为"雪松河之旅"的录像：一天早上，贾斯帕（主人公）正在读报，他发现了一则出售旧船的广告，便决定去看看这艘船。他来到雪松河码头，在那里见到了船主，然后试船。他得知船的夜行灯坏了，而且船上只装了一个临时油箱。贾斯帕最后还是决定买下这艘船。这时问题出现了：贾斯帕能否在天黑前把这艘船开回家？他是否有足够的燃料？或者他是否有足够的钱去加油？回答这些问题所需的所有数据都蕴含在整个录像之中。这样的问题情境可以激发学生的数学问题解决活动，让学生整合运用数学知识以及其他相关学科的知识解决问题，促进学生对知识的深层理解，并提高他们的探究能力。

作为一种对文化内化过程的更深入的解释，有人（Brown，Collins & Duguid，1989）提出了**认知学徒制**的概念，试图借鉴某些行业中师傅带徒弟的传艺模式来使学生参与真实的情境性活动。简言之，认知学徒制就是指知识经验较少的学习者在专家的指导下参与某种真实性活动，从而获得与该活动有关的知识技能的学习模式。比如，在手工作坊（如木工坊、铁匠坊）中，小徒弟进行的学习是一种情境性学习。在这种学习活动中，任务是真实的，环境是真实的，知识技艺是蕴含在真实活动之中的，徒弟学到的是可以解决实际问题的本领。小徒弟在手工作坊之中经历了一个"合理边缘参与"（legitimate peripheral participation）的过程，从最初的打杂开始，逐渐参与高级的任务，获得高级的技能，从初学者或新手变成一个专家或者老手，从实践共同体的边缘进入中心，进行更核心的参与（Lave & Wenger，1991）。传统教学中的知识学习脱离了知识的实际应用情境。当前的教学改革应该从师徒传艺这种古老的教育方式中吸取有价值的成分。

按照认知学徒制的思路,教师可以作为师傅(某领域的专家),在现场对学生的认知活动进行示范和引导;学生在实际活动之中逐步更多地洞悉专家所使用的知识和问题解决策略。这种思想在美术、语言、科学、数学等不同学科的教学中得到了不同的应用,但有一些共同的要素(安妮塔·伍尔福克,2015):

①学生观察专家(通常是教师)示范某种活动;

②在"教练"(通常是教师或辅导教师)的辅导下,学生尝试进行这种活动;

③随着活动的进行,外部支持和引导逐渐减少;

④学生不断对自己所学到的知识和过程策略进行思考,用语言进行总结;

⑤学生对自己的活动进展过程进行反思,将自己当前的活动表现与最初的表现做比较,与专家的做法进行比较;

⑥学生以新的没有尝试过的方式应用他们所学的知识。

三、支架式教学和交互式教学

支架本是建筑行业使用的脚手架,被用来暂时辅助建筑作业,一旦建筑完成就会被撤除。建构主义者用它比喻在学习过程中给学生提供的一种暂时性的符合学生学习需求的支持,来辅助学生逐步完成自己无法独立完成的任务,并伴随学生的进步而逐渐被淡化,直到学生能够独立完成该任务并内化相应的知识技能。

支架式教学(scaffolding instruction)是这样一种教学模式:教师或其他助学者和学生共同完成某种活动,为学生参与该活动提供外部支持,帮助他们完成独自无法完成的任务。随着活动的进行,教师或其他助学者逐渐减少外部支持,使共同活动让位于学生的独立活动。通过教师的帮助(支架),管理学习的任务和探索的责任逐渐由教师转移给学生自己,最终使学生实现独立学习。

支架式教学是建立在维果茨基最近发展区和辅助学习(assisted learning)的基础之上的。维果茨基认为,人的高级心理机能,如对注意的调节以及符号思维等,最初往往受外在文化的调节,而后才逐渐内化为学生头脑中的心理工具。在支架式教学中,教师作为文化的代表引导着教学,使学生掌握和内化那些能使其从事更高级认知活动的技能。学生一旦获得这些技能,就可以更多地对学习进行自我调节。

在下面的例子(Berk,1996)中,母亲提供支架来帮助儿童解决有一定难度的拼图问题。

汤姆:这个我放不进去(试着将一块拼图放在一个错误的地方)。

母亲:哪一块可以放在这儿(指着拼图的底部)?

汤姆:他的鞋子(寻找与小丑鞋子相似的一块,但是尝试错了)。

母亲:好,哪一块看起来像这个形状(再一次指向拼图的底部)?

汤姆:棕色的那块(试一下,正好,然后试另一块,并看着母亲)。

母亲:你刚才摆得很对!现在试着稍稍转动一下(给他做手势)。

汤姆：我知道了，在那儿（放入更多块拼图，并自言自语道："这块绿的合适，把这个转一下。母亲在旁边看着）。

汤姆的母亲始终保持这一拼图问题在汤姆的最近发展区内——在一个可操作的难度水平上，通过提问、鼓励和提供建议进行指导。在互动中，母亲不断洞察什么能给他的学习提供最大的帮助。汤姆做到后，母亲撤去支架，只是观看着他自己独立活动。

交互式教学就是一种具体的体现支架作用的教学模式。**交互式教学**（reciprocal teaching，也被译作互惠式教学）是指由教师和学生轮流承担教的角色的课堂教学组织形式（Palincsar & Brown，1984）。它是由教师和一小组学生一起进行的。交互式教学要教学生这样四种阅读策略：①总结，总结段落内容；②提问，提与要点有关的问题；③澄清，明确材料中的难点；④预测，预测下文会出现什么。一开始，教师示范这四种策略，例如，朗读一段课文，并就其核心内容进行提问，直到学生概括出本段课文的中心意思。提问是为了引起讨论，概述大意则有助于小组成员为阅读下一段课文做准备。然后，教师指定一个学生扮演"教师"，效仿教师的步骤，带领大家分析下一段内容。学生轮流当"教师"。请看下面的教学实例（Palinscar，1986；罗伯特·斯莱文，2016）。

教师：这个故事的题目是《有羽毛的天才》，让我们先进行一下预测。我首先猜想这个故事讲的是非常聪明的鸟。我为什么这么说呢？

生一：因为天才是非常聪明的。

生二：因为它们有羽毛。

教师：对。在动物中，只有鸟长有羽毛。现在让我们推测一下，关于非常聪明的鸟，你将会读到什么样的内容？

生三：哪些种类的鸟？

教师：这个问题问得好。你们猜想，什么鸟非常聪明？

生三：鹦鹉或者蓝松鸦。

生一：凤头鹦鹉。

教师：你们还想知道其他什么信息？（学生没有回答）

教师：我想知道这些鸟做了什么聪明的事情。你们对此怎么看？

生二：有些鸟可以说话。

生四：它们可以飞。

教师：很有意思。人类很聪明，但不能飞。好吧，我们先读第一部分，然后看看我们的推测有多少是正确的。这一部分由我来当教师。（所有学生默读第一段）

教师：谁是长有羽毛的天才？

生一：乌鸦。

教师：对，我们猜对了。这个故事是讲鸟的，但我们没有猜对是哪种鸟，是吧？我对第一部分的总结是，这一段描述了乌鸦会做的聪明的事情，这使它们显得非常聪明。我们继续读。这一部分谁来当教师？吉姆？

吉姆：乌鸦彼此之间是怎么交流的？

教师：好问题！你抓住了主要问题，也就是乌鸦交流的方式。你选择谁来回答这个问题？

吉姆：芭芭拉。

芭芭拉：乌鸦有内置的雷达和传递系统。

吉姆：那是非常重要的一部分。我想问的是它们是如何将信息从一只乌鸦传递给另一只乌鸦的？

教师：现在做总结。

吉姆：是关于乌鸦如何建立起一个交流系统的。

教师：对，接下来这一段列举了一些事例，说明乌鸦如何应用音高以及叫声间隔的变化来进行交流，但这些都是细节，主要的观点还是乌鸦通过传递系统来交流。吉姆？

吉姆：这一部分还说乌鸦能够应用它们的交流系统欺骗人类，所以我推测下一部分的内容将描述乌鸦是怎样欺骗人类的。我想让苏当下一部分的教师。

教师：推测得非常好。每一段的最后一句通常都会暗示下一段将要描写的内容。做得很好，吉姆。

在这个实例中，教师首先展现一些榜样性行为，这些行为是他想要学生自己展现的，然后改变自己的角色。当学生产生问题时，教师作为一个支架，帮助学生更好地应用这四种策略，更好地表达思想，起到促进者和组织者的作用。

思考题

1. 简要概括和评价建构主义的知识观、学生观和学习观。

2. 比较分析生成性学习理论与学习的信息加工模型以及奥苏贝尔的有意义学习理论有什么异同。

3. 对比初级知识获得阶段与高级知识获得阶段的差别，并分析其教学启示。

4. 什么是基于项目的学习？其基本过程是怎样的？

5. 用自己的话解释认知学徒制的含义，总结认知学徒制在教学中的应用方式。

6. 情境性学习的主要特征是什么，对教学有何启示？

推荐阅读

[美]约翰·D. 布兰思福特，等. 人是如何学习的——大脑、心理、经验及学校. 程可拉，等，译. 上海：华东师范大学出版社，2002.

[苏联]维果茨基. 维果茨基教育论著选. 余震球，选译. 北京：人民教育出版社，1994.

张建伟，孙燕青. 建构性学习——学习科学的整合性探索. 上海：上海教育出版社，2005.

陈琦，刘儒德．当代教育心理学（第 3 版）．北京：北京师范大学出版社，2019. 第七章

［美］罗伯特·斯莱文．教育心理学：理论与实践（第 10 版）．吕红梅，姚梅林，等，译．北京：人民邮电出版社，2016. 第八章

第八章

学习动机

在当今社会，学生厌学已经成为家长和教师十分头疼的问题。有些学生迷恋网络和游戏而逃避学习；有些学生过度焦虑而难以集中注意力；有些学生偏爱数学而害怕英语；有些学生过于担心失败而不敢主动尝试。为了有效地解决这些问题，教师需要了解学生背后的各种学习动机因素，采取针对性措施，激发和培养他们的学习动机。更为重要的是，培养学习动机本身也是教育的关键目标之一。学校不仅要激励学生获取知识和技能，更要使学生形成强烈的学习动机，使学生实现终身学习。

本章要点

- ● 学习动机及其理论
- ○ 学习动机的含义
- ○ 内部动机与外部动机
- ○ 学习动机理论取向
- ● 学习动机的个体因素
- ○ 需要
- ○ 情绪状态
- ○ 动机信念
- ● 学习动机的情境因素
- ○ 学习任务
- ○ 反馈与评价
- ○ 奖励与惩罚
- ○ 家庭、教师及同伴

第一节　学习动机及其理论

动机好比汽车的发动机和方向盘（Gage & Berliner，1984），既为个体活动提供动力，又调节方向。

一、学习动机的含义

学习动机（motivation to learn）是指引发与维持学生的学习行为，并使之指向一定学业目标的一种动力倾向。学习动机具有引发、定向与维持学习行为的作用。学习动机的引发作用表现为当学生对于某些知识或技能产生迫切的学习需要时，就会引发学习内驱力，唤起内部的激动状态，使学生产生焦急、渴求等心理体验，并激发一定的学习行为。例如，一个学生平常英语成绩非常好，可是有一天，遇上一位外国人向他问路，他咿咿呀呀解释了半天还是没能让这位老外明白怎么走，这才发现自己平日学的都是哑巴英语。强烈的羞耻感促发其学好口语的学习行为。学习动机的定向作用表现为，学生在学习动机的初始状态就将学习行为指向一定的学习目标，并推动自己为达到这一目标而努力学习。例如，上面提到的学生学习英语口语的目的就在于能流畅地用英语和他人交谈，表达自己，这种目标定向促其思索达成的方法。他决定报名参加英语口语班，寻找同伴一起练习，而且坚持每天早晨大声朗读英语，即学习动机促使学生能在长时间的学习活动中保持认真的态度，产生坚持把学习任务胜利完成的毅力，这反映了学习动机的维持作用。学习动机的三个方面作用相互关联、相互促进。

一般说来，学习动机并不直接卷入学习的认知过程，而是通过一些中介机制影响认知过程的。强烈的学习动机有助于：第一，唤醒学习的情绪状态，可产生诸如好奇、疑惑、喜欢、兴奋、紧张或焦急等情绪；第二，增强学习的准备状态，易于激活相关背景知识，降低学生在学习过程中对事物的知觉和反应阈限，缩短其反应时间，从而提高学习效率；第三，集中注意力，将学习活动指向认知内容和目标，克服分心刺激的影响；第四，提高努力程度，增强意志力，延长学习时间，增强认真程度，使学生遇到困难甚至失败时能坚持不懈，直到达到学习目的。

二、内部动机与外部动机

内部动机（intrinsic motivation）是指学习活动本身的意义和价值所引起的动机（Pintrich & Schunk，1996）。内部动机的满足在活动之内，不在活动之外。学生努力学习仅仅因为他们感兴趣或者在学习中获得乐趣。例如，许多学生愿意学习摄影或电影欣赏之类的课程，即使不一定得到学分或高分，也会持之以恒地钻研。**外部动机**（extrinsic motivation）是指学习活动的外部后果引起的动机（Pintrich & Schunk，1996）。从事学习活动是达到某一目的的手段。外部动机的满足不在活动之内，而在活动之外。学生努力学习是想在考试中获得好成绩、得到奖励、取悦教师或者逃避惩罚，学习成了获得表扬的一种手段。

内部动机和外部动机决定着学生能否持续掌握所学知识。具有内部动机的学生能够独立、自主、积极地参与学习过程，具有好奇心，喜欢挑战，能够坚持不懈地努力学习，能够忍受挫折与失败。具有外部动机的学生为了达到外在目的，往往选择没有挑战性的任务，一旦达到目的，学习动机就会下降，或者一旦失败，就会一蹶不振。

　　人们往往误认为内部动机和外部动机是一个连续体的两端，外部动机高意味着内部动机低。实际上，它们是两个独立的连续体，具有各自的高端和低端。两两组合，可产生四种典型的动机状态。例如，有些学生可能觉得学习主题有趣，也希望能在班上获得一个好名次，而有些学生仅仅为了获得奖励。前者的内部动机和外部动机都处于较高水平，而后者具有较高的外部动机、较低的内部动机。

三、学习动机理论取向

　　学习动机理论可以分为行为、认知、人本以及社会文化四种取向。

　　行为主义心理学家不仅用强化解释操作性学习行为的发生，也用强化解释动机的产生。在行为主义看来，人的学习行为倾向完全取决于这种行为与刺激因强化而建立的稳固联系，受到强化的行为比没受强化的行为更倾向于再次出现。如果学生因学习而得到强化（如获得好成绩以及教师和家长的赞扬），他就会有学习动机；如果他的学习没有得到强化（如没有获得好分数或赞扬），他就没有学习动机；如果他的学习受到了惩罚（如遭到同学或教师的嘲笑），他就会产生避免学习的动机。

　　认知取向的动机理论关注的是学生渴望秩序、理解世界、预期将来。当孩子发现他们的经验与他们当前的认识不一致时，这种动机被本能地激活（Greeno，Collins & Resnick，1996）。为什么孩子会如此热情地探索它们周围的环境？为什么孩子不断地打开盒子再关上盒子以确认盒子中的东西？为什么孩子要求他们的父母一遍又一遍地讲述同一个故事而全然不顾父母早已濒临被激怒的边缘？为什么猜谜游戏对 4 岁大的孩子和很多成年人来说同样具有吸引力？为什么有人不愿去观看晚会而宁愿先将问题彻底搞懂？为什么人们对那些在他们预料之外的事情感到好奇？为什么人们一直坚持不懈地从事某项活动，但一旦熟悉后就不再愿意从事？认知心理学家认为，他们都受求知需要所驱动——理解世界并使世界变得更有意义。

　　人本主义取向的心理学认为，动机是人们试图实现人作为人的全部潜能的倾向。他们反对行为主义把人动物化的思想，认为人是环境的主体，人有理想、有意志、有个性，人能够改造环境，决定自己的命运，即强调人们由内心产生的希望成功、追求卓越的高级需要，而且影响人的所有因素都会引发或影响动机，包括思想、情感和环境各个方面。

　　人本主义心理学家的眼里，没有所谓无动机的学习者，只是这些学习者的动机被导向了一个非学术性活动的方面。他们要求教师以学生为中心，并努力营造一种利于学生成长的课堂气氛。他们认为，学生的学习是以内部需要为基础的，教育的目的就是帮助学生自我实现。因此，人本主义主张，教学要以人的能力的全域发展为目的，除了要发展学生的智力，还要发展学生的情感、意志、自尊心、兴趣、需要等非智力因素，以达到情感与认知的统一。所以，在学校里，教师试图影响学生积极的情感，采用支持、关心的方式对待学生，更多解释为什么事情应该以某种方式去做，而不仅仅强调这是纪律。

　　社会文化取向在理解动机时强调学习者和他人一起学习时的经验。他们认为，人具有在社会环境中和他人发生联系的需要，这是所有人的基本需要。人参与活动来维持稳定的人际关系，来确定自己属于特定群体的信念。人的活动目的就是维持其在群体中的身份及其人际关系，而学习是通过观察和学习特定文化群体中更有能力的人而进行的，并涉及对群体实践的参与。**身份**（identity）是该取向观点的核心概念，如果学生把自己看作班干部，那他的行为就将按照他认定的班干部应该做的事情去呈现，如关心同学、协助教师工作等。个体具备何种身份，是由其在群体活动中的参与程度决定的。一个人要想成为班干部，必须受教师肯定，被同学推选，且具备相关的组织领导能力。

根据对动机理论的简要评述，我们可以得知影响学习动机的因素众多。但在实际中，人们需要将各种各样的动机统一起来，并将各种激发学习动机的策略结合起来。图 8-1 呈现了一个有关学习动机激发的整合模型。这个模型描绘了激发学习动机的个体因素和情境因素以及两者之间的交互作用。下面两节分别介绍这两方面影响因素中的主要因素。

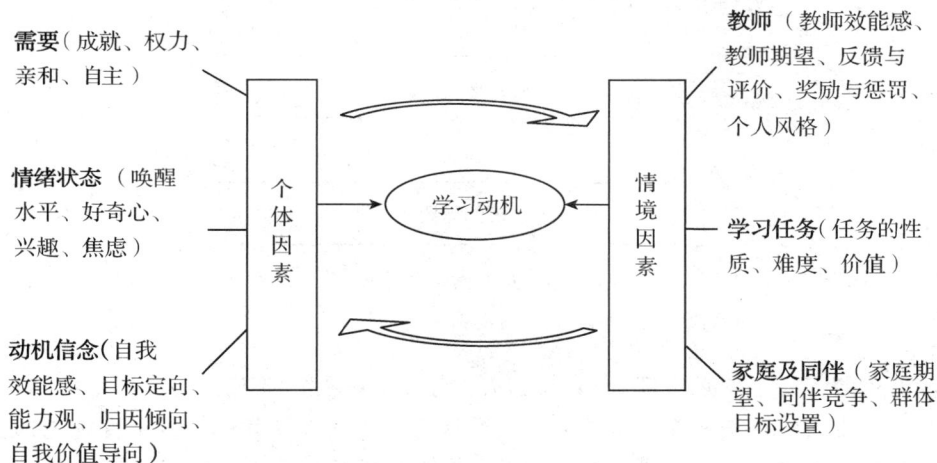

图 8-1　学习动机的整合模型

第二节　学习动机的个体因素

个体因素包含学生的需要、情绪状态和动机信念等方面，其中每个方面也有不同的子因素，如情绪状态涉及学生的唤醒水平、好奇心、兴趣、焦虑等。

一、需要

需要是激发人进行各种活动的内部动力，是人的积极性的重要来源。它可以是外显化的，如对食物的需要可以表现出饥饿的状态；也可以是很复杂的和抽象的，如求知和理解万物的需要——这是认知取向动机理论的基础。

（一）需要层次理论

学生有很多需要，不同的时候有不同的需要。马斯洛认为所有的行为都是有意义的，都有其特殊的目标，这种目标来源于人们的需要。马斯洛认为人有七种基本需要，分别为生理的需要、安全的需要、归属与爱的需要、尊重的需要、求知与理解的需要、美的需要和自我实现的需要。这些需要从低级到高级排成一个层级，如图 8-2 所示。

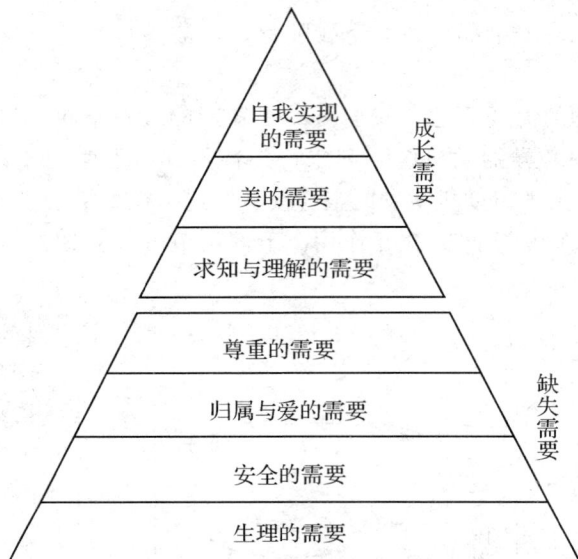

图 8-2　马斯洛需要层次图

（资料来源：Maslow，1954）

较低级的需要至少必须部分满足之后才能出现对较高级需要的追求。例如，同时在一个非常饥饿的孩子面前摆一堆书和一堆食物，让其选择其一，孩子肯定先选食物，吃饱以后再去选书读。可以说，物质的需要未得到满足时，人往往千方百计地追求它；如果物质需要得到充分的满足后，精神需要、高级需要就应运而生。

马斯洛将前四种需要称为缺失需要。这是我们生存所必需的，它们对生理和心理的健康是很重要的，必须得到一定程度的满足，但一旦得到了满足，由此产生的动机就会消失。后三种需要是成长需要，虽不是我们生存所必需的，但对于我们适应社会来说却有很重要的积极意义，它们很少能得到完全满足。也就是说，缺失需要使我们得以生存，成长需要使我们能够更好地生活。

一般说来，学校里最重要的缺失需要是爱和自尊。如果学生感到没有被人爱，或认为自己无能，他们就不可能有强烈的动机去实现较高的目标。那些不确定自己是否讨人（特别是教师）喜欢或自己能力高低的学生，往往会做出较为"安全"的选择——随大流，为测验而学习。目前，教育界越来越重视学生学习能力的培养，而动机、兴趣等非智力因素也对学习具有很大的推动作用。通过外部动机来激发学生的学习行为，最重要的是让学生将这种行为转化成内部动机，使学习成为一种稳定而持久的行为。

（二）成就需要和成就动机理论

成就需要（need for achievement）是指克服障碍，施展才能，力求尽快尽好地解决某一难题的内部动力倾向。最早的成就动机研究源于 20 世纪 30 年代的心理学家默里（Murray），四五十年代的麦克里兰（McClelland）和阿特金森（Atkinson）等在他的基础上提出了成就动机论。这种理论认为，个人的**成就动机**（achievement motivation）是激励个体乐于从事自己认为重要的或有价值的工作，并力求取得成功的内在驱动力。它可以分成两部分，其一是追求成功的意向，其二是避免失败的意向。也就是说，成就动机涉及对成功的期望和对失败的担心两者之间的情绪冲突。

一方面，如果学生追求成功的动机强于避免失败的动机，他们为了探索一个问题，在遇到一定量的失败之后，反而会增强解决这一问题的愿望。另一方面，如果学生获得成功太容易的话，反而会减低他们的动机。相反，如果学生对失败的担心强于获取成就的动机，他们有可能由于失败而灰心丧气，由于成功而得到鼓励。这种学生在选择任务时，倾向于选择非常容易或非常困难的任务，选择容易的任务可使他们免遭失败，而选择的任务极其困难，那么即使失败，也可找到适当的借口，从而减少失败感。

成就动机理论的特征是用数量化的形式来说明理论。追求成功的倾向是成就需要、对行为成功的主观期望概率以及取得成就的诱因值三者乘积的函数，其公式为

$$Ts = Ms \times Ps \times Is$$

在这个公式之中，Ts 为追求成功的倾向，由以下三个因素决定：①Ms 代表成就需要（成功的动机），是个体争取成功的相对稳定的倾向（用 TAT 主题统觉测验得到的）；②Ps 代表个体对在该项任务上将会成功的可能性的期望；③Is 代表成功的诱因值，是对成绩自豪的感情，一个困难任务成功后个体体验到的自豪感比一个容易任务成功后体验到的更强烈。Is 与 Ps 有相反的关系，也就是 $Is = 1 - Ps$，即当 Ps 值减小时，成功的诱因值会增加。例如，个体预期自己成功的可能性较小的事情最后成功了，他将感到异常高兴。根据 Is 和 Ps 的关系以及这个公式，中等难度（在个体看来成功概率约为 50%）的任务对学生最具有挑战性。

（三）自主需要和自我决定理论

自我决定理论（self-determinism theory）（Deci & Ryan，1985）强调能力需要、关系需要和自主需要是人的三种基本心理需要（Deci & Ryan，1987）。这三种基本心理需要是人的内部需要，这三种内部需要的满足不仅使人产生内部动机，还促进外部动机的内化。

1. 三种基本的心理需要

能力需要（need for competence）是指个体对自己的行为能够达到某种水平、对自己能够胜任某项活动的信念。胜任感使个体感觉自己重要、受人尊敬，从而产生行为的内部动机。教师应当鼓励学生解决现实性与挑战性兼具的问题，既激发学生的内在动机，又让学生感到自己能够胜任；应当创造一种舒适的环境，让学生觉得挑战和失败都是可以接受的；应当给学生提供一定的帮助，帮助学生成功完成具有挑战性的任务，并更多地奖励他们的成功。教师还可以制订方案，让学生能时刻追踪他们的进步。教

师特别要避免将学生置于与成绩更好的学生进行比较的境地,而挫伤他们的胜任感。

关系需要(need for relatedness)是指个体与他人相联系或属于某个群体的需要。关系需要包含合群需要(寻求与他人的友好关系)和认同需要(寻求他人的认可和积极判断),两者促使个体对社会群体价值的内化。合群需要使学生更好地与他人互动、交流思想,但需要过于强烈可能会妨碍学习活动,例如,为了取悦他人或者合群而做出不当的课程选择、行为选择。认同需要使学生认真完成作业、好好学习,提升自我形象。为了满足学生的关系需要,教师应当增强学生之间的人际关系,让学生进行合作、讨论、角色扮演等。教师还应当增强师生之间的人际关系,对学生的课余活动和成就表示感兴趣;在学生需要的时候给他们提供额外的帮助;在学生遇到困难时耐心倾听,充分共情。

自主需要(need for autonomy)就是自我决定的需要(need for self-determination),指个体对于从事的活动拥有一种自主选择感而非受他人控制的需要。人希望能够更多地依赖自己而不是他人做出决定,希望自己能够控制事情的发生、发展及结果。只有行为由自我决定,才能对内在动机起到促进作用。行为由他人决定(诸如威胁、最终期限、指令、压力性评价和强制性目标等)则对内在动机有削弱作用。教师可以给学生提供独立工作和决策的机会,如清楚表达对学生表现的期待,让学生自己努力达到目标;给学生提供自主选择的机会,如允许学生决定写作主题、阅读课外书籍、确定作业截止日期、完成作业的顺序等;以信息的方式而非控制的方式呈现规则和要求,如"如果我们在听课时不打断教师,在想加入讨论时举手示意,那么我们就可以确保班上每个人都有同样的机会发言并被其他人听到"。

如果满足了能力需要,个体就感觉自己能胜任某种行为,将增加个体内化这种行为的可能性。一个人是不可能内化自己不能胜任的行为的。如果满足了关系需要,个体感觉自己归属于群体,为了保持与群体成员的关系,并得到群体的认可,就会认同并内化群体的价值观和行为。如果满足了自主需要,个体就能自主地思考行为的价值,这有益于个体认可并内化行为的价值。总之,这三种基本心理需要的满足可以滋养个体内部动机的产生与外部动机的内化,使个体保持积极的心理状态,更好地成长,更好地适应环境。

2. 外部动机内化与内部动机

自我决定理论认为,自我决定是个体在充分认识自身需要和环境信息的基础上对行动做出的自由的选择。自我决定的潜能可以引导人从事感兴趣的、有益于能力发展的活动。自我决定理论根据个体自我决定的程度把动机分为无动机、外部动机和内部动机三种类型。

(1)无动机

无动机(amotivation)者认识不到自身的行为与行为结果之间的联系,对所从事的活动毫无兴趣。例如,无动机的外语学习者认为他们学习外语毫无意义,是在浪费时间,或者认为自己没有能力学好,或者不渴望获得成功。

（2）外部动机

自我决定理论根据个体对行为的自主程度由低到高，把外部动机分为四种类型。①外在调节（external regulation）：个体完全遵循外部规则而行动，其目的是满足外在要求或是获得附带的报酬。例如，学生学习英语是因为学校规定必须学，如果不学教师会发火。②内摄调节（introjected regulation）：个体吸收了外在规则，但没有完全接纳为自我的一部分。在这种情况下，个体从事一项活动是为了避免焦虑或责怪，或是为了展示自己的能力（或避免失败）以维持价值感，还没有体会到行为是自我的真正部分。例如，学生学习英语是为了让教师觉得自己是一个好学生，如果不学自己就觉得很惭愧。③认同调节（identified regulation）：个体对一个行为目标或规则进行有意识的评价，如果发现这种行为是重要的，就接纳为自我的一部分。个体更多地体验到自己是行为的主人，感觉到更少的冲突。它含有更多自主或自我决定的成分。例如，学生觉得学习英语很重要，想学习英语知识、掌握英语技能。④整合调节（integrated regulation）：个体将外部规则完全内化为自我的一部分，在各种活动中自主地表现出规则所要求的行为。例如，学生渴望成为一个可以说英语的人，不仅为了考试得高分而完成教师布置的作业，还为了全面提高英语水平而主动地看英语电视节目、听英语广播、看英语报纸，即寻找可能的机会练习英语听说读写能力。在此阶段，个体仍是由于目标对其有益或者重要而产生行为动机，并未对学习英语发自内心的乐之好之。而内部动机特征是个体对行为本身感兴趣，所以它们仍然有区别。

（3）内部动机

内部动机是人类固有的一种追求新奇和挑战、发展和锻炼自身能力、勇于探索和学习的先天倾向（Deci & Ryan，1985）。它与个体的内部因素如兴趣、满足感等密切相关，是高度自主的动机。此时，个体发自内心想做某些事，在做的过程中感到幸福、快乐并且享受这一过程。

自我决定理论认为这些动机类型并非截然分开，而是处在一个自我决定程度或自主性程度的连续体上，并且由低到高分为无动机、外部动机的各个子类和内部动机。外部动机通过四个水平的调节过渡而不断内化。

二、情绪状态

各种情绪状态也同样影响学生的动机。其中与动机关系紧密的情绪状态往往有唤醒水平、好奇心、兴趣和焦虑等。

（一）唤醒水平

唤醒（arousal）是指一个人警觉、清醒及活跃的水平，是对某一行为的生理和心理的准备状态，是由包括脑在内的中枢神经系统的活动所引起的。

学习动机的强度往往是通过唤醒水平产生作用的。学习效率与学习动机强度并不完全成正比。有研究者（Yerkes & Dodson，1908）发现，大多数活动都有一个对应的合适的唤醒水平。学习效率随学习动机强度的增加而提高，直至达到学习动机的最佳强度而获最佳，之后则随学习动机强度的进一步增加而下降。这一现象被称为**耶克斯—多德森定律**，见图 8-3。

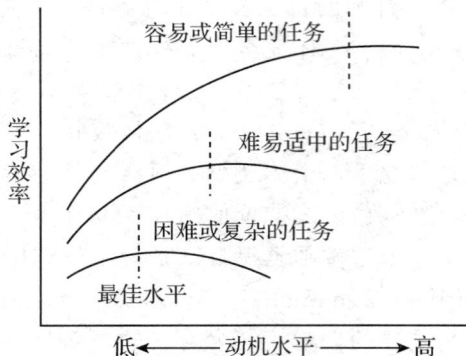

图 8-3　学习效率与动机水平之间的关系
（资料来源：Kantowitz & Sorkin，1983）

　　而且，动机强度的最佳水平会随学习活动的难易程度而有所变化。一般说来，从事比较容易的学习活动，如记忆单词，动机强度的最佳水平点会高些；从事比较困难的学习活动，如创作，动机强度的最佳水平点会低些。不仅如此，动机强度的最佳水平点还会因人而异：进行同样难度的学习活动，对有的学生来说，动机强度的最佳水平点高些更为有利，但对于另一些学生，可能最佳水平点低些更为有利。

（二）好奇心

　　人有一种探索和认识外界环境的内在需要，这种需要将引发个体的好奇心，并表现为求知欲。**好奇心**（curiosity）是个体寻求新异、复杂、令人耳目一新的东西的本能倾向（Berlyne，1966）。教师可以采用一些教学策略来激发学生的好奇心（Reeve，1996）。

　　1. 制造悬念

　　教师把学生的注意力集中在没有确定答案的问题上，如恐龙为什么会绝迹？这样的问题能让学生在寻求答案的过程中得到满足感。

　　2. 让学生猜测，教师反馈

　　教师介绍主题前先提出一些问题，让学生猜测。问题要与重要知识有机结合，且能引发多种答案，以便大部分学生发现他们只回答对一部分（鸟的根本属性是什么，有羽毛，会飞，还是恒温动物）。如果学生的猜测错误，这将激发他对正确知识的好奇心，促使学生进一步了解相关主题。

　　3. 充分利用学生的原有知识，激发他们的求知欲

　　当学生具备了大量有关主题的知识时，教师可以故意提出一些难度更大的题目。知识的再度空白会重新激发学生的好奇心。学生知道得多，就会想知道更多。

　　4. 引起争议

　　教师让学生对有争议性的问题（外星人是否存在）提出自己的看法，鼓励他们通过长期的讨论解决这些分歧。这个过程中，学生必须主动查询各种资料，以获得足够的知识。

5. 制造矛盾

在学生已获得相当知识时，教师可以采用制造矛盾的方法，补充介绍与学生结论相反的信息，让学生意识到，问题比他们想象得更复杂，促使其更全面地了解问题。例如，教师可以首先提出钠和氯化物都是对人有毒的，然后指出两种物质结合成的氯化钠却是我们每天都在吃的食盐。

有位语文教师在讲《祝福》一课时，先让大家通读一遍课文，然后提出："《祝福》讲的是一个妇女被封建礼教'吃掉'的故事。对于这样一个悲惨的故事，作者为什么用'祝福'这样吉祥的词汇做标题呢？"这样富有启发性的提问，犹如"一石激起千层浪"，使得学生议论纷纷，产生了强烈的学习兴趣和求知欲。

（三）兴趣

一提到学习，你感觉如何？兴奋、焦虑、激动，还是觉得无聊、厌烦甚至恐惧。目前，越来越多的研究者强调学习不单纯是一个简单的、毫无感情色彩的、冷冰冰的认知加工和问题解决的过程。在学习的信息加工过程中，情感因素起着相当重要的作用。学生会更多地注意、学习、记忆和运用那些能引起他们积极情绪反应的事件和活动或者他们感兴趣的事情。

兴趣（interest）是指一个人经常趋向于认识、掌握某种事物，力求参与某项活动，并且有积极情绪色彩的心理倾向。兴趣是学生最好的老师。但缺乏兴趣却是目前学生遭遇的普遍困难。沃尔特（Walter，1995）对 200 名中学生的调查发现，对学业不感兴趣是他们学习成绩不佳的最主要原因。同时，兴趣是除努力之外解释学习优异的第二重要原因。

兴趣是一种内部动机，可以进一步分为两种。一种是**个体兴趣**（individual interest），是指由个体的具体知识、信念或价值观引发的兴趣（Renninger，Hidi & Krapp，1992）。这种兴趣是稳定的、持久的。例如，有的学生对历史感兴趣，经常关注各种历史古迹、故事和电影，一般会优先选择对它们进行游玩、阅读和观看。从事这些活动的过程本身就让他们感到充实、快乐。另一种是**情境兴趣**（situational interest），是指由任务或材料本身所引发的兴趣（Hidi & Anderson，1992；Reeve，1996）。这种情境兴趣一般是不稳定的，一旦学生的需要得到满足后，或者当他完成了具有挑战性的任务后，他就会失去兴趣。当然，在一定条件下，情境兴趣可以转化为个体兴趣。下面就是一个例子。

有一位中学生叫李克，他的功课非常好，除了代数，但又不能完全放弃它。他母亲时常告诫他，上大学至少需要不错的代数成绩。但每当他应对代数问题时，自己就变得紧张甚至惊慌。由于屡遭失败，他越来越觉得自己又笨又蠢，对代数逐渐失去了兴趣。有一次，李克和他的伯伯共同生活了一个月。他的伯伯是一位建筑师。他在伯伯那里能够浏览建筑书刊，能够见到装饰材料和建筑设计图纸，而且伯伯还带着他去为客户监审建筑设计。这些经历给李克展现了一个完全崭新的世界。随着兴趣和好奇心的增强，李克提出了好多问题。他的伯伯对此都做了耐心细致的解答。到了月末，李克希望自己也能成为一名建筑师。但代数怎么办呢？他向伯伯征求意见，伯伯给他提出了一些有益的建议。当李克回到家后，家人感到吃惊：他提出要在新学年请一个家教帮他补一下代数方面的"应考课程"。在起初的一阵感动之后，他的父母表示同意，条件是要用他自己的压岁钱负担学费。使大家感到奇怪的是，李克同意了这个条件。后来，他的代数成绩奇迹般地提高了。从此，李克对数学的兴趣非常高，不再感到焦虑了。

（四）焦虑

在我们的学校经历中，几乎每个人在面对考试或者在课堂做报告时都曾感到紧张和不自在。这种紧张感达到极致时，我们的心跳加快，嘴巴发干，心里忐忑不安。我们时刻担心失败。这种普遍的不自在和紧张的感觉状态就是焦虑。**焦虑**（anxiety）是未知的威胁导致的紧张和担忧的情绪状态。一个学生考试成绩不佳，因为在考试中他过于焦虑，而成绩不好又导致他更加焦虑、紧张。焦虑可以是一种特质，也可以是一种状态。有些学生在大多数情况下都感到非常焦虑（焦虑特质），但有些学生只在某些特定的情境下感到焦虑（焦虑状态）（Covington，1992）。

焦虑包含认知和情感两种成分。认知成分包含忧虑和消极思维。例如，学生认定事情失败后情况会非常糟糕，并感知自己必然失败。情感成分则包括生理和情绪的反应，如出汗、胃疼、心跳加速和恐惧等。

焦虑主要通过以下三个方面的中介而影响学业成绩：注意力集中情况、学习和考试。当学习新材料时，高焦虑水平的学生把更多的注意力集中在他自身面对新材料体验到的紧张情绪上。他对自己说："我太紧张了，我根本不可能解决这个问题！"同时，过度焦虑的学生缺乏良好的学习习惯，不能使用合适的学习策略提取记忆中的材料，不能对学习材料进行合理的重组。最后，焦虑的学生缺少必备的考试技巧，他们知道的远比他们在考试中表现出的要多。一考试，他们就像被冻住了，根本不能将自己头脑中的知识释放出来。

三、动机信念

学生具有自我衡量和判断的能力，持有特定**信念**（belief）和价值观。他会权衡再三，然后决定对某件事情是全力以赴，姑且一试，还是干脆逃避。其中和学习关系最密切的信念有自我效能感、目标定向、能力观、归因倾向和自我价值导向等。

（一）自我效能感

自我效能感（self-efficacy）是指个体对自己是否能够成功地进行某一成就活动的主观判断。这一概念是班杜拉最早提出的。在20世纪80年代，自我效能感理论得到了丰富和发展，也得到了大量实证研究的支持。自我效能感有别于自我概念和自尊：自我效能感是自我做某特定的工作时对自己能力的一种具体的判定，对特定工作的效果具有高度的预测力。

自我效能感主要受四个因素的影响。

1. 成功经验

学生的**成功经验**（mastery experience）对自我效能感的影响是最大的。成功经验会提高人的自我效能感，而多次失败的经验会降低人的自我效能感。不断成功会使人建立起稳定的自我效能感，它不仅不会因一时的挫折而降低，还会泛化到类似情境中去。

2. 替代性经验

学生通过观察示范者的行为而获得的**替代性经验**（vicarious experience）对自我效能感的形成也具有重要影响。一个人看到与自己水平差不多的示范者取得了成功，就会增强自我效能感，反之就会降低自我效能感。

有人（Schunk & Carbonail，1984）以算术成绩极差的小学高年级学生为被试，对自我效能感进行了研究。他为这些学生安排了一个星期的训练，在每次训练中先让学生分别学习算术的自学教材，然后由榜样演示如何解题（榜样在解题时一面算一面大声地说出正确的解题过程），最后再让学生自己解题。在学生自己解题之前，他让学生把所有的题看一遍，并判断一下他们有多大把握解答每一道题，以此来了解学生解题的自我效能感。结果发现，经过训练，学生的自我效能感逐渐得到增强。与之相应，学生解题的正确性和遇到难题时的坚持性也得到了提高。

3. 言语说服

言语说服（verbal persuasion）是试图凭借说服性的建议、劝告、解释和自我引导，来改变个体自我效能感的一种方法。然而，依靠这种方法形成的自我效能感不易持久，因为一旦面临令人困惑或难于处理的情境时，它会迅速消失。一些研究结果表明，缺乏体验基础的言语说服，在形成自我效能感方面的效果是脆弱的。此外，个体对说服者的意见是否接受，往往要以说服者的身份和可信度为转移。

4. 情绪唤醒

情绪和生理状态也影响自我效能感的形成。在紧张、危险的场合或负荷较大的情况下，情绪易于唤醒。高度的**情绪唤醒**（emotion arise）和紧张的生理状态会妨碍行为操作，降低人们对成功的预期水准。焦虑水平高的人往往低估自己的能力，烦恼、疲劳也会使人感到难以胜任所承担的任务。人处于过度焦虑或恐惧的状态下，会产生恶性循环：紧张、浑身颤抖会使恐惧加剧，无能感会不断得到增强。

（二）目标定向

目标是个体从事某项工作想要完成的事情。**成就目标**（achievement goal）是个体对从事学业成就任务的目的或原因的认识（Pintrich，2000）。德维克（Dweck）等人以社会认知理论为框架，提出了成就目标理论。这种理论认为，学生的成就目标可分为两种。

一种是**学习目标**，又称**掌握目标**（learning goal or mastery goal），持有这种目标定向的学生学习是为了个人的成长，他不在乎在这个过程中是否会犯很多的错误或者遭遇众多尴尬的事情。所以他们敢于接受挑战并且当他们遇到困难时，他们更能坚持到底。有这类目标定向的学生被称为**任务卷入的学习者**（task-involved learner）（Nicholls，1984），因为他们关心的是他们是否能完成任务，而不是和他人做比较，他们不关心他们的表现是否出众。这类学习者会更多地寻求帮助，使用较高水平的认知策略，运用更有效的学习方法。

另一种是**表现目标**（performance goal），持有这种目标定向的学生更关心的是能否向其他人证明自己的能力，通俗地说，就是做给别人看。他们更多地关注在考试中取得好成绩，在比赛中获胜，在竞争中超越他人（Wolters，Yu & Pintrich，1996）。他们常常会使用一些投机取巧的方法来证明自己。例如，选择读比较容易的书来读，以成为读书最多的同学（Young，1997）。如果很难获胜，那他们可能会采取避免失败的策略，即装出一副毫不在乎、漫不经心的样子。他们只是想告诉别人，他们没有成功是因为他们不屑做罢了。有这类目标定向的学生被称为**自我卷入的学习者**（ego-involved learner）（Nicholls，1984），因为他们关注的是自己。

（三）能力观

学生一般持有**能力内隐观**（implicit view of ability），即对智力和能力是否可变的认识或信念。德维克（Dweck，1996）区分了人的两种能力内隐观。一种是**能力实体观**（entity view of ability），持这种观点的人认为能力是稳定的、不可改变的特质。根据这个观点，有些人会比另一些人更加聪明，但是每个人的能力的量都是固定的。另一种是**能力增长观**（incremental view of ability），持这种观点的人则认为能力是不稳定的，是可以控制的，是可以随着知识的学习、技能的培养而增强的。通过努力工作、学习和练习，学生的知识能够得到增长，能力也将提高（Dweck，1983）。每一个学生都倾向于特定的能力观。

持有能力实体观的学生倾向建立表现目标，从而避免被别人看不起。他们选择适宜的工作，如不需花费太多精力而且成功可能性很大的工作，以最好地表现他们聪明的一面，因为拼命工作换取的成功还不足以说明自己的天资聪颖。相反，持有能力增长观的学生，更多设置掌握目标并寻求那些能真正锻炼自己能力、提高自己技能的任务，因为进步才意味着能力的提高。失败并不可怕，不过是通向成功必走的一步，它只是说明自己还需要进一步努力，而自己的能力并没有受到威胁，所以他们选择中等难度的任务。

（四）归因倾向

在各种有影响的动机理论中，**归因**（attribution）理论可看作最具有认知性的一派理论，其基本假设是寻求理解是行为的基本动因。

例如，小明一直认为自己的数学能力挺高的。然而，进入新年级后的第一场考试过后，拿到自己的试卷，他发现自己的成绩勉强及格，大吃一惊，心想"这位新老师出的题比自己想象的要难得多"。过去的经验使小明认为自己擅长数学，考试分高可以证实这一信念。但成绩较差时，情境就变得有意思了。人不愿改变对自己的能力的信念，尤其是当改变对能力的信念意味着要贬低自己的能力时更是如此。小明必须找到除了数学能力低下之外的另一个原因来对考试分低做出解释，所以他将分低归因于考题太难了。他为了进一步证明考题太难，暗中观察其他同学的表情。他问了问好朋友小光："你考得怎么样？"如果小光的分也不高，就证实了考题太难。如果小光的分挺高的，考题太难就不再是一个行得通的解释了。他心想，数学题的答案一般是确定的，所以老师一般是不会对自己有偏见而故意给低分的。他不死心，去问老师有没有不小心判错。

如果老师回应说绝对没有错，并且说根据他以往的成绩他不应当考这个分数，这说明老师觉得他没有努力。如果老师对他的成绩表示出惋惜的态度，可以想见小明将会做出什么样的反应。

韦纳（Weiner，1974）对归因理论进行了系统探讨，总结出学生学业成败的原因主要包括四个：努力、能力、任务难度和运气。他还提出，学生对成功和失败的大多数解释都有三个特征：一是控制点，即原因是内部的（internal）还是外部的（external）；二是稳定性，即原因是稳定的（stable）还是不稳定的（unstable）；三是可控性，即原因是可控的（controllable）还是不可控的（uncontrollable）。

表 8-1　归因类型

原因	控制点	稳定性	可控性	例子
努力	内部	不稳定	可控	成功：我下了功夫（我昨晚在家复习真是太好了，的确有回报）。 失败：我不够努力（我在几何方面花的时间不够）。
能力	内部	稳定	不可控	成功：我很聪明（我知道我的数学能力一直是很高的）。 失败：我太笨（我就是听不懂老师讲的那些几何图证明）。
任务难度	外部	稳定	不可控	成功：题目很简单（选择题主要是考察对知识的记忆）。 失败：题目很难（这些阅读理解题中有好多单词我不知道）。
运气	外部	不稳定	不可控	成功：我很幸运（老师没有考相似三角形，真是太好了）。 失败：我运气不佳（考试的时候老师老站在我身边，我好紧张）。

韦纳认为，归因的每一维度对动机都有重要的影响。归因对学习动机的影响具体表现为以下三个方面。

第一，对成功和失败的情感反应。如果将成功归为内部因素，学生才感到自豪和满意；如果成功源于他人或外部力量，学生感到的是感激而不是自豪。相反，如果将失败归为内部因素，学生会感到自责、内疚和羞愧；如果归因为外部因素，学生则会感到生气和愤怒。

第二，对成功和失败的期望。学生将成败归因为稳定因素时，对未来结果的期待和目前的结果一致，即成功者预期以后的成功，失败者看到的是以后的失败。但如果归因为不稳定的因素，这则对以后的成败预期影响较小。

第三，所投入的努力。如果学生认为失败是因为不努力，他们以后有可能更加努力，遇到困难也能坚持；若将失败归因为缺少能力，即努力也无法取得成功，那他们就很容易放弃。

根据韦纳的归因理论，教师应当引导学生将学业成败归因为内部的、不稳定的、可控的努力。如果一个学生持有能力实体观，他在连续学业失败之后将失败归因为能力低下，这个学生有可能产生习得性无助。**习得性无助**（learned helplessness）是某种特定的学习经历导致的心理无助感，即个体感到任何努力都无法避免失败。对于习得性无助的学生，教师需要为他们设置经过努力可以实现的目标，并给他们提供适当的帮助来达到目标，对他们的成功给予鼓励，不断提高他们的自我效能感，并让他们认识到通过努力能够增强能力。

（五）自我价值导向

根据归因理论，将学业成功归因于努力和能力都是积极归因，但卡芬顿（Covington，1984）提出的自我价值论认为成功的学生多半将原因解释成自己能力的体现，因为努力人人可为，但能力唯我所有，这带给人更大的自我价值。

自我价值理论认为，接纳自我是人的最优先追求，而接纳自我的前提是认可自我价值。**自我价值**（self-worth）是指个体认为自己是优秀的、有能力的一种信念。根据这一理论，学生首先倾向于追求在学校竞争中获取成功，并将成功看作自己能力的展现而非努力的结果，如果成功难以追求就避免失败，如拒绝参加任务，贬低任务的重要性，减少努力程度或者设置虚高的目标，以便为自己的失败找到借口；如果失败难以避免就自甘失败（既不想学习也不想证明自己的能力，只想逃避一些学习任务），以维护自我价值。学生的自我价值导向可以分为掌握导向、避免失败导向和自甘失败导向三种类型。

掌握导向（mastery-oriented）的学生追求成就，持有能力增长观，倾向于设置掌握目标，努力提高自己的技能和能力。他们不担心失败，因为失败并不威胁他们对自身的能力和价值的评价。他们会给自己设置中等难度的任务，将成功主要归因于自己的努力。在竞争性任务中，他们学习速度很快，有很强的自我效能感，在活动中的唤醒水平最强。所有的这一切都导致他们最可能成功。

避免失败（failure-avoiding）导向的学生持有能力实体观，倾向于设置表现目标，为了维持良好的自我感觉，需要确保自己不失败，往往选择很容易就成功的任务。或者他们选择非常难的任务，他们觉得这样的任务几乎所有人都做不出，那就有足够的理由为自己的失败开脱。延迟、耽搁是他们自我保护的另一种策略。失败并不能表示他们无能，因为他们可以辩解说，"我一直没有在意这次考试，我只是昨天才随便复习了一下课文，我连单词都还没来得及背"。把失败归于过度焦虑是他们的一种自我保护策略。遇到没有把握的任务，他们可能会变得异常焦虑，这样万一失败，他们可以解释成是自己太焦虑所以没做好。

持有避免失败这种观念的学生每次都无法避免失败的发生，可能最终会承认自己无能，成为**自甘失败**（failure-accepting）导向的学生。他们认为自己根本无法做好任何事情，所有失败都是因为他们无能，每一次失败都只是对自己无能的再次证明。

自我价值理论启示我们，教师和学生的目标有时候会互相冲突。教师希望学生尽自己最大的努力，而学生则想尽可能证明自己的能力——可以不费吹灰之力依然遥遥领先。教师通常把学生的学业失败归因于不努力；对那些努力学习但是学业失败的学生给予最少惩罚，但这类学生在同学心目中的地位却不高。这样，努力变成了学生的一把双刃剑（Covington & Omelich，1979）：一方面，学生刻苦努力会得到教师的嘉奖，但另一方面，学生又忌讳被教师评价为刻苦努力的学生，因为那可能隐藏着一个潜台词——"笨鸟先飞"。避免失败的学生中出现了一种减少羞愧感的策略：努力，至少看起来在努力，但是不那么积极主动，更不刻苦和勤奋。为了保护学生自我价值的需要，同时促进学生努力学习，教师要合理设置任务，采取相应的措施，比如，鼓励小组合作学习，让学生有机会将学习视为集体的共同活动，将学习成绩的提高视作集体共同努力的结果而非个人能力的体现；或者采取基于学生自我比较而非他人比较的评价，促进学生产生内在动机，建立成功定向。

第三节　学习动机的情境因素

情境因素主要涉及学习任务、反馈与评价、奖励与惩罚和社会支持（如教师、家庭和同伴）等方面。

一、学习任务

（一）任务性质和难度

学习任务的性质、难度以及价值等影响学习动机的激发和学习的效果。学生完成某种学习任务，涉及相关的认知操作，如记忆、推论、分类和应用等。根据学习任务所涉及的认知操作，学习任务可以分为四类：①记忆任务，要求学生再认或回忆他们以前学过的内容，如字母匹配；②程序任务，要求学生掌握解决问题的步骤，如用"$S=a^2$"计算正方形的面积；③理解任务，要求学生将集中观念联系起来，创设某种程序或以某种方式对所学的内容进行重新组织，从而使学到的知识超越给予的信息本身；④评价任务，要求学生对内容的有效性和价值阐述个人的观点，如故事中哪个角色最聪明。

这四类任务具有不同水平的模糊性（预期答案是否明确）和风险性（可能失败的概率）。例如，评价任务模糊性高（很难预测正确答案），但风险性低（答案无所谓对错）；简单的记忆任务和程序任务模糊性低，风险性也低。但复杂的记忆任务和程序任务虽然模糊性低，但风险性高。理解任务的模糊性高，风险性也高。模糊性和风险性都高的任务会让学生觉得困难重重，甚至让他们泄气和失去兴趣，产生应付行为。适当降低任务的模糊性和风险性有利于维持学生的动机。

（二）任务价值

学习任务对学生有三种价值（Eccles，1983）：①**内在价值或兴趣价值**（intrinsic or interest value），指个体从活动本身获得的乐趣，如学习数学出自对解决数学问题的乐趣；②**成就价值**（attainment value），指在任务中表现良好的重要性，如获得高分、学分、证书；③**效用价值**（utility value），指有助于达到一个短期目标或者长期目标的价值，如学习英语可以为自己以后进入外企工作提供更大的可能性。为了促进学生了解学习任务的价值，教师在课堂教学中应更多地采用真实性的、有趣的、有意义的任务，激发他们强烈的学习动机。此外，成本也影响学生对任务的选择。**成本**（cost）是对个体选择和完成某项任务的消极影响因素。对成败的担忧、对任务所需付出的努力的计算，以及由于完成某项任务而无法做出其他选择（机会成本）等都会带来主观的任务成本，从而影响学生的行为决策。

二、反馈与评价

对学习结果的及时反馈（包括作业的正误、成绩的好坏以及应用所学知识的成效）和评价（在分数的基础上进行的等级评价）能有效激发学生的学习动机和学习积极性。

教师的反馈若想有效激励学生努力学习，必须具体、明确、及时和频繁（Hattie & Timperley，2007）。首先，反馈要具体、明确。例子如下："做得不错，我很高兴看到你查找相关资料证明自己的假设。""我喜欢这个答案，这说明你对我讲的概念进行了独立思考。""这是一篇好文章，标题非常新颖，有论点、论据和论证过程。"具体、明确的反馈不仅具有激励作用，而且给学生提供了具体的信息，使学生知道自己的行为哪些是有价值的，以后应该做什么，还有助于引导学生将成功归因于努力的学习行为。相反，如果学生只是得到笼统的表扬和高分，不仅不能从中获知应该怎么做才能获得成功，而且还有可能将成功归因于能力高或者老师喜欢我、任务简单、运气好等。反过来，教师对于错误或者失败进行具体的分析，强调作业本身而非学生的能力，有助于提高学生的学习动机水平。

其次，反馈要及时。延时反馈会降低反馈的激励价值和信息价值。一旦学生有错误，在得到反馈之前，学生可能在其他类似任务上继续犯错甚至巩固这个错误。如果教师给予及时反馈，就可以避免这种情形发生。延时反馈还可能难以使学生将行为和结果联系起来，尤其是学生在行为之后会经历其他学习，得到反馈之后还需要回想以前的作业情形，可能都不知道自己为什么得到这样一个结果。

最后，反馈要频繁。教师经常为学生提供反馈信息，可以促使学生尽力学习。教师如果不经常反馈，就指望学生持续学习数周或数月之久，显然是不现实的。频繁地给予小奖励比偶尔的大奖励更能促进学生的学习。有研究（Dempster，1991）表明，经常使用一些简短的小测验来评估学生的进步，比每隔一段较长时间进行一次题量较大的考试更有效。在课堂教学中，教师要经常提问，使学生获得与自己理解程度相符的相关信息，并且强化他们注意听讲。

教师评价要强调学习内容的价值而非分数和名次。教师越是强调分数和名次，学生就越倾向于设置表现目标，而那些觉得自己学不懂内容更没希望获得高分的学生，可能就会应付了事（Brophy，2005）。

三、奖励与惩罚

正确运用奖励与惩罚是激发学生学习动机的重要手段之一。一般来说，表扬与奖励比批评和指责更能有效地激发学生的学习动机。

教师要经常使用表扬，而且表扬的方式比次数更重要。为了使表扬有效，表扬需要具体、可信（Sutherland，Wehby & Copeland，2000）。教师要对学生的具体行为而非泛泛的良好表现进行表扬。例如，教师可以对小明说："小明，你这次解应用题用了画图的方法，很好!"而不是说："小明，你真棒!"教师还要对学生的良好表现给予真诚的表扬。有研究(Brophy,1981)表明，教师在表扬成绩差或捣乱学生的良好表现时，往往言不由衷，其言词与声调、姿势以及其他非言语线索不一致。

表扬还要遵循可获得性原则。教师要表扬学生的良好成绩和表现，而不是表扬参与的活动。只有当学生表现出比自己平生更好的水平时，教师才给予表扬，或者当学生付出努力或者成功完成相对困难的任务时给予表扬，或者当学生虽然表现不佳但有所进步时给予表扬。教师要使学生感觉到，表扬既非唾手可得，亦非难以企及。

教师要慎用惩罚，除非认为惩罚带来的收益大于带来的伤害。教师尤其要避免通过降低学习层次(如布置额外的简单重复的抄写作业)或降低地位等方式来惩罚违规的、成绩差的或成绩退步的学生。如果实在需要使用惩罚方式，教师需要注意以下事项。第一，不要公开惩罚学生。教师可以私下对学生采取惩罚措施。第二，不要在愤怒情绪之下惩罚学生，而要在双方恢复平静时进行讨论。第三，在对学生实施惩罚后重新与学生建立积极的师生关系。例如，一旦学生的行为得到改正，教师就要给予表扬，还可以给他派点"差事"或者请求他的帮助。第四，建立不同等级的惩罚，根据情境选择使用，如提醒、警告、放学后留下、通知家长等。第五，在惩罚的同时教学生解决问题的策略，确保学生下次遇到同样的问题知道怎么做。

四、家庭、教师及同伴

(一)家庭期望和教师期望

学生的学习动机与家庭对其的要求及态度有很大的关系。亚当斯等人(转引自陈琦，刘儒德，张建伟，2001)1972年对成绩优良的中学生和成绩应该优良但却很差的中学生的对比研究发现：①成绩优良的学生的父母比成绩差的学生的父母提的要求更具体明确；②成绩优良学生的父母比成绩差的父母更重视独立工作能力的培养；③成绩差的学生的父母格外关心孩子学会保护自己的权利。

教师期望是教师对自己学生未来的行为或学业成绩的推测，是建立在教师对学生现状了解的基础上的。**教师期望效应或者皮格马利翁效应**(Pygmalion effect)又叫罗森塔尔效应，指人们基于某种情境的知觉而形成的期望或预言，会使该情境产生适应这一期望或预言的效应。教师如果根据对某一学生的了解而形成一定的期望，就会使该学生的学习成绩和行为表现发生符合这一期望的变化。

教师期望效应有两类，第一类为**自我应验效应**(self-fulfilling prophecy effect)，即原先错误的期望引起把这个错误的期望变成现实的行为。默顿(Merton)是以银行破产为例提出这个理论的。他注意到有关银行破产的虚假谣言会让储户恐慌，并且蜂拥而至从银行挤兑自己的存款。银行的财政状况由此一折腾真会就此变得糟糕透顶，最终破产。以学校为例，如果某学生的父亲是著名的文学家，那这个学生的老师很自然地认为他具有成为出色的作家的潜力。假设该学生文学天赋平平，但这个老师对其满腔热情，表达对其能力的十足信心，鼓励他经常练习，常常对其作业进行额外批改，结果这种对待使他果真成为优秀的小作家。但如果老师不特别对待这位学生，结果就不会是这样的，这就可叫作自我应验效应。

第二类是**维持性期望效应**（sustaining expectation effect）。老师认为学生将维持以前的发展模式。如果老师认可这种模式，将很难注意和利用学生的潜在能力。例如，老师对学困生和优等生的不同期望，使得他很难关注学困生的进步，甚至对学困生的进步持怀疑态度，认定他是在别人的帮助下甚至是通过作弊进步的。这种维持性期望甚至拉大了优等生和学困生的差距。

（二）同伴竞争

在竞争过程中，学生的好胜动机和求胜的需要会更加强烈，学习兴趣和克服困难的毅力也会大大增强，因此，正确使用竞赛是激发学生学习动机的一种有效手段，它具有激发人的学习积极性和提高工作效果的作用。

竞赛也存在一定的消极影响。根据阿特金森的成就动机理论，成功可能性在50%时反应倾向强度最大，因此，竞赛对处于中间偏上状态的学生影响最大。因为竞赛可以使这部分人获得成功感。对无希望得名次者，竞赛不仅没有激发作用，反而有消极作用。经常性的竞赛活动还会减弱学生学习的内在动机，出现学生为竞赛得高分而学习的现象。所以竞赛作为一种激发学习动机的手段，既可起积极作用，又会产生消极影响，其作用的性质既取决于学习活动本身的特点，又取决于如何引导竞赛活动。

（三）群体目标设置

有关群体对学习动机影响的系统研究始自多伊奇（Deutsch，1949）提出的目标结构理论，它是在勒温群体动力学的基础上提出的。多伊奇认为，团体对个人达到目标的奖励方式存在差异，这将导致个体之间相互作用的方式不同。研究表明，个体相互作用的方式主要有相互对抗、相互促进和相互独立三种，与此相对应，也存在三种现实的群体目标结构：合作型、竞争型和个体化型。

表 8-2　三种不同群体目标结构的比较

	合作型	竞争型	个体化型
定义	学生认为只有他人的目标达到了，自己的目标才能一并达到。	学生认为只有他人的目标没有达到，自己的目标才可能达到。	学生认为自己的目标达到与否和他人的目标达到与否没有任何关系。
例子	排球、接力赛、话剧。	百米赛跑、班长竞选。	学习新语言、戒烟。

合作型（cooperative）目标结构中，团体成员之间有着共同的目标，只有所有成员都达到目标，个体才有可能达到目标，取得成功。个体会以一种既有利于自己成功也有利于同伴成功的方式互动，所以同伴之间是相互促进的。这种情境容易激发以社会目标为中心的动机系统。合作情境中常常出现互助行为，而且大家共同努力，每个成员都积极承担集体义务。

竞争型（competitive）目标结构中，个体成员之间的目标具有对抗性，只有其他人达不到目标，某个个体才可能达到目标，取得成功。这种情况下，个体重视取胜、成功甚于公平，所以同伴之间的关系是对抗的。它激发的是学生以表现目标为中心的动机系统。竞争情境最大的特点是能力归因，它激发学生用社会标准和他人进行比较。在这种情况下，唯独最有能力、最有自信的学生的学习动机得以激发，而能力较低的学生明显感到自己注定失败，他们通常回避这种情境。最后的结果是，竞争获胜者夸大自己的能力，而失败者认为自己天生无能。

个体化型(individualistic)目标结构中，个体是否成功与团体中的其他成员是否达到目标没有关系，个体注重的是自己任务的完成情况和自身的进步幅度，所以同伴之间的关系是相互独立、互不干涉的。这种情况激发的是学生以掌握目标为中心的动机系统。个体将成功归因于自己的努力，注重自己和自己比，即使失败，也不否定自己的能力和水平。

思考题

1. 列举学生学习的各种原因，并利用内部动机与外部动机分析学生某一学习活动的动机来源。

2. 比较不同取向的动机理论的差异。

3. 马斯洛对缺失需要和成长需要的区分对教育有何意义？

4. 焦虑对学生的学习会产生什么影响？如何有效地降低学生的焦虑水平？

5. 不同的归因对学生的学习有什么影响？如何指导学生进行积极归因？

6. 影响自我效能感的因素有哪些？自我效能感与自尊、自我概念是什么关系？

7. 分析不同目标定向的学生的差异。

8. 教师的期望效应有哪两种？教师的期望可以从哪些方面进行传递？

9. 学习任务的哪些方面将影响学生学习动机的激发？

10. 激发一个学生的学习动机，可以从哪些角度进行综合考虑？

推荐阅读

陈琦，刘儒德．当代教育心理学(第 3 版)．北京：北京师范大学出版社，2019．第八章

[美]戴尔·H. 申克．学习理论．韦小满，等，译．江苏：江苏教育出版社，2003．

[美]罗伯特·斯莱文．教育心理学：理论与实践(第 10 版)．吕红梅，姚梅林，等，译．北京：人民邮电出版社，2016．第十章

[美]安妮塔·伍尔福克．教育心理学(第 12 版)．伍新春，等，译．北京：中国人民大学出版社，2015．第十二章

第九章

知识的学习

在学校教育中，知识是学生学习的最基本内容。通过知识的学习，学生获得了自身生存和发展所需要的各种经验，并在这一过程中逐渐形成了各种态度和能力。如何使学生形成深层的、灵活的、有用的知识，如何提高知识获得的效率并增强其效果，应该成为教学活动的中心课题。

本章要点

- ● 知识获得
- ○ 陈述性知识与程序性知识
- ○ 知识的表征
- ○ 概念的学习
- ● 错误概念的转变
- ○ 错误概念及其性质
- ○ 概念转变及其过程
- ○ 概念转变的条件
- ○ 为概念转变而教
- ● 学习迁移
- ○ 迁移及其分类
- ○ 迁移的理论与研究
- ○ 为迁移而教

第一节　知识获得

知识是人们对实践经验或实践活动的认知成果。在教育领域中，各门学科所涉及的知识基本是该学科中较为确定、接近共识的内容，是人类积累下来的较为可靠的经验体系。在教学中，教师需要注意知识在学生头脑中的状态，从而采取相应的策略实现教学目标。

一、陈述性知识与程序性知识

安德森（Anderson，1983）从信息加工的角度，把知识分为陈述性知识和程序性知识。**陈述性知识**（declarative knowledge）是关于"是什么"的知识，是对事实、定义、规则和原理等的描述。**程序性知识**（procedural knowledge）则是关于"怎么做"的知识，如怎样进行推理、决策或者解决某类问题等。陈述性知识容易被人意识到，而且人能够明确地用词汇或者其他符号将其系统地表述出来。例如，中学生可以说出功的计算公式"$W = FS$"。而程序性知识体现在实际活动中，至于个体到底有没有程序性知识不是通过他的回忆而是通过他的活动判断的。同样对知识"功"，学生不仅可以说出功的计算公式，而且可以根据公式对所接受的信息进行加工变换，用公式来解决有关的问题。例如，如果他知道了力的大小为 5 牛顿，物体在力的方向上通过的距离为 10 米，他就可以计算出功的值为 50 焦耳，这就意味着他具有了这方面的程序性知识。程序性知识是与一定的问题相联系的，在一定的问题情境面前，它会被激活，而后被执行，这一过程几乎是自动进行的，不需要太多的意识。

陈述性知识和程序性知识在实际的学习和问题解决活动中是相互联系的（Gagné et al.，1933）。在实际活动中，陈述性知识常常可以为执行某个实际操作程序提供必要的信息。例如，当壶里的水烧开了的时候，我们会把火关掉，而水是否已经烧开了呢？这就需要陈述性知识来提供信息。反过来，程序性知识的掌握也会促进陈述性知识的深化。例如，乘法交换律就是一种陈述性知识，学生学会之后利用它解题的步骤，就涉及程序性知识。另外，掌握记笔记、阅读等程序性知识对学习陈述性知识也具有很重要的意义。

梅耶（Mayer，1987）在安德森的基础上，将陈述性知识称为语义知识，并将程序性知识分为两类：用于具体情境的程序性知识和有关学习、记忆、问题解决的一般方法的**条件性知识**（conditional knowledge）。后者用来确定何时、为何要应用陈述性知识和程序性知识，解决的是"什么时候、为什么"的问题。例如，在阅读时，条件性知识决定我们何时需要详细阅读某一段落或者跳过。条件性知识与陈述性知识、程序性知识密切相关。条件性知识实质是"有关……的知识"，同时属于程序性知识。

这里有两点值得注意。第一，这里所说的知识是一种广义的知识，它已不简单是人们对各种事物的了解，而且包含了运用知识解决问题的技能（皮连生，1996）。第二，陈述性知识和程序性知识不是对客观知识的划分，而是对人的头脑内的个体知识的分类。同样是学习一个知识点，学生既可以形成关于它的陈述性知识，也可以形成关于它的程序性知识。例如，中学生学习摩擦力的知识时，他们可以了解哪些因素在影响摩擦力的大小，如表面的光滑程度、接触面的大小等，这就成为学生的陈述性知识。在此基础上，学生还可以用这种知识来解决实际问题。例如，为了让自行车骑着省力，它的车轴应该怎样设计？即怎样减小摩擦力？学生便可以从这些影响摩擦力的因素出发分析这个问题，这就是程序性知识。因此，我们一般不能说课本里的某个知识点属于陈述性知识还是程序性知识，因为这个标准是针对学习的结果而言的，是对个体头脑中的知识状态的分类，而不是对课本中的知识的划分。

学生的学习常常从陈述性知识的获得开始，而后进一步加工消化，使知识成为可以灵活、熟练应用的程序性知识。个体把陈述性知识与具体的任务目标联系起来，在解决问题的过程中，把陈述性知识转化成程序性知识。安德森等人（Anderson et al.，1995）把这一过程称为知识编辑（knowledge compilation）。值得注意的是，程序性知识并不都是高级的，如拿杯子喝水就很简单。

陈述性知识与程序性知识的学习过程有所不同。陈述性知识的学习要经历以下步骤：理解符号代表的意义，建立符号与事物之间的等值关系；对事实进行归类，掌握同类事物的关键特征；理解概念、事实之间的关系等（邵瑞珍，1997）。而程序性知识的学习在此基础上，还主要包括两个相互联系的部分。①**模式识别**（pattern-recognition），是指将输入的刺激（模式）的信息与长时记忆中有关的信息进行匹配，从而辨认出该刺激属于什么范畴的过程。和陈述性知识的学习一样，模式识别一般通过概括和区分的方法来完成，做到准确把握产生式的条件项。②**动作序列**（action-sequence）是指顺利执行、完成一项活动的一系列操作序列，对动作进行排序。这个部分的重点是形成清晰的产生式，并对产生式进行综合。总之，不管是模式识别还是把动作序列，都需要接触大量的练习和反馈，从而实现熟悉和自动化。

二、知识的表征

知识的表征（knowledge representation）是指知识在头脑中的表示形式和组织结构。知识是通过个体与信息甚至是与整个情境相互作用而获得的。个体一旦获得知识，就会在头脑中用某种形式和方式来代表其意义，把它储存起来。例如，我们用"狗"这个词来代表一类擅长跑、嗅觉灵敏的动物，但有时说起狗，我们头脑中就会浮现出狗的形象。在这里我们用概念或表象来表征知识。不同类型的知识在头脑中以不同的方式表征。例如，陈述性知识以概念、命题、命题网络、表象或图式表征，而程序性知识主要以产生式表征，有时也可能用图式表征。

（一）概念

概念（concept）代表着事物的基本属性和基本特征，是一种简单的表征形式。比如，"眼镜"就包含了这样一些特征：有两个圆镜片，有两条眼镜腿，用来矫正视力，等等。特征本身又分为直觉特征（如颜色）、功能特征（如用于凿洞）、关系特征（如表弟是某人的姨的孩子）等。不同概念在头脑中是互相联系的，又具有一定的层次关系，因此它们就构成了概念层次网络组织。

（二）命题和命题网络

命题（proposition）是意义或观念的最小单元，用于表述一个事实或描述一种状态，通常由一组关系和一个以上的论题组成，其中关系限制论题。例如，在"电脑坏了"这一命题中，"电脑"是命题谈及的话题，即论题，而"坏了"则是这一命题的关系，它对我们所知道的有关电脑的全部情况做了限制，使得我们只注意到电脑坏了这一论题，而不关注有关电脑的其他情况。

命题用句子来表达，但是命题不等于句子，一个句子可以包含一个或多个命题。例如，"爱华正在听着古典音乐"这一句子包含了两个基本命题："爱华正在听音乐""音乐是古典的"。句子代表着交流观念的方式，而命题代表着观念本身。个体使用命题（句子的意思）而不是句子（确切的词语）将观念储存在头脑中。

命题之间如果具有相互关系，则可以构成**命题网络**（propositional network）。两个或多个命题常常因为有某个共同的成分而相互联系在一起，从而构成了命题网络，或称为语义网络。命题按层次网络结构储存。相互有联系的信息组成网络。在图 9-1 中，动物之间的分类知识就呈现出网络层级结构。例如，"金丝雀"与其他"鸟"所共同的特征（"有翅膀""能飞""有羽毛"）储存在上位"鸟"概念中，而不是与"金丝雀"或其他任何一种"鸟"一起储存的。"金丝雀"水平虽不储存"鸟"的那些特征，但有连线与之相通，仍可得到"鸟"的特征。由于上位概念的特征只出现一次，无须在其他所有的下位概念中再储存，这样的分级表征可以大大节省储存空间，体现出"认知经济"原则，因而学习成效可以大为提高。命题和命题网络是陈述性知识的主要表征方式。

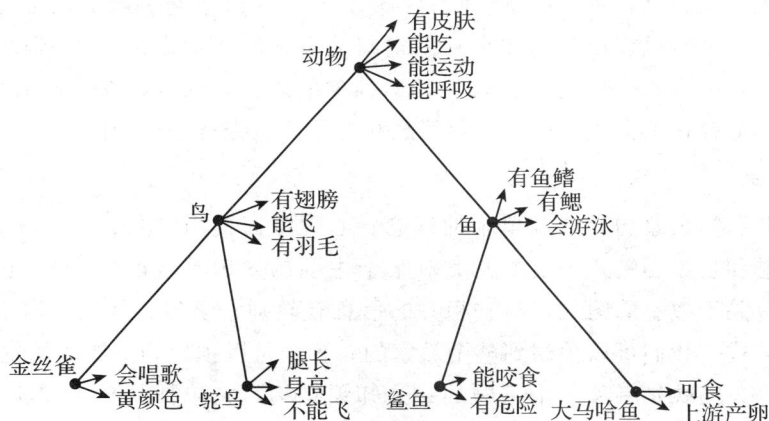

图 9-1　命题网络

（资料来源：Collins & Quillian，1969）

一些研究表明，信息并非总是有层次的，所以概念是层次组的观点也发生了一定变化。例如，老虎在动物概念的层次结构中更接近哺乳动物而不是兽，但是人们一般却倾向于把老虎看作兽，而不是哺乳动物。熟悉的信息可能既储存在它的概念中，又储存在最概括的水平上（Anderson，1990）。如果一个人经常喂鱼吃东西，那他可能会把"吃东西"既和"动物"储存在一起，又和"鱼类"储存在一起。这样的结构并没有动摇命题是有组织的、相互联系的核心思想。虽然有些知识可能是按照层次结构来储存的，但有些信息可能没有按照系统的方式来组织。

（三）表象

表象（image）是人们头脑中形成的与现实世界的情境相类似的心理图像。加涅的女儿认为，表象是对事物的物理特征做出连续保留的一种知识形式，是人们保存情景信息与形象信息的一种重要方式。我们形成表象时，总是试图回忆起或者重新建构信息的自然属性和空间结构。例如，判断"大象比狮子大"时，我们可能不假思索地说对，但是回顾做出判断的过程，我们就会发现，在这个短短的时间里，我们头脑中也出现了大象和狮子的模样，并在头脑中将这两个表象进行了比较，好像看到了这两种动物一样。又如，表达"书在桌上"时，我们可能在头脑中想象出一幅熟悉的画面，即用表象的形式来表达。当然这个句子也可以用命题的形式来表征，如图9-2所示。

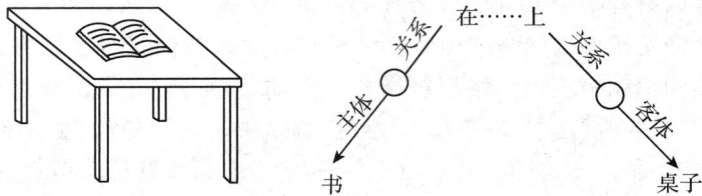

图9-2　命题与表象表征的比较

（资料来源：Gagné et al.，1993）

图中表象表征为书、桌子以及它们的相对大小的三维空间关系提供了明确的信息；命题网络表征，虽然也表示了书和桌子的空间关系，但并不提供有关书和桌子相对大小方面的信息。因此，命题是一种断续的、抽象的表征，而表象是一种连续的、模拟的表征，特别适合在工作记忆中对空间信息和视觉信息进行某种经济的表征。

（四）图式

前述的命题和表象均只涉及单个的观念。心理学家提出"图式"这一术语，用来组合概念、命题和表象。图式表征了人类对某个主题的知识具有的综合性质。比如，教师在头脑中有关于教室的图式，与它相关的信息有教师、学生、黑板、课桌、讲台等。记住这样的图式，我们可以预想到整个教室的布置，可以预想到上课时的情境。

一般认为，**图式**是有关某个主题的一个知识结构，它包括与某主题相关的一套相互联系的基本概念，构成了感知、理解外界信息的框架结构。例如，一提起房子，我们可能知道这样一些事情。

房子是一种建筑物。

房子里有房间。

房子可以用木头、砖头或石头来建造。

房子可以供人居住。

房子通常有方形、三角形和圆柱形。

房子的面积大小不等。

像这样，图式表征了特殊事物间的相同点。这种相同点既可以是抽象命题水平的，也可以是知觉性质的。例如，"房子"这个图式，既包含了房子是一种建筑物的抽象特征，也包含了房子的材料和形状等知觉特征。

图式具有多种不同的分类，如物体图式（如杯子的图式）、事件图式（如脚本）、动

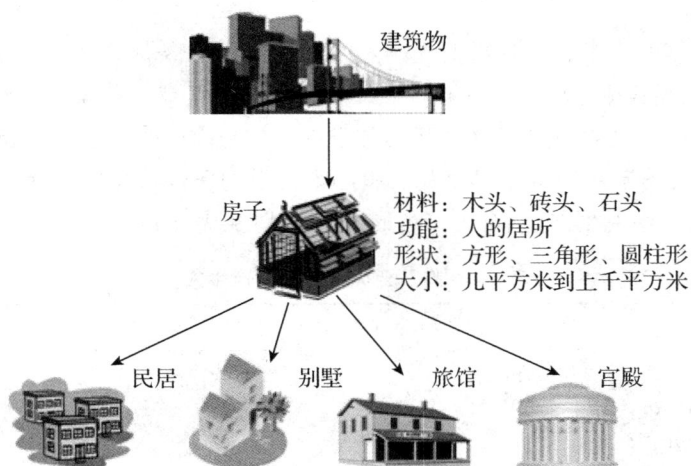

图 9-3 有关房子的图式

作图式(如骑自行车的图式)等。**脚本**(script)即各事件发生的过程及其各过程间的关系的图式。3 岁的幼儿就已经有了关于熟悉事件的脚本。图 9-4 就是一个幼儿园幼儿关于"午饭"的脚本。

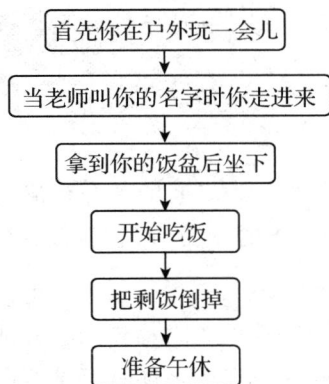

图 9-4 "午饭"脚本图式

(资料来源：Berk，1991)

故事语法是一种典型的图式结构，一般称为文本或故事结构的图式，可以帮助学生理解和记忆故事(Gagné et al.，1993)，适用于许多具体的故事。例如，故事的六要素，即时间、人物、事件、起因、经过、结果就是一种故事语法。理解故事时，我们选择合适的图式，再据此决定哪些细节更重要，选择记忆哪些信息。图式起到指导我们理解文本的作用。

（五）产生式

我们的日常活动通常包含一些决策。比如，如果口渴，我们就找水喝；如果学习累了，我们就听听音乐调节一下；考试中如果不知道某道题的答案，我们就先放下它做下面的题……

做出这些决策时，我们通常需要先确定当时的情境和条件，然后采取相应的行动。**产生式**（production rule）包含了"如果某种条件满足，那么就执行某种动作"的知识，它表明了所要进行的活动以及进行这种活动的条件。它与前面的概念和命题网络的表征方式不同，它具有自动激活的特点，即一旦满足了特定的条件，相应的活动就会进行，常常不太需要明确的意识，如鉴别全等三角形的产生式（见表 9-1）。

表 9-1　鉴别全等三角形的产生式

鉴别全等三角形的产生式	
如果	已知两个三角形△ABC 和△$A'B'C'$，
	且边 AB＝边 $A'B'$，
	边 AC＝边 $A'C'$，
	角 A＝角 A'，
则	识别这两个三角形全等。

而且一个产生式的结果可以作为另一个产生式的条件，从而引发其他的行动。这样，众多的产生式联系在一起，就构成了复杂的产生式系统。同时它还是程序性知识的主要表征方式。程序性知识在获得之初是以命题网络的形式表征的，在变式练习的条件下，就转化为产生式的表征方式。一旦条件满足，行为自动激活。这就解释了熟练技能自动执行的心理机制。

三、概念的学习

我们对世界的认识是由概念及概念之间的关系构成的，所以我们必须要掌握什么是概念、概念的关系（原理），了解概念和原理的学习规律。

（一）概念的结构

概念就是代表一类享有共同特性的人、物体、事件或观念的符号。例如，"学生"就是一个概念，"学生"这个词表示许许多多都具有某些共同属性的一类人——所有学习某一课程的人。他们可能是老的、少的、校内的或校外的。他们可能学习计算机或跳交谊舞，但他们统属于学生。概念所反映的不是一类事物的某一具体特征，而是一类事物所共有的本质特征。

关于概念的结构，目前心理学主要有两种理论：特征表理论和原型理论。**特征表理论**（feature list theory）认为概念是由定义特征和概念规则两个因素构成的。定义特征是概念的实例共同具有的特征。概念规则是指一些定义特征之间的关系或整合这些定义特征的规则。概念规则有肯定（如正义战争）、否定（如非正义战争）、合取（如毛笔）、析取（如侵权行为）、关系（如夫妻）等。特征表理论能解释具有明确定义特征的概念，如物理中力的概念。有些概念的定义特征难以确定，如聚会，但是我们确实知道聚会是什么样的。这是因为我们头脑中存有"聚会"的原型。**原型理论**（prototype theory）认为，概念是由原型和与原型有相似性的成员构成的。**原型**（prototype），就是某一类别的最佳实例。而类别成员代表性的程度，就是其他实例偏离原型的容许距离。

概念一般由名称、定义、例证和属性组成（见表 9-2）。

表 9-2　概念结构分析

名称	定义	正例	反例	属性
岛屿	一种被水包围的陆地，不像大洲那样大	夏威夷群岛 古巴岛	佛罗里达半岛 澳大利亚	①陆地（非大洲） ②水 ③水包围着陆地
湖	一种被陆地包围的水，主体部分在内陆中	密歇根湖 太湖 青海湖	尼罗河 黄河 池塘	①主体部分是水 ②有陆地 ③水被陆地包围着
半岛	陆地部分或者几乎全部被水包围，但还是与大陆有陆地联系	意大利半岛 佛罗里达半岛 山东半岛	夏威夷群岛 亚洲	①陆地与大陆相连 ②有水 ③几乎所有的陆地都被水包围着

（资料来源：Arends，2004）

（二）概念的获得

概念的获得，实质上就是要理解一类事物共同的关键属性，也就是说，使符号代表一类事物而不是特殊的事物。学生获得概念的两种基本形式是概念形成和概念同化。

概念形成（concept formation）是指这样一种概念获得的方式：学生从大量同类事物的不同例证中独立发现同类事物的关键特征。如果学生能够正确地识别出某个概念的一个例子，我们就给予强化，告诉他这是对的；如果学生对刺激识别错了，则告诉他错了。通过一系列尝试，正确的反应与适当的刺激就联结起来了，因而学生的概念也就形成了。对于学生来说，概念形成是概念获得的典型方式。尤其是对于幼儿而言，他们通过概念形成的方式来获得概念，主要是因为他们已有的知识都比较具体而贫乏，并且他们理解能力有限。例如，成人在使用"叔叔"这一术语时，一般指任何人的父亲的弟弟，也泛指比父亲小的任何成年男子。假定我们把"叔叔"的定义就这样告诉幼儿，他们或许凭机械记忆的能力能记住这些词句，但是他们能否获得"叔叔"这个词的概念意义呢？由于幼儿认知结构中的"父亲""弟弟""任何人"这些词并不代表概念，只代表个别的人；同时，他们也不知道这些词在上述"叔叔"定义句子中的句法功能，因此幼儿不能用定义的方式学习"叔叔"这个概念。所以幼儿只能从大量的例子出发，从他们实际经验的概念的肯定例证中，以归纳的方式抽取出一类事物的共同属性，从而获得某些初级概念。

概念同化（concept assimilation）是这样一种概念获得方式：教师利用学生认知结构中原有的概念，以定义的方式直接向学生提示概念的关键特征。在学校教学中，学生概念的学习都是以已有的知识经验为基础来进行的。在这一过程中，认知结构中的原有概念可以为一个新概念的吸收提供一个固定点。当学生在已有的概念和新概念之间建立起一种实质的、非人为的联系以后，学生就会获得新概念的具体意义。

(三)概念学习的方式

与概念形成和概念同化两种概念获得形式相对应的是两种概念的教学方法。

1. 例子—规则—例子

这种方法是先从例子开始的，再根据概念的特征，不断修正和推导出合适的概念，最后再呈现相关的例子，对概念加以巩固。这种方法能帮助学生建构对特殊概念的理解，同时发展学生的实际思维技能，如检验假设的能力。

在教学中，例子—规则—例子的方式可能更符合学生的学习需求。教师可以先呈现一个概念的正例和反例，让学生来提出假设，猜猜概念是什么。通过教师不断提供正反例，学生对这个概念的特征把握得越来越精确，最后自己建构出新概念。

首先，教师在讨论概念的定义前非常有效地区分了正例和反例。正例给出了概念的外延范围，传递的信息最有利于概括。为了便于学生从例子中概括出共同的特征，正例还包括了许多无关因素，这些无关因素能防止学生出现**概括不足**（undergeneralization）的情况，防止学生把属于这个概念本身的成员排除在外。反例与概念本身显著相关，只是少了一个或者几个关键特征，它能防止学生出现**过度概括**（overgeneralization）的情况，防止学生把不属于概念本身的成员包含进来。反例传递的信息最有利于辨别，有助于加深学生对概念本质的认识。反例的适当运用，可以排除概念学习中无关特征的干扰。

2. 规则—例子—规则

这种方法是先给学生一个定义，接着呈现几个正例（反例），然后分析这些例子是如何代表这一定义的。学校教授概念常常采用这种方式。例如，教"学习"这一概念时，教师先给出一个定义"学习是个体在特定情境下由于练习或反复经验而产生的行为或行为潜能的比较持久的变化"，然后分析该定义的主要特征，举出正例及其变式。变式指概念的正例在无关特征方面的变化。这种方法的效率比较高，比较适合高年级或者有了一定的基础概念的学生，但这种方法存在一定的局限性，即它更多地关注了概念的定义特征，而忽略了学生已知的范例，可能导致学生对概念的加工应用不够。

第二节　错误概念的转变

学生并不是空着脑袋进入教室的。在日常生活和以往的学习中，他们形成了大量的知识经验，其中有些观念是与科学知识相一致的，可以作为新知识的起点（生长点），但也有很多经验是与当前的科学理论相悖的，这就是**错误概念**（misconception），或称为**另类概念**（alternative conception）。

一、错误概念及其性质

学生的头脑里存在大量的错误概念，这些错误概念涵盖自然科学的方方面面。众多心理学家对此进行过相关的研究证明。奥斯本和维特罗克（Osborne & Wittrock,

1985)对小学生在科学概念(如电流)学习中常常遇到困难的原因做了研究。他们研究了美国、英国、澳大利亚和新西兰等地的儿童。在由电池、灯泡和连接电池与灯泡的两根导线构成的简单的电路中(见图9-5),直流电的流动方式是怎样的?这些儿童对此问题有三种看法:大约1/3的儿童认为,电流只是从电池流到灯泡,而另一根导线是为了排泄残余物,或为了保证安全。另有1/3的儿童认为电路中有两股电流,分别从电池的两端出发,直接流到灯泡,而这两股电流的接触会使灯泡发光。最后,还有1/3的儿童的观点是与物理学家一致的,他们认为直流电始终沿着一个方向流动,从电池的一极到灯泡,再回到电池的另一极,且在整个电路中电流强度都是一样的。

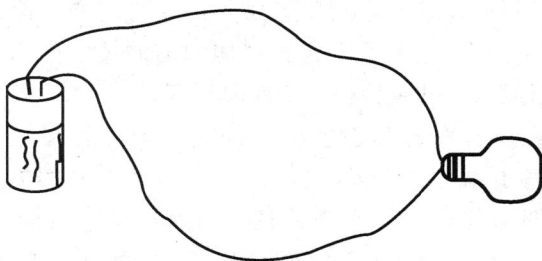

图9-5　直流电流动的方向

对于持前两种观点的儿童,研究者在电路中接上一个安培表,让他们看到电流并不是像他们所说的那样流动的。这时,这些儿童用下面的方式对这一结果做了特别的解释:"哦,可能在学校中不是,但如果你跟我回家(到学校之外的真实世界中),你会看到电流是按照我说的那种方式流动的。"当研究者把电路和安培表带到他的家中,重复演示时,这个儿童常常会说:"这是你的安培表,你的电池、灯泡和导线。"儿童再次从演示中做出了这样的推理:教师操纵的环境和学科知识是不真实的,它只是纯学术的,不能代表真实世界中发生的事情。当这些事实资料不支持他们的观点时,他们常常怀疑这些事实资料,以避免冲突,保留自己的观点。

错误概念不简单是理解偏差或遗忘而造成的错误,它们常常与儿童的日常直觉经验联系在一起,植根于一个与科学理论不相容的概念体系。很多时候,这些错误概念常常恰好是以前科学界所主张的观点,如"太阳围着地球转""重的物体更快落地"等。有研究者(Vosniadou & Brewer, 1992)通过访谈研究了儿童关于地球的理解,发现儿童的一些本体论的、认识论的基本信念会影响到他们对于地球形状的具体理解。例如,儿童通常有这样的假设:空间是有上下之分的,没有东西支持的物体将会落下去。这些基本观念使儿童无法相信地球是球形的,因为如果是那样的话,住在地球下方和两侧的人岂不要掉下去?此外,他们还研究了儿童对昼夜交替的理解,也发现了相关观念的制约作用(Vosniadou & Brewer, 1994)。如果一个儿童把大地看成是平的而不是球形的,那他便很难相信昼夜更替是地球的自转造成的。因此,在教学中,教师简单告诉学生什么是正确的并不能"换掉"他们的错误观念,而是必须看到这些观念与整个认知结构的密切联系。

二、概念转变及其过程

在与外界的相互作用过程中，个体常常会遇到已有经验无法解释的新现象、新观点。面对新旧经验的不一致，个体会体验到一种冲突。为了解决冲突，个体可能对原来的观念进行调整、改造，使其顺应新情境。**概念转变**（conceptual change）就是认知冲突的引发和解决的过程，是个体原有的某种知识经验由于受到与此不一致的新经验的影响而发生的重大改变（张建伟，1998）。错误概念的转变是新旧知识经验相互作用的集中体现，是新经验对已有经验的影响和改造。需要说明的一点是，这里的"概念"与心理学一般的狭义定义不同，并非心理学通常用的狭义定义，而是指与某个概念相关的所有知识，例如，"中国人"这一概念包含个体知道的关于中国人的所有知识，如中国人的文化历史、民俗风情、外貌特征、个性品质等。

认知冲突是指人在原有观念与新经验之间出现对立性矛盾时而感受到的疑惑、紧张等不适的状态。基于原有的知识经验，人可以对行为的结果做出预期，而行为的实际结果与人的预期却往往并不完全一致。面对出乎意料的情境，人就会产生认知冲突。例如，小学生学完自然数后知道 4 比 2 大，在最初学习分数时，可能会有 1/4 比 1/2 大的错误概念。可是当他发现 1/2 的西瓜比 1/4 的西瓜大一倍时，他就产生了认知冲突。

人不愿忍受认知冲突的压力，所以将努力解决冲突以建立新的平衡。解决认知冲突有不同的途径。胡森（Hewson，1981）分析了在原有概念 C 遇到新概念 C′ 时，个体处理新概念的方式主要有两种。①径直地或者在经过认真分析之后拒绝新概念。②通过三种可能的方式纳入新概念：一是机械记忆；二是概念更换，以新概念代替旧概念，并与其他观念相协调；三是概念获取，将新概念 C′ 与包括概念 C 在内的原有概念一起重新进行加工和整合，这意味着个体在原有知识背景中去理解新概念，新旧概念并不完全对立。

还有研究发现，在个体面对新旧概念的对立性冲突时，概念有时会发生整体性转变，所以有人（Vosniadou，1994）又将概念转变称为"原理转变"（principle change）或"信念转变"（belief change）。但有时这种转变是渐进式的。学生在建构新概念的同时往往还在继续使用原来的旧概念，并不完全如胡森所说的那样简单明了。

三、概念转变的条件

波斯纳等人（Posner et al.，1982）等提出，学生原来的概念要发生转变（顺应）需要满足四个条件（见图 9-6）。

第一，学生对原有概念的不满。只有当学生发现自己相信的概念已经不起作用时，他们才会愿意去改变这种概念。根本的概念转变发生之前，学生往往已经积累了很多没有解决的疑惑和认知冲突，已经对用现有的概念来解决这些问题失去了信心。让学生看到原有概念所无法解释的事实（反例），从而引发他们的认知冲突，可以有效地使他们对原有概念表示不满。

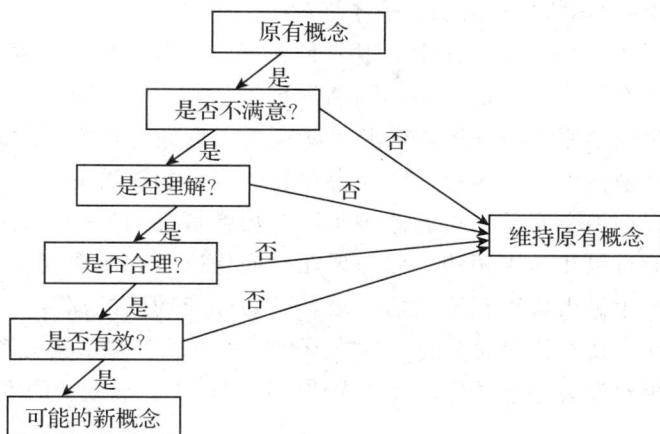

图 9-6　概念转变模型

第二，新概念的可理解性。学生需懂得新概念的真正含义，而不仅仅是字面的理解。他需要对新概念形成整体的理解和深层的表征。

第三，新概念的合理性。学生感到新概念看起来是合理的，这意味着新概念与个体所接受的其他概念、信念是相互一致的，不存在什么冲突，也就是说，它们可以一起被重新整合。这种一致包括新概念与原有认识论信念一致，与其他相关理论、知识一致，与实际经验一致，与直觉印象一致，等等。学生看到了新概念的合理性，意味着他相信新概念是对的。

第四，新概念的有效性。学生还需要看到新概念对自己的价值：它能解决用其他概念难以解决的问题，并且能向个体展示出新的可能和方向，具有启发意义。有效性意味着个体把新概念看作解释某种问题更好的途径。

概念的可理解性、合理性、有效性之间密切相关，其严格程度逐级上升。人对概念有一定的认识是看到概念的合理性的前提，而看到概念的合理性又是意识到概念的有效性的前提。这里应注意，上述三个条件不是新概念实际上如何，而是学生自己所看到、所意识到的可理解性、合理性和有效性，是个体对新旧经验整合过程的自我意识。

四、为概念转变而教

概念转变研究对教学具有很重要的启发意义。首先，学习是新旧经验相互作用的过程，它不仅包括学生以原有知识为背景来获得新知识，同时还包括在新知识（新经验）的作用下调整原有的知识。学习不仅意味着新知识的获得，同时还意味着原有知识的改变。其次，知识的学习不仅要解决"知"与"不知"的问题，而且要解决"信"与"不信"的问题。在学习过程中，学生要主动对概念（观点）的合理性、有效性进行鉴别分析。在教学中，教师不仅要用学生能理解的词语清楚地把学科内容呈现给学生，不只是呈现科学家对问题完好的解释，也不只是用仪器来直接演示教学内容。教学首先需要探明学生原有的日常概念和相关的知识、信念，并用一定的策略促进错误概念的转变，而不是仅仅告诉学生："你的想法错了……才是对的。"

为了促进错误概念的转变，教学一般要包括三个环节：第一，揭示、洞察学生原有的概念；第二，在学生积极的推理、预测等思维活动中引发认知冲突；第三，通过讨论分析，使学生调整原来的看法，或形成新概念。例如，在学"浮力"时，很多学生认为，完全浸没在液体中的物体所受的浮力和物体浸没的深度有关。为了转变这一错误观念，教师可以用一个实验来检验这种想法：用弹簧秤钩住一个钩码，浸没在盛有水的烧杯中，这时可以让学生预测：假如现在改变钩码所在的深度，弹簧秤的示数会有什么变化。在学生做出各种预测之后，教师开始改变钩码的深度，结果发现弹簧秤的示数并没有变化。持有错误观念的学生看到这种对立的事实，就会产生认知冲突感，从而通过实验结果对浮力进行讨论，转变先前的错误认识，形成新的观念。

第三节　学习迁移

迁移在学校教育教学中无所不在，尤其与培养学生的解决问题能力和创造性密切相关。教师不可能教给学生未来一生所需的各种知识和技能。教学的重要目的就是促进学生能够将习得的有限的知识和技能迁移到无限的学习、生活和工作之中。认清迁移的实质和规律对教材的选择和编写、教学方法的选择以及教学过程的组织都有重要的实践意义和理论意义。

一、迁移及其分类

（一）学习迁移

迁移（transfer）是一种学习对于另一种学习的影响。如果学生在数学课上学习了一个原理，在物理课上用这个原理解决了一个问题，就发生了学习迁移。学生在学校中学得的一些基本技能，如阅读、写作、计算、合作和演讲，都可以迁移到校内其他学习和校外相关工作之中，如阅读说明书、写求职信、支付账单等。

不同的内容领域都存在学习迁移。迁移可以发生在知识和动作技能的学习中，也可以发生在情感和态度的学习和形成中。例如，学生学习了数学的基础知识，有助于对物理学和化学中的一些数量关系和方程式的理解，这属于知识和理解的迁移；学会弹钢琴有利于学习弹手风琴，这属于动作技能的迁移。在某一学科中，教师对作业的卷面要求严格，要求必须整洁有条理，这也许能培养学生在一生中许多方面都严格要求自己的态度和习惯，这属于习惯、态度和情感领域的学习迁移。

（二）学习迁移分类

学习迁移可以从不同的角度进行分类。

1. 正迁移与负迁移

正迁移（positive transfer）是一种学习对另一种学习的积极影响。这种积极影响可能是一种学习导致另一种学习所需时间或练习的次数减少、深度增加或单位时间内的学习量增加，或者顺利地解决了有关问题等。例如，学会一种外语，有助于学习同一语系的第二、第三种外语。

负迁移（negative transfer）是一种学习对另一种学习的消极影响。这种消极影响可能是一种学习所形成的心理状态，如反应定势（response set）等，对另一种学习的效率或准确性产生了消极影响（转引自潘菽，1980），或者使另一种学习所需的时间或练习的次数增加，或者阻碍另一种学习的顺利进行、知识的正确掌握等。例如，先前获得的日常概念可能会妨碍科学概念的获得；会骑自行车的人学骑摩托车比较容易，但学骑三轮车会更困难。

2．顺向迁移与逆向迁移

先前的学习对后来的学习的影响称为**顺向迁移**（forward transfer）。例如，学生利用原有的知识或技能获得了新知识或解决了新问题。后来的学习对先前的学习的影响称为**逆向迁移**（backward transfer）。例如，学生学习新知识或解决新问题带来对原有知识的补充、改组或修正。

3．特殊迁移与非特殊迁移

特殊迁移（special transfer）是某一领域或课题的学习直接对另一领域或课题的学习所产生的影响。例如，学生利用所学的加减法以及四则运算的知识去学习代数或解决实际生活中的运算问题。而**非特殊迁移**（nonspecial transfer）则是指迁移产生的原因还不明确，既可能是原理原则的迁移，也可能是态度的迁移。这样产生的迁移可能是由动机、注意等因素引起的，也可能是由学习的其他准备活动或学习方法、学习策略引起的。布鲁纳非常重视非特殊迁移，认为一般的技巧、策略和方法有广泛迁移的可能性。

4．近迁移与远迁移

近迁移（near transfer）是指个体将所学的经验迁移到与原来的学习情境比较相似的情境中。**远迁移**（far transfer）是指个体将所学的经验迁移到与原来的学习情境极不相似的其他情境中。例如，学生学习解决有关汽车的路程问题的应用题后，能够利用时间、速度和路程之间的关系解决乘坐飞机、轮船或者步行等情境下的路程问题，属于近迁移；如果学生能够利用这种三量关系解决工程问题（这种问题隐含着天数、每天完成的工作量与总工作量之间的关系）的应用题，就属于远迁移。

5．低通路迁移与高通路迁移

依据迁移发生的自动化程度，我们可以将迁移分为**低通路迁移**（low-road transfer）和**高通路迁移**（high-road transfer）。低通路迁移是指反复练习的技能自动化的迁移，如驾驶不同类型的汽车；高通路迁移是指有意识地将在某一情境下习得的抽象知识运用到新的情境中，如利用做笔记策略来阅读文章。

二、迁移的理论与研究

自从有了学习活动，学习迁移的现象就一直为人们所关注，但人们在理论上对迁移进行系统的解释和研究却仅仅始于 18 世纪中叶。这之后，不同的研究者从不同的理论基础和哲学基础出发对迁移发生的原因、过程以及影响因素等方面进行研究和解释，形成了众多有关迁移的理论和解释。

（一）经典迁移理论

1. 形式训练说

形式训练说（formal discipline theory）源于古希腊古罗马，形成于 17 世纪，兴盛于 18、19 世纪，它是以官能心理学（faculty psychology）为理论基础的。官能心理学认为，人的心智（mind）是由许多不同的官能（faculties）组成的，这些官能包括注意、意志、记忆、知觉、想象、推断、判断等。这些官能是一个一个的实体，可以像训练肌肉一样通过练习而增加力量。例如，记忆的官能通过记忆的训练得到增强，推理和想象的官能则通过推理和想象的训练得以增强。一定的训练可以使心智官能得到发展，从而转移到其他学习上去。

根据这种理论，数学有利于训练推理能力，几何学有助于训练逻辑思维，拉丁语和希腊语对训练记忆力大有好处。学生在校学习的时间是有限的，而知识浩如烟海，我们不可能把所有的知识都传授给学生。如果学生的官能由于训练而得到发展，任何知识随时都可以被吸收。在学校教育中，传递知识远不如训练官能重要，知识的价值在于可以作为训练官能的材料。

2. 相同元素说

相同元素说（identical elements theory）是桑代克于 20 世纪初提出的。这种理论是建立在桑代克与伍德沃思（Thorndike & Woodworth，1901）的一项实验研究基础上的。这种理论认为，只有在原先的学习情境与新的学习情境有相同要素时，原先的学习才有可能迁移到新的学习中。而且迁移的程度取决于这两种情境相同要素的多寡。相同要素越多，迁移的程度越高；相同要素越少，迁移的程度越低。

相同元素说在当时的教育界曾起过积极的作用，使学校摆脱了因受形式训练说影响而不考虑实际生活只注重所谓形式训练的教学状况，使学校开始注重应用学科课程，对教学内容的安排也尽量与将来的实际应用相结合。

3. 概括化理论

概括化理论（generalization theory）是由贾德（Judd，1908）提出来的。他通过水下打靶的实验研究了原则（principle）和概括性（generality）的迁移，认为在经验中学到的原理原则是迁移发生的主要原因。具体地说，学生在 A 学习中获得的一般原理、原则可以部分或全部运用到 B 活动的学习中。在这个实验中，他把十一二岁的小学高年级学生分成 A、B 两组练习水中打靶：先教给 A 组光在水中的折射原理而让他们进行练习；B 组则只进行练习、尝试，不教原理。当他们达到相同的训练成绩以后，贾德增加水中目标的深度。结果继续打靶时，学过原理的一组的练习成绩明显优于未学过原理的一组。贾德认为这是因为学过原理的一组已经把折射原理概括化，从而对不同深度的靶子都能很快做出调整和适应，把原理运用到不同深度的特殊情境中去。根据迁移的概括化理论，学生对原理了解概括得越好，在新情境中迁移得越好。

后来的研究支持了概括化理论。例如，格式塔学派提出的迁移的关系理论（relationship theory）和斯彭斯的转换理论（transposition theory）类似，常被合称为转换—关系理论。这是对概括化理论的进一步发展，他们认为迁移的关键在于被试对情境中各种关系（或完形）的顿悟。如果两个问题具有相同的深层结构关系，那么对其中一个问题的训练将对另一个问题产生迁移。

（二）现代迁移研究

1. 认知学习理论与迁移

在现代学习理论家看来，学习和学习迁移遵循同样的机制。在一般的课堂学习中，各个课题的学习并不是孤立存在的。先前学习是后继学习的准备和前提，而后继学习是在与先前学习的联系中进行的。例如，布鲁纳认为，迁移可以看作学习者把习得的认知结构用于新的事例。奥苏贝尔认为，一切有意义的学习必然包括迁移，因为一切有意义的学习都是在原有学习的基础上产生的，不受原有认知结构影响的有意义学习是不存在的。

学习的信息加工论提出，迁移的可能性取决于学习者在记忆搜寻过程中遇到相关信息或技能的可能性。教育的问题就成了如何增加学生在面临现实生活问题时，提取在课堂中习得的相关材料的可能性的问题。在帮助学生建立抽象的知识结构和认知图式时，教师应给学生呈现最大范围的实例和这些知识的应用情境，以使学生了解课堂中习得的知识是如何应用的。建构主义认为，学习迁移实质上就是个体在新情境中对知识的应用（陈琦，刘儒德，张建伟，2001）。

2. 一般迁移与特殊迁移的新争论

20世纪80年代初，信息技术教学和信息技术应用于教育对学生的学习乃至智力有何影响，成为教育工作者和研究人员关注的问题，并引起了一场关于一般迁移与特殊迁移的新争论。麻省理工学院的佩珀特（Papert，1980）在其名著《智力风暴》一书中介绍了他依据皮亚杰理论所开发的 LOGO 语言，并提出儿童通过学习 LOGO 语言，可以"改变他们学习任何别的东西的方式"。他的观点一发表便在国际上引起巨大的反响。人们纷纷把 LOGO 语言当作培养思维技能、解决问题能力以及发展创造性的重要手段，进行了多方面的实验并且大加宣传。但有研究者经过数年对程序设计语言教学的综合研究以后，对佩珀特的论断提出了疑问。例如，林（Linn，1983）认为，程序设计语言学习可以培养的认知成果可能是一个连续体，这种认知连续体存在不同的等级。程序设计课所达到的目标可以是连续体的不同部位。仅仅通过一门几十小时的课的学习是不能到达连续体的高级部位——问题解决的一般技能的，它只能是一个开端，经过一个漫长的过程才能达到培养解决问题能力的目标。

到了20世纪80年代末90年代初，在认知建构主义学派中，关于一般迁移与特殊迁移问题的争论又以新的形式表现出来。极端的认知建构主义者在主张情境性学习的同时夸大其词，认为所有的知识都是在完成任务的特定情境中才有用的，因此，一般的知识不能迁移到现实世界的情境中。莱夫（Lave，1988）所举的典型例子是，橙县的家庭主妇在超级市场购买畅销品时可以算得非常好，但是在解决学校里用纸笔计算的数学问题时就差得多。反之，学生在学校里可以算得很好，却不能在实际购物时做出正确的计算。其他研究(Carraher et al.，1985)也指出，巴西的街头儿童在街头做买卖时可以计算得很好，但是不能回答教师在学校背景中提出的类似的问题。他们由此否定一般迁移的存在，也否定任何形式的抽象和概括。这是片面的，走向了另一个极端。

3. 专家—新手解决问题的研究

有关专家—新手解决问题的研究(de Groot，1965；Chi，Feltovich & Glaser，1981)发现，无论象棋大师还是物理学专家，他们在解决问题时都表现出积极的迁移——在一个新的问题情境中利用已有的信息解决问题。

人们对专家知识的现代研究开始于对象棋大师的探讨(Simon & Chase，1973)。研究要求象棋大师和新手分别看真实和虚假的棋局，让他们进行复盘(尽可能多地在新的棋盘上，摆出刚才看到的棋子的位置)(见图9-7)。

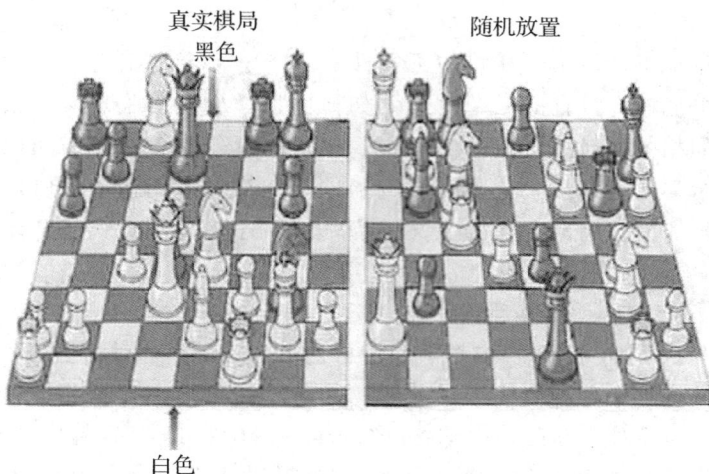

图9-7 专家和新手记忆象棋

(资料来源：Coon，1998)

研究结果表明，对于真实棋局，象棋大师只需看几秒钟就能回忆出每一个棋子的位置，复盘率高达90%，而新手只有30%。但是，当棋子被随机摆在棋盘上时，大师回忆的成绩还不如一般的人。

专家在解决新问题时共同的特点是：①把新问题划归为某一特定的问题类型；②在头脑中形成有关问题的直观表征；③利用自己熟知的解决问题的路线解决问题。也就是说，他们用问题图式来解决问题。一旦他们发现他们对新问题形成的表征与他们长时记忆中的问题图式相符，问题便迎刃而解了。而新手则没有或缺乏这种精细的图式，因此，每一个问题对他们来说几乎都是全新的。

4. 元认知与迁移

认知心理学对教育教学的研究日益重视元认知在学习中的作用和影响。弗拉维尔(Flavell，1979)认为元认知是对认知过程和认知策略的认识，具有元认知能力的学习者能自动地掌握、控制和监控自己的认知过程(详见第十二章"学会学习")。具有较好的元认知技能的学习者在面临一种新的学习情境时，能主动寻求当前情境与已有学习经验的共同要素或联系，对当前的知识与已有的知识进行良好的建构，形成一定的组织，并运用已有的经验对当前的情境进行分析概括，寻求解决问题的策略。

三、为迁移而教

由于认识到迁移现象在学习中的普遍性和重要性，教育界提出了"为迁移而教"的口号。把"为迁移而教"的思想渗透到每一项教育活动中去，可以从以下几方面着手。

(一)整合学科内容

教师应该注意把独立的教学内容整合起来，即要注意各门学科的横向联系。教师应该鼓励学生把在某一门学科中学到的知识运用到其他学科中去，例如，让学生关注历史与地理、几何与三角、化学与生物、数学与物理等学科之间的关系。若有必要，教师可做这方面的示范。这就是加涅所说的横向迁移。

(二)加强知识联系

教师应该重视简单的知识技能与复杂的知识技能以及新旧知识技能之间的联系。教师要促使学生把已学过的内容迁移到新的学习内容中。教师通过提问或简单的提示，促使学生利用已有知识学习新知识，从而比较容易学习新的、比较复杂的内容，即所谓纵向迁移。

(三)强调概括总结

教师在教学中应该注意启发学生对所学内容进行概括总结。一方面，教师应该在教学中注意引导学生自己总结出概括化的原理，培养和提高其概括总结的能力，促进原理、原则的迁移。另一方面，教师在讲解原理、原则时，要列举最大范围的例子，枚举各种变式，使学生正确把握它们的内涵和外延；同时应结合原理、原则的具体运用情境进行讲解和学习，使学生能脱离原理、原则的背景而把握其实质，并能在遇到该原理、原则适用的背景时，准确地运用原理、原则去学习新知识或解决新问题，即达到对原理、原则的去情境化(decontextualized)，以防止出现学生对某一原理、原则的理解和运用仅局限于习得该原理、原则时的情境的情况。

(四)重视学习策略

教师要有意识地教学生学会如何学习，帮他们掌握概括化的认知策略和元认知策略。有人(Brown & Palincsar，1982)在阅读理解的实验中，用矫正性反馈训练法教给学生元认知策略，结果不仅使学生对阅读理解问题进行正确反应的比例明显增加了，而且使帮助学生把学到的元认知策略迁移到了他们常规课堂的其他学习中。可以说，认知策略和元认知是可教的。教师在教学中有意识地教学生一些认知策略和元认知策略将有助于学生学会如何学习，从而促进学习的迁移。

(五)培养迁移意识

教师通过反馈和归因控制等方式能够使学生形成关于学习和学校的积极态度。教师要注意对学生的反馈，当学生用其他学科的知识来解决某一学科的问题时，应予以鼓励。如果哪位教师对学生说："我都被搞糊涂了。我们在讲历史知识，而你却在谈论地理知识。"那肯定会在学生中产生负迁移的效果。

此外，学校还要结合学生的年龄特点，创设和改造学校的环境和气氛，除增大学校对学生的吸引力外，在每次学习前，也应注意帮助学生形成良好的心理准备状态，避免不良情绪、反应定势等消极心态产生消极迁移。

思考题

1. 简述陈述性知识、程序性知识和条件性知识的关系。
2. 简单谈谈原型对概念教学的影响。
3. 用概念学习中例子—规则—例子的方法设计一堂概念学习课。
4. 简述波斯纳概念转变模型提到的概念转变的四个条件。
5. 谈谈情境对迁移的影响。
6. 谈谈如何在教学中促进正迁移的发生。

推荐阅读

陈琦，刘儒德. 当代教育心理学(第 3 版). 北京：北京师范大学出版社，2019. 第九章

[美]戴尔·H. 申克. 学习理论. 韦小满，等，译. 南京：江苏教育出版社，2003.

[美]珍妮·埃利斯·奥姆罗德. 教育心理学(第 6 版). 龚少英，译. 北京：中国人民大学出版社，2011.

第十章

技能的学习

学生不能只限于对知识的掌握，还必须使所学到的知识转化为相应的技能。学生技能的形成同样是学校教育、教学工作中的一个重要任务。本章将讨论技能的特点、技能的形成与培养等内容。

本章要点

● 技能概述
○ 技能及其特点
○ 技能与知识的关系
○ 技能与习惯的关系
○ 技能分类
● 技能的形成
○ 技能习得的三个阶段
○ 心智技能形成的五个阶段
○ 动作技能形成中的特征变化
● 技能的教学
○ 指导与示范
○ 练习
○ 反馈

第一节　技能概述

技能对个人具有重要的作用。人往往在技能的基础上从事一些更高级的认知任务。类似伸手、抓握等基本动作，人类在早期就已经学会了，而且这些基本动作成为个体全部技能中一个"极少需要意识控制的"部分。随着年龄的增长、生活情境的变化，人们开始不断学习更复杂的动作技能，如旋转、跳绳、使用铅笔等，后来还需要学会使用一些新型的工具（如计算机）。各种各样的专门化的动作技能和智慧领域的学习活动有密切的关系。

一、技能及其特点

跳水、跳高和打字等外显动作是技能，而解应用题和写作等不具备外显的动作还算不算技能？对此，不同的心理学家有着不同的定义。在《心理学大辞典》中，技能被定义为个体运用已有的知识经验，通过练习而形成的智力动作方式和肢体动作方式的复杂系统。皮连生（1996）认为，技能是在练习的基础上形成的按某种规则或操作程序顺利完成某种智慧任务或身体协调任务的能力。冯忠良等人（2000）认为，技能是通过学习而形成的合乎法则的活动方式。概括起来，**技能**（skill）是指经过练习而获得的合乎法则的认知活动或身体活动的动作方式。这一界定反映了技能的下列特点。

第一，练习是技能的形成途径。技能不同于本能行为，它是个体在后天的学习过程中，通过不断练习而逐步完善的。学习者在技能学习中，对活动动作方式的掌握总是要经历一个由不会到会、由会到熟练的逐步发展完善的过程。练习是实现这一过程的必由之路。练习不同于机械地重复某种动作，练习中每一次动作的反复都意在改进动作，提高动作的有效性，使动作趋于完善。

第二，动作方式是技能的形式。技能是由一系列动作及其执行方式构成的（冯忠良等，2000）。初学者刚刚学习某种技能时，其头脑中储存的是概念性知识。此时，学习者经过思考与新情境相类似的已有知识经验，或接受有经验者的指导，或模仿他人成功的活动动作方式学习新技能。经过多次反复练习形成熟练技能后，学习者在头脑中储存的则是一种完整严密的动作映象系统，难以用语言把它描述出来。因此，技能的掌握不是通过言语表述而是通过实际活动表现出来的。

第三，合乎法则是技能的标志。技能的活动方式不是动作的随意组合。合乎法则是技能形成的前提。在技能形成过程中，各个动作要素及其之间的顺序都要遵循活动本身的要求。例如，学习者初学打太极拳时必须按太极拳的法则要求严格执行各个动作；写作技能的培养是从字词句开始的，进而是段，然后才是篇章。只有这样，作为技能的动作方式，才能通过多次反复练习而形成动力定型，进而逐步实现自动化。合乎法则也是技能掌握的标志。高手打太极拳时，其一招一式看似随意拈来，各步动作之间更是一气呵成，其实每步动作都是合乎法则要求的。

合乎法则的熟练技能具有以下特征（Holding，1989；Anderson et al.，1995）：①流畅性，即各动作成分以整合的、互不干涉的方式和顺序表现出来；②迅速性，即快速地做出准确的反应；③经济性，即完成某种活动所需的生理和心理能量较少，工作记忆的负荷较小；④同时性，即熟练活动的各成分可以同时被执行或者可以同时进行无关的活动；⑤适应性，即能够灵活地适应各种变化的条件。

二、技能与知识的关系

在常识层面，人们常常用"知"与"会"来区分知识和技能。知识的学习目的在于理解和记忆事实、概念和原理等，涉及知道不知道、懂不懂的问题，而技能学习的目的在于掌握完成某种活动所要求的动作来解决问题，涉及会不会、熟练不熟练的问题。

根据认知心理学，广义的知识可以分为陈述性知识和程序性知识。陈述性知识相当于我们常识中的知识，是狭义的知识；程序性知识则相当于我们常识中的技能（皮连生，1996）。如果某个人能够成功地将分数转换为小数或打好领带，传统常识则认为他掌握了相应技能，而认知心理学则解释为他掌握了一套支配其行为的程序。可见，程序性知识与技能分属于不同的话语体系，指向同一对象。从语用的角度看，人们常常用陈述性知识与程序性知识来区分个体的主观知识。人们在实际的教学中常常用知识和技能来区分教学内容，因为在教学内容中许多（狭义的）知识（如梯形的概念）和技能（如说外语）都涉及陈述性知识和程序性知识的学习。

陈述性知识的学习不同于技能的学习，但却是技能学习的起点。陈述性知识的学习目的在于形成比较宽泛的知识背景，它不一定能立刻被应用到解决问题中来，但是能对理解问题、分析问题起到帮助作用。而技能学习就是为了完成某种任务的，其学习的结果不要求学习者对整个知识的来龙去脉、相关概念有多么深刻的了解，而要求对技能熟练掌握。例如关于织毛衣的技能，只要求学习者会织，织得好，却不一定要求对毛线、毛衣针的发展历史及材料有多么细致的了解。但是，在技能学习之初，学习者首先要理解并记忆活动所必需的诸如概念和规则等陈述性知识，如三角形定义和乘法口诀等，以为应用相关的知识解决问题做准备。如果学习者没有相关的先前知识，工作记忆的负荷就可能过大，以至于活动难以继续。例如，如果学习者要学习用外语写诗，他就必须知道一些外语的语法和词汇，还必须懂得一些诗的格式，在写诗的同时还要学习语法、词汇、诗的格式等内容。

程序性知识的学习和技能的学习都是将有关事情、动作序列的规则转化为相应的活动方式。例如，在游泳学习活动中，程序性知识涉及游泳的动作步骤及执行顺序，但是，如果学习者只是能够明确用语言将其描述出来，他仍然处于陈述性知识学习阶段。学习者必须经过实际的下水游泳活动，将这种陈述性知识进行知识编辑，使之变成被程序性地编码过的知识。从技能学习的角度说，学习者必须通过实际操作，获得活动的经验，才能掌握游泳技能。学习者一旦能够表现出游泳技能，反而可能忘记或不能明确说出游泳的动作步骤和规则。只有通过实际的游泳动作而不是口头描述才能确定学习者是否掌握了有关游泳的程序性知识。

三、技能与习惯的关系

熟练的技能和习惯两者之间存在一定的共性。习惯和熟练的技能都是自动化了的动作系统。任何习惯离开了自动化的活动动作系统都无法完成。一个有卫生习惯的人，对于饭前洗手、便后洗手的动作都是自动化的。在人们完成习惯性动作时，意识的调节作用很小。

习惯和熟练的技能也存在着一些区别。①习惯是实现某种行动的需要，已成为一种实现某种自动化动作系统的心理倾向。个体适时地将某种习惯表现出来时，就获得了满足，产生了愉快的心情；反之，就会产生不愉快的情绪。例如，抽烟就是一种习惯。抽烟的人有烟抽时，就会产生快感；一旦无烟抽，他就会觉得浑身不自在。而熟练技能则仅仅是一种自动化的动作方式，不一定与人的需要联系在一起。例如，会骑自行车的学生，不一定非骑自行车，为了避雨他可能乘公共汽车到校读书。②熟练技能是在有目的、有计划的练习中形成的，而习惯却可以在无意中通过简单的重复养成。日常生活中的一些习惯，如抽烟、喝酒、洗脸和刷牙等，都是通过后一条途径形成的。当然，习惯也可以通过有意识的训练来培养。例如，学生良好的学习习惯和生活习惯的养成，大都是在教师对他们进行的常规训练中获得的。③熟练技能有高级和低级之分，但没有好坏之分。而习惯则不同，它可以根据其对个人和社会的意义分为好习惯和坏习惯：那些有益于社会、他人或自己身心健康的习惯，称为好习惯，如有礼貌、讲卫生、团结同学、遵守纪律等；那些损害社会和他人利益以及威胁个人身心健康的习惯，如抽烟、酗酒、捣乱课堂纪律等习惯，则称为坏习惯。

四、技能分类

(一)动作技能

动作技能(motor skill)，又称为运动技能和操作技能，是指由一系列的外部动作以合理的程序组成的操作活动方式，如书写、体操、骑自行车等技能。

1. 动作技能的类型

(1)操作器具的动作技能和机体动作技能

动作技能根据是否需要操纵一定的工具可以分为两种：操纵器具的动作技能（写字、绘画、骑自行车和撑竿跳高等）和机体动作技能（唱歌和跳舞等）。尽管动作技能的表现形式多种多样，但它们都是借助肌肉、骨骼的动作和相应的神经系统的活动来完成的。

(2)粗大技能和精细技能

粗大技能(gross motor skill)是指运用大肌肉，而且经常要涉及整个身体的技能，如游泳、打球、跑步等。学会这些动作技能的用意不在于发展肌肉的力量，而在于精确掌握动作并适时使用。**精细技能**(fine motor skill)主要局限在较狭窄的空间内进行并要求较精巧的协调动作，主要表现为腕关节和手指运动，如穿针引线、写字、弹钢琴等。但是，手工技能并不是精细技能的全部，例如，声带在演说或唱歌中的使用、摆动耳朵也属于精细技能的范畴。

(3)连贯技能和不连贯技能

连贯技能(continuous skill)是指个体以连续、不间断的方式完成一系列动作，如说话、打字、唱歌等。动作之间没有明显的可以直接感觉出来的开端和终点，一般持续的时间较长，当然这种连续性也会随任务进行不断调整。**不连贯技能**(discrete skill)具有可以直接感知到的开端和终点，完成这种技能的时间相对短暂，如挪动棋子、倒水等，一般是由突然爆发的动作组成的。

（4）封闭技能和开放技能

封闭技能（closed skill）是一种完全依赖内部肌肉反馈作为刺激指导的技能。关于这种任务，人们闭着眼睛也能完成。例如，一个人在黑板上徒手快速画一个大圆就接近于封闭技能。而生活中许多动作任务都具有开放的特征，它们或多或少地受到外部刺激的影响。**开放技能**（open loop skill），也称开放环路技能，主要依赖周围环境提供的信息，所以人们正确地感知周围环境成为运动调节的重要因素。例如，打篮球等开放性技能要求人们具有处理外界信息变化的能力和对事件发生的预见能力。

2. 动作技能的结构

从结构上说，动作技能包括感受部分、中枢部分和动作部分三种基本成分。人们在完成一项特殊的动作任务时，他们的感觉器官在内外环境特定刺激的作用下，将这些信息迅速地输入人脑进行信息加工，并做出指令调节和支配效应器官的活动动作，使各种动作协调进行，使自身的肌肉活动适应变化着的环境条件，产生某种动作的节律。

克拉蒂（Cratty，1967）从七个维度分析了动作技能，并把每一种维度看成是机能的连续体，这样人的某一种特定的技能就可以用这七种连续体上的特定位置来说明了。具体见表10-1。

表 10-1　动作技能的七个维度

①语言—运动连续体 　　人在表现出某种运动技能时，对言语（包括外部言语和内部言语）的依赖程度是不一样的。不规则而急速的运动对言语的依赖程度较小，而缓慢、不连续的运动对言语的依赖程度较大；技能的熟练程度不同，对言语的依赖程度也不一样。在技能形成的初期，言语的作用非常重要；在技能形成的后期，言语的作用就不明显了。
②知觉—运动连续体 　　在运动技能形成过程中，知觉的作用是不同的。通常，在技能形成的初期，知觉的作用较大；在技能形成的后期，知觉的作用有减小的趋势。
③力量—准确性连续体 　　运动技能是由力量、空间准确性和时间因素（速度和韵律）组成的。因此，我们以力量为一端，以准确性为另一端来确定某种技能的特点。
④视觉—运动连续体 　　在运动技能形成过程中，视觉控制所起的作用是不同的。通常，在技能形成的初期，视觉控制的作用较大；在技能形成的后期，视觉控制的作用逐渐让位给动觉控制。另外，在不同性质的运动技能中，视觉控制的作用也不一样。例如，钟表和仪器的修理技能、写字技能等，对视觉控制的依赖性大，即使这些技能熟练后，也仍然离不开视觉控制。
⑤精细—粗大连续体 　　运动技能有精细和粗大之分。精细的运动技能（如手指的动作）往往是身体的局部运动，这种运动幅度小。而粗大的运动技能（如手臂的运动技能、腿脚的运动技能等）往往是全身性的运动技能，运动幅度大，因而比精细的运动技能更复杂。

续表

⑥简单—复杂连续体 　　运动技能有简单和复杂之分。确定技能的复杂程度往往是从感觉信息运动类型的复杂程度和技能形成的阶段等方面来考察的。
⑦个人差异—最大努力连续体 　　运动技能具有一般的模式，完成这种技能要求人们付出最大的努力，这是运动技能的一端。同时，个体在完成这种技能时，又有自己的选择和偏好，这是运动技能的另一端。例如，一个人赶路时每小时可走 12 里（6 千米），但他偏好的步行速度可能为每小时 9 里（4.5 千米）。关于跳远的助跑距离，有人需要 6 米，有人只需要 5 米，这都显示了个人的偏好和差异。

(二)心智技能

心智技能（intellectual skill），又称为智慧技能或智力技能，是指一种借助内部语言在人脑中进行的认知活动方式，如默读、心算、写作、观察和分析等技能。学习者在观察、记忆和解决问题时所采用的策略也是心智技能的不同形式。心智技能根据适用的范围不同，可以分为专门心智技能和一般心智技能两种。**专门心智技能**（special intellectual skill）是某种专门的认知活动所必需的，也是在相应的专门智力活动中形成、发展和体现出来的，如默读与心算等技能是学习者在学习活动中必须掌握的最基本的专门心智技能。**一般心智技能**（general intellectual skill）是指可以广泛应用于许多领域的心智技能，它是在多种专门心智技能的基础上经过概括而形成、发展起来的，如观察技能、分析技能、综合技能和比较技能等。

第二节　技能的形成

技能形成的过程就是学习者通过练习逐步掌握某种动作方式的过程。对于这一过程的内在机制，人们有着不同的理论。行为主义把复杂的动作技能看作一系列刺激与反应的联结的形成。认知心理学则认为，在技能的学习中，学习者经过多次练习在头脑中形成了关于动作程序的认知结构，即**动作程序图式**（action procedure scheme）。这种动作程序图式在相似情境的激发下就会自动地调节和控制人的行为，使其活动进行下去。为了更好地理解动作的形成过程，研究者提出了各种阶段模型。这里介绍两种较为流行的阶段模型。

一、技能习得的三个阶段

菲茨和波斯纳（Fitts & Posner，1967）将技能的形成过程分为认知阶段、关联阶段和自主阶段三个阶段。

(一)认知阶段

在**认知阶段**（cognitive stage），学习者学习与技能有关的知识，了解完成这种技能动作的基本要求，在头脑中形成这种技能的最一般的、最粗略的表象。学习者要将组成某种技能的活动方式反映到头脑中形成动作映象，并对自己的任务水平进行估计，明确自己能够做到何种水平。例如，我们学习安装一个书架，就需要参照说明书上列出的步骤进行尝试，一边做一边按照书中的步骤进行检查。在这个阶段，我们需要时刻想着每一个步骤，头脑中还要形成一个画面，如想象"给螺丝拧上螺帽"是怎么样的。在此期间，工作记忆的负荷非常沉重。

该阶段的主要任务是，对示范动作，或者参考书、参考图示进行观察，需要了解所要学习的技能的动作结构和特点，以及各动作之间的联系，从而在头脑中形成动作映象。要形成这个映象，学习者需要对线索和有关信息进行适当的编码，这个过程类似尝试—错误。例如，我们选择的螺丝可能不合适，需要重新尝试。当然，每个人可以有不同的编码方式。这个阶段的关键是认识到"做什么"和"怎样做"。

在这个阶段，动作映象的形成十分重要。正确的动作映象能帮助学习者有效地掌握某种动作技能，反之，错误的动作映象会使技能学习出现偏差。除了动作映象，学习者还要依据自己以往成功或者失败的经验和能力，以及目前任务的难易程度，形成自己对能达到水平的期望。一般来说，有明确目标期望的学习，比目标期望模糊的学习更有效。

（二）关联阶段

如果说认知阶段学习者的任务是形成对技能的整体理解，并熟悉每一个技能的具体动作，那么，在**关联阶段**（associative stage），学习者就要对各个独立的步骤进行合并或者"组块"，以形成更大的单元。例如，"选择合适的螺丝""并把它放在合适的位置"两个步骤要能发生自然的联系。

最初，由于学习者对动作并不熟悉，注意范围比较狭窄，认知负荷较大，其注意力只能集中在个别动作上，并且不能控制动作的细节。同时，他们在生活中已经形成了许多习惯性动作，而这些习惯性动作又往往与所要学习的动作方式不符合，会干扰新的动作。例如，已经会开汽车的人，在学习开飞机时，必须排除用手转动控制盘的习惯，因为飞机的转弯是用脚控制的。

在这个阶段，学习者的注意力已从认知转向动作，逐渐从个别动作转向动作的协调与组织，开始把个别动作结合起来，以形成比较连贯的动作。但他们常常忘记动作之间的联系，在动作转换和交替之际，往往出现短暂的停顿现象。协同动作是交替进行的，即先集中注意做出一个动作，而后再注意做出另一个动作，反复地进行交替。随着练习时间或次数的增加，这种动作交替慢慢加快，技能结构的层次也不断增多，最终在大体上构成了整体的动作系统，动作技能已接近形成。这时，学习者的动作紧张度降低了，但并没有消失。稍一分心，他们还会做出错误动作。

（三）自主阶段

经过关联，动作技能的学习进入**自主阶段**（autonomous stage），整个程序的完成不用经过刻意的注意，这是技能形成的最后阶段。在这个阶段，学习者所学习的动作技能的各个动作在时间和空间上已联合成为一个有机的整体并巩固下来，各个动作的相互协调已达到自动化。只要有一个启动信号，动作技能就能迅速准确地按照动作的程序以连锁反应的方式来实现。此时意识对动作的控制作用减小到最低限度，整个动作系统从始至终几乎是一气呵成的，动作的连贯性主要是由本体感受器提供的动觉信号来调节的。例如，如果我们要组装足够多的书架，那么在组装的同时还可以和人现场聊天，对组装的任务本身只用很少的注意力。

但是到达自动化水平需要经过很长时间。例如，有人经过长期的研究，发现雪茄生产工人的动作技能在四年的时间内都在进步，工人要掌握一定水平的技能需要经过大量的实践。许多体育技能的训练表明，一个运动员要达到自己的最高水平，需要多年的练习，另外技能的保持也需要大量的练习(邵瑞珍，1997)。

二、心智技能形成的五个阶段

苏联心理学家加里培林等人根据维果茨基的活动论的观点(智力活动是外部的物质活动的反映，是通过实践活动内化实现的)提出，学生心智技能的形成"是外部物质活动转化到……知觉、表象和概念水平的结果"。这种转化(内化)过程需要经历五个阶段。

(一)活动定向阶段

活动定向是指让学生在头脑中形成对活动程序和活动结果的映象。教师需要根据学生的基础水平，将活动分解成学生能够理解并且做到的操作程序，建立起学生对活动原型的定向预期。例如，教师在演示加法运算时，要让学生明了加法运算的目的在于求几个数的和，了解运算的客体是事物的数量，知道运算的操作程序和方法，懂得运算的关键是进位等，由此让学生在头脑中形成完备的定向映象。

(二)物质活动或物质化活动阶段

物质活动是指运用实物的教学活动；物质化活动则是指利用实物的模拟品(如标本、模型和示意图等)进行的教学活动。例如，在加法运算中，教师可以让学生利用小木棒进行演算活动，或者利用画片中的小木棒进行演算活动，掌握加法运算的实际动作程序。物质活动和物质化活动是两种基本的直观形式，后者实际上是前者的一种变形。在课堂教学中，无论对自然科学知识还是对社会科学知识，学生不可能都能通过直接经验的方式利用物质活动来进行学习，这时物质化活动就成为一种主要的方式。

在这一阶段，教师要将动作展开，让学生实际完成每个动作；要经常变换动作对象，让学生对动作方式进行概括；还要指导学生通过省略或合并操作程序而简化动作方式，甚至与言语活动结合起来，为过渡到下一阶段做准备。

例如，在教授异分母分数加法 $\frac{1}{3} + \frac{3}{4} = ?$ 时，教师先将计算过程逐步展开：

$$\frac{1}{3} + \frac{3}{4} = \frac{1 \times 4}{3 \times 4} + \frac{3 \times 3}{4 \times 3} = \frac{4}{12} + \frac{9}{12} = \frac{4+9}{12} = \frac{13}{12} = 1\frac{1}{12}$$

先通分，求出 4 和 3 的最小公倍数，将其作为公分母，再将每个分数的分子和分母乘以相同的倍数，然后进行同分母的分子相加，最后将数简化为带分数。学生需要在多种异分母分数的加法计算中独立完成这一系列运算步骤，概括出异分母分数加法运算的一般法则，并将完成这一活动的全部操作进一步简化（如省略 $\frac{1\times4}{3\times4}+\frac{3\times3}{4\times3}$ 和 $\frac{4+9}{12}$ 这两步），并且与相应的言语活动结合起来，过渡到下一阶段。

（三）有声的言语活动阶段

有声的言语活动是指个体不直接依赖实物或模拟品而借助出声的外部言语活动来完成各个操作步骤。这是活动从外部形式向内部形式转化的开始。例如，在加法运算中，学生能根据加法题目的数字出声地说出"3 加 2 等于 5"或"8 加 4 等于 12"等。通过这种出声的言语活动，学生可抽象并简化各步动作，并促使活动定型化与自动化。教师需要指导学生运用言语确切地表达各步实际动作，也要对言语动作进行展开、概括和简化的不断改造。

（四）无声的外部言语活动阶段

无声的外部言语活动是指个体以词的声音表象、动觉表象为中介而进行的智力活动。这种不出声的外部言语活动貌似只是言语减去了声音，实则是动作向智力转向的开始，因为智力动作本身最初是以不出声的言语动作方式形成的。加里培林认为，此时，个体"头脑中言语的有声形象成为词的声音形象的表象"。这种言语不出声的变化要求学生对言语机制进行很大程度的改造，需要对动作加以重新学习。教师同样需要指导学生对无声的外部言语动作进行展开、概括和简化的不断改造。

（五）内部言语活动阶段

内部言语活动是指个体凭借简化了的内部言语，似乎不需要多少意识的参与就能自动化进行的智力活动。这一阶段是外部动作转化为内在智力的最后阶段，其特点之一是简缩，这是由于动作是指向自己的，个体不必考虑外部言语作为交际手段的机能（要完整地表达）。其特点之二是自动化，这是由于动作的进行基本上是处于自我观察界线之外的，是自己觉察不到的。例如，学生演算进位加法时，已经不再需要默念公式和法则，而是在头脑中回忆几个关键词，随之而来的就是自动化的操作。整个运算过程的智力活动在他们头脑中被"压缩"和"简化"了，以至于他们已不大可能觉察到运算过程，所能觉察到的只是运算结果。

三、动作技能形成中的特征变化

在动作技能形成的不同阶段，个体的操作表现特征是不同的。动作技能一旦形成并达到熟练程度后，必然会在他们的实际操作中发生明显的变化。与形成初期的动作技能相比较，已形成并达到熟练程度的动作技能发生了质的变化。这种变化具有一些典型的特征（见表 10-2）。

表 10-2　动作技能形成的特征

意识控制的变化
在技能形成初期，学习者每完成每一个动作，都要受到意识的控制。如果意识稍有减弱，动作就会停顿或出现错误，心情就会随之紧张起来。随着技能的逐渐形成，意识对动作的控制也随之减弱而由自动控制所取代。这时，动作操作受内部程序控制，表现出预见性，反应方式和时刻都很精确，好像完全自动化了。学习者只关心怎样使这种技能服从于当前任务的需要，精神紧张状态随之消失。 　　例如，初学瑜伽时，学习者头脑中时刻想着下一个动作，不是忘了动作就是忘了呼吸法，时刻绷着神经。经过练习，动作之间的衔接逐渐自然，心态随之放松，头脑中不再装着动作步骤，甚至可以在意识中进行冥想。
动作控制方式的变化
①利用线索的变化。初期，学习者需要更多的外部提醒才能利用线索；随着技能的形成，学习者逐渐能运用细微的线索使动作日趋完善；达到熟练时，学习者头脑中已储存了与一系列线索有关的特有信息，甚至微弱的信息，所以当某种线索一出现，他们就能预测动作的结果，灵活地进行一系列的反应。②动觉反馈作用的加强。在动作技能形成初期，学习者依靠视觉反馈（外反馈）来控制动作。随着动作技能的形成，动作的视觉反馈控制逐渐开始让位于内部反馈（动作程序图式和动觉反馈）控制，所以错误往往能够被提前排除。当动作技能达到熟练时，动觉反馈对动作的控制作用得到进一步加强，达到稳定而牢固的程度。 　　例如，刚学打字的学生，总是一边看着自己的手指和键盘上的字，一边按打字键，甚至需要教师的指导语才能发生反应。然而随着动作的熟练，他们能独自察觉到自己动作的细微差别。这个过程中动觉反馈作用也得到强化，例如，当一个人在走路时偶尔踩到一块小石头，他就会立即产生防止跌倒的动作。这是由于脚部的动觉反馈信息对动作程序进行了调节。
动作品质的变化
动作的稳定性是逐渐加强的。当技能形成之后，整个动作系统已成为一种相对稳定的方式。技能的稳定性并不意味着动作是机械刻板的。恰恰相反，熟练是与情境的种种变化相适应的一种高水平的技能。当情境发生变化时，熟练者就能当机立断，及时调整自己的动作，在不利条件下维持正常操作水平，甚至使出绝招出奇制胜，灵活而巧妙地应付这种变化。 　　例如，书法动作一经掌握就相对稳定，但是一个书法家在执笔运笔进行书写时总是按一定的方式迅速完成书写的整套动作，以形成自己独特的风格，并适应当时的情境。
动作协调性的变化
随着动作协调性逐渐加强，多余动作逐渐减少。当技能达到熟练时，整个动作系统已成为一个协调化的动作模式。协调化动作模式的形成是熟练的重要标志。它有两种主要类型：一是同时性协调化动作模式，二是连续性协调化动作模式。 　　同时性协调化动作模式的例子有学生在朗读课文时眼和口的紧密配合；连续性协调化动作模式的例子有学生写字时的运算先后程序动作。

第三节　技能的教学

练习是学生动作技能形成的基本途径。然而，并非所有的练习都是高效率的。为了帮助学生增强练习的效果，迅速而准确地掌握动作技能，教师除遵照练习的一般规律正确指导外，还必须注意这样几个问题。

一、指导与示范

由于技能的学习经历认知阶段，教师在指导学生学习动作技能时，首先要帮助学生理解动作技能，明确学习任务，形成作业期望以及获得一定的完成任务的学习策略等。

（一）掌握相关的知识

如果学生在学习技能之前，没有掌握相关的先前知识（图式、技能等），他们就会给工作记忆带来巨大的压力，导致认知负荷过大，甚至可能难以继续以后的学习。教师需要帮助学生梳理必要的先前知识。如果学生先前的技能习惯与新技能相矛盾，教师更需要提供合适的任务，使学生认识到技能之间的区别，避免干扰。

（二）明确练习目的和要求

每一种技能都有其特定的目的和要求。学生只有明确了所学技能的目的和要求，才能自觉地组织自己的行动来掌握这种技能。练习是一种有目的、有计划、有组织的学习过程，它不同于单纯的重复。如果学生缺乏明确的练习目的和具体的要求，机械地重复一种动作方式，他们就不可能使行动方式有所改善。例如，有的学生虽然天天写字，可书写的字仍然没有多大改观。可见，在学习技能的过程中，学生为自己树立的练习目标，对于练习的效果具有重要意义。

（三）形成正确的动作映象

人的各种运动动作是在动作映象的定向调节支配下做出来的。因此，在学生对所学的运动技能进行练习之前或过程中，教师应通过自己的动作示范帮助他们在头脑中形成正确的动作映象。为此，教师要进行充分而准确的示范。教师的示范要做到：①动作示范与言语解释相结合；②整体示范与分解示范相结合；③示范动作要重复，动作要放慢；④指导学生观察，并纠正学生的错误理解。教师做好上述四方面的工作，就可以促进学生在头脑中形成正确的动作映象，大大增强运动技能学习的效果。

在整个示范过程中，教师要防止学生的认知负荷超载，每次示范的信息量和速度要切合学生的实际水平。因为初学者在刚刚接触一个新的动作时，往往顾了手就顾不了脚，很容易因为新的信息量过多而负荷超载。

（四）获得一定的学习策略

动作技能的学习也包含学习策略或者窍门问题。完成动作任务所涉及的策略面也很广，而且有的策略是学生自我生成（self-generated）的（邵瑞珍，1997）。例如，学生如何从自己的"动作库"中选择并组织基本动作，形成"目标意象"，即在头脑中假想出一套连贯的并自认为有效的动作模式；如何选择动作的参数如力量、速度、角度、时间和节奏等；如何对动作进行编码，等等。在学习或做作业时，学生有意无意地表现出自己采用的策略。有的策略是由教师提供的。这些外加的策略通常是教师在成功完成任务的基础上总结出来的。教师可以通过演示、解说或播放有关录像等方法对学生进行指导。一旦学生利用外加的策略有效地完成任务后，这些策略就会成为学生的经验，并且学生有可能自发地在后继学习中加以使用。

二、练习

动作技能只有经过一定的练习才能形成。**练习**（practice）是指以形成某种技能为目的的学习活动，是以掌握一定的动作方式为目标而进行的反复操作过程。练习包括重复和反馈，不是单纯的反复操作或机械重复，而是以掌握一定的活动方式为目标的反复。练习可以促进所学技能的进步和完善。

（一）练习曲线

在练习过程中，技能进步情况可以用练习曲线来表示。所谓**练习曲线**（practice curve）是指在连续多次的练习过程中所发生的动作效率变化的图解。通常，练习曲线有三种表示方法（见图 10-1）。

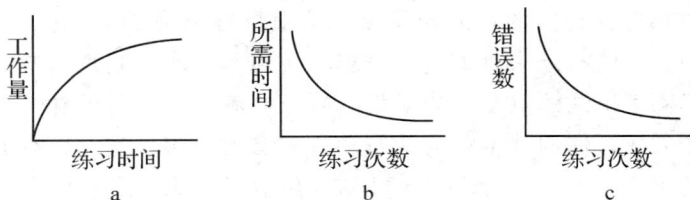

图 10-1　练习曲线的不同表示方法

图 10-1a 表示练习次数与单位时间完成的工作量的关系，即随着练习次数的增加，每次完成的工作量逐渐增加；图 10-1b 表示练习次数与完成动作所需时间的关系，即随着练习次数的增加，所需时间越来越少；图 10-1c 表示练习次数与错误数的关系，即练习中的错误将随着练习次数的增加而减少。

练习曲线表明，学生的动作技能形成过程中普遍存在下列几种情况。

1. 练习成绩逐步提高

学生的动作技能的练习成绩逐步提高主要表现在动作速度加快和准确性提高上，其表现形式有三种。①进步先快后慢。这是因为：第一，学生练习初期有旧经验的积极影响，但到了练习后期，可利用的旧经验逐渐减少，而需要不断建立新的神经联系，因此要提高成绩就比较困难；第二，学生练习初期要掌握的只是局部动作，比较简单，又是单独进行练习，所以成绩提高较快，而练习后期却要对各种局部动作加以协调和完善以形成动作系统，这比较困难，所以成绩提高缓慢；第三，学生在练习初期，可能兴趣比较浓厚、情绪高涨，而到了练习后期这些方面都有可能减弱，再加上疲劳，因而影响练习成绩的进步。②进步先慢后快。这是因为学生在练习初期需要花费一定的时间去掌握有关的基础知识和基本技能，再加上已有的习惯动作的干扰，所以进步缓慢。但是在掌握了基础知识和基本技能之后，进步就会明显加快。③进步前后比较一致。这种情况是个别的。

2. 练习中的高原现象

在学生动作技能的形成中，练习到一定阶段往往出现进步暂时停顿现象，称为**高原现象**（plateau phenomenon）（见图10-2）。它表现为练习曲线保持在一定的水平而不再上升，或者甚至有所下降。但是，在高原期之后，练习曲线又会上升，即表示练习成绩又可以有所进步。有研究者最早用实验的方法证明了高原现象。他们在对收发电报动作技能进行研究时发现，在收报练习的15～28天，成绩一度停顿下来。虽有练习，但成绩不见提高。

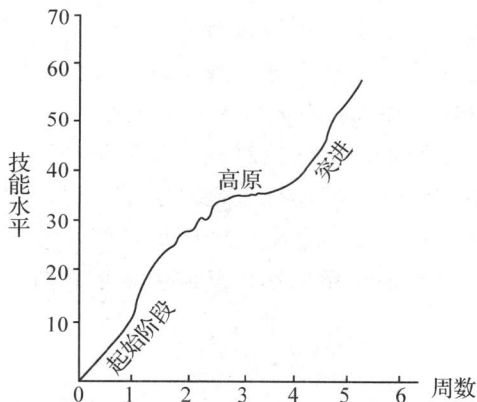

图 10-2　练习中的高原现象

（资料来源：Karmlesh，1983）

高原现象产生的原因主要有两个方面。①当练习成绩已经达到一定水平时，学生继续进步需要改变现有的活动结构和完成活动的方式方法，而代之以新的活动结构和完成活动的新的方式方法。旧的技能结构限制了人们按照新的方式组织动作。在没有完成这种改造之前，练习成绩只会处于停顿甚至暂时下降的状态。②经过较长时间的练习，学生的练习兴趣有所下降，甚至产生厌倦情绪，或者由于身体疲劳等而导致练习成绩出现暂时停顿现象。必须指出，高原现象并不具有普遍性，也不能表明动作技能的掌握已临近学生身心发展的极限，相反它就像是黎明前的黑夜。高原现象并非不能再进步的代名词。只要突破这一关，学生获得的将是一笔巨大的财富，而且创造性成果也往往发生在高原期之后。

3. 练习成绩的起伏现象

在动作技能的练习曲线中，练习成绩时而提高，时而下降，时而停顿，这就是练习成绩的起伏现象。这种现象产生的原因主要有两个：一是客观条件有了变化，如学习环境、练习工具以及教师指导的改变等；二是学生的主观条件起了变化，如有无强烈的学习动机和浓厚的学习兴趣，注意力是否集中、稳定，有无骄傲自满情绪，意志努力程度如何。练习成绩的起伏是正常现象，但如果练习成绩出现明显的下降现象，教师就应该帮助学生分析原因，并加强教育和指导，以便使他们的练习成绩能够尽快得到提高。

在技能形成的最后阶段，练习成绩相对稳定，不再提高，人们称之为技能发展的极限，但是这不是绝对的。一些研究表明，这种极限也可以被突破。

4. 学生动作技能形成中的个别差异

不同的学生学习同一技能，或同一个学生学习不同技能时，其练习进程又表现出明显的个别差异。这是学生个体的练习态度、知识经验、预备训练情况以及练习方式方法等方面的不同而造成的。

（二）练习方式

除了实际的身体练习外，学生还可以进行心理练习。有研究表明，心理练习对自由投篮技能的发展有显著作用，与打网球、倒车以及投标枪等作业改进存在一定的相关性（转引自邵瑞珍，1997）。如果将身体练习与心理练习结合起来，效果更佳。当然，心理练习的效果取决于三个因素。①学生对练习任务是否熟悉。如果学生从未进行过身体练习，就不能进行心理练习，即使练习也只能是错误练习。②心理练习的时间长短。心理练习的时间不能太长，否则容易产生厌烦情绪，使作业水平下降。③任务的性质。如果任务中认知因素起的作用较小，反应主要依靠肌肉的线索，则心理练习作用甚微。

（三）练习时间

在练习时间安排上，力求集中练习和分散练习相结合。集中练习是指学生在学习一种技能时，在一段较长的时间内对某种技能进行反复的练习。而分散练习是指学生把练习技能的时间分散开来，安排在几个时间段内或几天内，且每次练习的时间较短。研究表明，分散练习的效果优于集中练习。这是因为集中练习容易产生反应性抑制的累积作用，因而有碍于练习成绩的提高。而分散练习则不容易产生反应性抑制的累积作用。

从整体上来说，虽然分散练习优于集中练习，但学生在合理安排练习时间时还应考虑技能的性质、自身的学习能力以及如何消除疲劳感和降低遗忘率等。研究表明，学生初学一种技能时，先进行集中练习，而后改用分散练习，要比单纯的分散练习效果更佳。

三、反馈

在技能的练习中，学生及时地了解自己的练习结果，有利于提高练习效率。具体来说，学生在技能练习时，如果能够及时掌握练习的情况，如知道自己的成绩和错误、优点和不足等，就可以把符合要求的、合目的的动作保留下来，把不符合要求的动作抛弃掉，这样才有助于迅速地提高练习质量。可见，在练习中给学生提供反馈信息是提高练习效果的有效措施。在提供反馈信息时，教师要注意下列几个问题。

（一）结果反馈

在技能的练习中，学生及时地了解自己的练习结果，有利于练习效率的提高。这可以帮助学生形成联合意识，自动识别相关的线索，把一些小的步骤形成大的产生式或者步骤。

（二）情境反馈

反馈不仅仅针对学习的结果，一针见血地指出问题所在，更重要的是给学生提供技能使用的具体情境。真实的情境不仅能帮助学生学会技能本身，而且能帮助学生学会为什么要使用这个技能和何时使用（Collins，Brown & Newman，1989；Gagné et al.，1993）。即使在认知阶段，学生进行这些练习时，也要注意在真实的情境中对技能的全部过程有大概的了解。

（三）分情况反馈

如果某一特定的步骤、成分或者整个过程出现了问题，学生就要对其进行分解，单独练习，直到这个单元比较自动化，再把它整合到整个系列中，这样可以减少工作记忆的负荷（Anderson，Reder & Simon，1996）。所以在技能形成的不同阶段，教师要给学生提供不同类型的反馈信息。

在练习初期，教师应积极向学生提供关于他们练习时身体动作过程和动作姿势方面的信息，因为这些信息是学生用来改进自己的技能动作的主要线索，而这些信息又是学生本人很难获得的。这时，教师或者其他旁观者可以提供较多的反馈信息，也可以通过录像或其他手段记录动作的过程，让学生自己观察自己，提供真实与客观的信息。这种反馈不仅能纠正学生的错误动作，而且可以克服初学者常常过高估计自己的倾向。

在练习后期，教师应指导学生细心体会自己的练习行为并力求发现自己的经验。因为这时的练习是以技能动作的连贯、协调和自动化为目的的。这一目的的实现只能依靠学生自己在练习中细心地去体验。

还要特别注意的是，技能的学习不只是肌肉动作层面的学习，它的每一步都包含了认知的重要成分。其中，不需要意识控制就能运用的技能叫作**自动化技能**（automated basic skill）。例如，一个人在开车时对方向盘、刹车、油门的操作，经过多次的熟练练习之后变得自动化了，无须像刚开始学习的时候用心思考动作的先后。但是，即使一个老司机在开车的时候，也需要注意当时的交通路况，因为条件在不停地变化，动作难以完全自动化。一旦司机决定改变方向，转弯的技术是自动的，但是转弯的决定是能意识到的，要以当时的交通路况为依据。这种在问题解决中对技能的有意识的运用叫作**专门领域策略**（domain-specific strategy）。为了促进学习这种策略，教师需要给学生提供多种不同情境中的练习机会。

（四）内在动觉反馈

在练习中，以对动作的动觉控制替代视觉控制是学生运动技能形成的重要标志之一。因此，教师要做到：①指导学生将动作的视觉形象与动觉表象结合起来；②指导学生认真体会动作的动觉刺激，以加速视听分析器与运动分析器之间，以及运动分析器中的动觉细胞与运动细胞之间的联系的建立；③在练习后期，应指导学生运用视觉控制与动觉控制交替练习的方法，促进动觉控制替代视觉控制，如此逐渐增强学生的内在反馈的作用，从而提高学生对各种肌肉动作的自我调节与控制能力。

最后，需要指出，任何学习不仅仅停留在动作和知识层面，情绪情感对学习的结果也有着重要的影响。学生如果对技能本身没有明确的目标，没有积极的接纳的态度就难以产生主动的学习。另外，旧技能的惯性作用往往会阻碍新技能的学习。就算学生"被迫"学会了新技能，如果他们在情感和态度上没有接受它们，也会因疏于使用而荒废它们。

思考题

1. 简述技能和习惯的区别和联系。
2. 简述动作技能的形成阶段。
3. 简述练习在动作技能学习中的意义。
4. 简述高原现象产生的原因。

推荐阅读

陈琦，刘儒德．当代教育心理学(第3版)．北京：北京师范大学出版社，2019．第十章

［美］约翰·安德森．认知心理学及其启示(第7版)．秦裕林，程瑶，周海燕，等，译．北京：人民邮电出版社，2012．第九章

第十一章

高级思维

学习不仅是为了获得知识和技能，更重要的是培养学生的高级思维能力。高级思维涉及问题解决、创造性思维与批判性思维。

本章要点

- ● 问题与问题解决
- ○ 问题及其分类
- ○ 问题解决的界定
- ● 问题解决的过程
- ○ 问题解决的理论视角
- ○ 问题解决的具体过程
- ● 问题解决的训练
- ○ 问题解决的影响因素
- ○ 问题解决能力的训练
- ● 创造性思维
- ○ 创造性思维的过程与特征
- ○ 创造性思维的训练

第一节　问题与问题解决

问题解决对学生的学习有着重要的作用。加涅（Gagné，1977）认为"教育课程的重要的最终目标就是教学生解决问题——数学和物理问题、健康问题、社会问题以及个人适应性问题"。

一、问题及其分类

根据纽厄尔和西蒙的观点，**问题**（problem）是指这样一种情境：个体想做某件事，但不能马上知道完成这件事所需采取的一系列行动（施良方，1994）。人们遇到不可能直接完成的事时，就有了问题，如诊断疾病、解答数学应用题、设计大桥、编写剧本等。无论简单或复杂、抽象或具体、持续的时间长或短，每一个问题都包含三种成分：①给定信息，指有关问题初始状态的一系列描述；②目标，指有关问题结果状态的描述；③障碍，指在解决问题的过程中会遇到的种种待化解的因素。问题就是给定信息与要实现的目标之间有某些障碍需要加以克服的情境。

人们在生活中遇到的问题是相当复杂多样的。学生在学科学习中遇到的绝大多数问题都是**结构良好问题**（well-structured problem）。例如，"从北京出发乘火车去香港，最好的路线是什么"，其初始状态、目标状态和操作都是具体明确的。再如，"求边长为2厘米的正方形的面积"，其初始状态和目标状态，以及问题解决的方法都是明确的。另外，诸如让学生进行加减乘除的运算，在考试中进行单项选择，或者是解决一个复杂的物理问题等，都是结构良好问题，因为学生可以根据给定信息和目标，选择明确的解决方案来达到问题解决的目的。

结构不良问题（ill-structured problem）是指问题没有明确的结构或解决途径。例如，"修电脑"，其初始状态不明确，所以要先检查电脑的故障出在哪儿。"用 Photoshop 做一朵漂亮的玫瑰花"，其目标状态不明确，即不知道什么样的玫瑰花才算"漂亮"；让学生考察当地城市的污染状况并写出一篇论文，其初始状态、目标状态甚至问题解决方案都不明确，是名副其实的结构不良问题。

二、问题解决的界定

问题解决（problem solving）是指个体超越过去所学规则的简单应用而产生一个解决方案。当常规或自动化的反应不适应当前的情境时，问题解决就发生了。问题解决需要个体应用已习得的概念、命题和规则，进行一定的组合，从而达到一定的目的。加涅在对学习进行分类时，将问题解决视作高级规则的学习，强调问题解决是规则的组合，其结果是生成了新的规则，即高级规则。例如，教师要求学生证明平方差公式（吴庆麟，1999）。

$(a+b)(a-b)=a^2-b^2$（其中，a 和 b 都是有理数）。

如果学生以前已经获得过这些规则：

$a+(-a)=0$（两个符号相反的单项式相加，其和为零）；

$a×b=ab$（两个符号相同的单项式相乘，其积为正）；

$a(-b)=-ab$（两个符号相反的单项式相乘，其积为负）；

$(3a+5b+6c)×3a=9a^2+15ab+18ac$（多项式乘单项式，即多项式的每一项乘以单项式）。

那么学生可以根据这些规则，将要求证明的式子展开：

$(a+b)(a-b)=a^2+ab-ab-b^2$。

从而整理出：

$(a+b)(a-b)=a^2-b^2$。

学生组合先前获得的规则，对$(a+b)(a-b)$进行了运算，从而获得了平方差公式这一新的高级规则。解决问题具有一些共同的特点。①解决问题是解决新的问题，如上例，学生是初次遇到这个问题。如果学生不是第一次尝试解答平方差公式这个问题，而是第二次、第三次甚至多次解答，就称不上解决问题，只能说是一种练习，而解决问题与练习不同。②学生在解决问题时，要把先前掌握的简单规则重新组合，以适用于当前问题。原先习得的简单规则，是解决问题过程中思维的素材。③一旦问题解决了，学生的能力或倾向随之发生变化。在解决问题中产生的高级规则（如平方差公式），储存下来构成学生"知识宝库"（认知结构）中的一个组成部分，以后遇到同类情境时，借助回忆即可做出回答而不再视其为问题了。

第二节　问题解决的过程

关于解决问题的过程，杜威最早提出了五阶段论。他认为，所有年级和所有课程都要采用问题解决的方法。大量的实践和发现活动都与学生的问题解决有关。学生的问题解决过程包括五个步骤：①开始意识到难题的存在；②识别出问题；③收集材料并对之分类整理，提出假设；④接受和拒绝试探性假设；⑤形成和评价结论。此后的许多阶段论模式都是建立在杜威理论的基础之上的。

一、问题解决的理论视角

对于问题解决的过程，心理学上主要有两种传统的观点。一是桑代克提出的**试误说**（trial and error theory）。这一学说认为，问题解决是由刺激情境与适当反应之间形成的联结构成的，这种联结是通过尝试错误逐渐形成的。问题解决过程首先需要个体通过一系列盲目的操作，不断地尝试错误，发现一种问题解决的方法，即形成刺激情境与反应的联结，然后再不断重复巩固这种联结，直到能立即解决问题。二是格式塔派心理学家苛勒提出的**顿悟说**（insight theory），认为人遇到问题时，会重组问题情境的当前结构，以弥补问题的缺口，实现新的完形，从而联想起一种可行的解决方案。这一过程的突出特点是顿悟，即对问题情境的突然领悟。

信息加工论者把问题解决看作信息加工系统（大脑或计算机）对信息的加工，把最初的信息转换成最终状态的信息。随着计算机技术的迅猛发展，许多心理学工作者试图用计算机模拟人类的问题解决过程，根据计算机以人类解决问题的方式和工作时的运行机制来推测支配人类解决问题过程的某些机制。纽厄尔和西蒙（Newell & Simon，1972）认为问题一般包括三个方面：①初始状态——一开始时的不完全的信息或不令人满意的状况；②目标状态——希望获得的信息或状态；③操作（以前又译为算子）——从初始状态迈向目标状态，可能采取的步骤。这三部分加起来构成了**问题空间**（problem space），这就是对问题构成的表征。例如，猫走迷津时，走出迷津就是问题空间。猫从开始的位置（初始状态）到出口（目标状态），做一些转弯动作（允许的操作）。

根据信息加工论，问题解决的首要环节是对问题情境建构起心理表征（或心理模型），也就是问题空间（Newell & Simon，1972；Jonassen，2000）。然后，问题解决者需要通过活动来实施对所建构的问题空间的操作方法（Jonassen，2000），将该问题空间的初始状态逐渐转变为目标状态。例如，

有顾客抱怨所住大楼的电梯太慢了。工程技术人员经过检测，认为电梯并不比一般的电梯慢，而更换更快的电梯费用很高。一天，大楼主管看见人们在焦急地等待电梯，他意识到，不是电梯运行太慢，而是人们在等待电梯的时候无事可做，显得太无聊了。他建议，给每一层电梯间安装一面镜子，从此很少有人抱怨电梯运行慢了。

从这个案例可以看出，如果将问题表征为电梯运行速度慢，那么问题空间的初始状态是电梯运行速度慢，目标状态是加快电梯运行速度，状态转换的操作就是更换电梯。但如果将问题表征为人们抱怨电梯运行慢，那么问题空间的初始状态就是人们抱怨电梯运行慢，目标状态是人们不抱怨电梯运行慢，状态转换的操作就是在电梯间安装镜子，让人们在等待的时间可以照照镜子，打发等待电梯时的无聊。总之，问题解决是"一系列趋向目标的认知操作"（转引自 Jonassen，2000）。

二、问题解决的具体过程

基克等人（Gick，1986；Derry & Murphy，1986）根据对解决问题策略的研究，认为一般的解决问题的策略包括四个阶段（见图 11-1）。

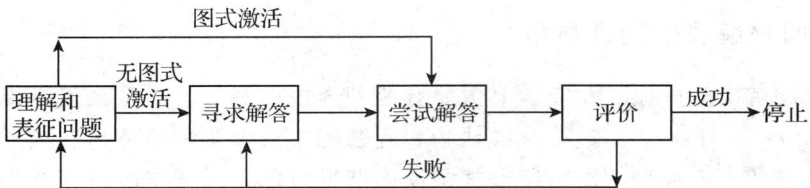

图 11-1　基克解决问题过程的模式

（资料来源：Gick，1986）

（一）理解和表征问题阶段

问题解决的第一步是确定问题到底是什么，即要理解问题，对问题进行表征，形成适当的问题空间。为了形成对问题的表征，学习者首先要在问题条件中找出相关信息而忽略无关的细节，理解问题表述中的词语、句子和事实的意思，然后调用相关的领域知识，对问题形成整体的理解。学习者甚至可以借助画图的方式来表征自己的理解。例如，

有一条上山的步行小路大约长 9 千米。步行者需要在晚上 8 点之前完成上山下山。小明估计他能以平均每小时 1.5 千米的速度上山，然后以两倍的速度下山。这个速度考虑到了吃饭、休息所花的时间。根据小明所估计的速度，他最晚什么时间开始上山，才能赶在晚上 8 点之前返回山下。

为了解决这个问题，学习者首先需要确定这是一个行程问题。学习者从题目表述中，获得相关信息，如上山路程长 9 千米，上山速度是平均每小时 1.5 千米，下山速

度是平均每小时 3 千米。为了赶在晚上 8 点之前返回山下，小明最晚什么时间需要开始上山？学习者还需要从问题情境中推出一些隐含的信息，如下山路程也是 9 千米。所问问题实际上是小明上山和下山一共要花多少时间。

在这些信息中，有些是赋值语句，如步行小路长 9 千米，上山速度是每小时 1.5 千米；有些语句则是关系语句，如（小明）以两倍的速度下山。一般来说，学习者对关系语句的理解要难于对赋值语句的理解。

学习者还要根据对这些信息的理解，形成对问题的整体表征。这个问题实际上是已知上山路程、上山速度、下山路程、下山速度，求上山时间和下山时间的总和。一旦求得这个总时间，学习者就可以根据返回山下的时间倒推出从山下出发的时间。

学习者也可以图解问题，形成整体的问题表征（见图 11-2）。

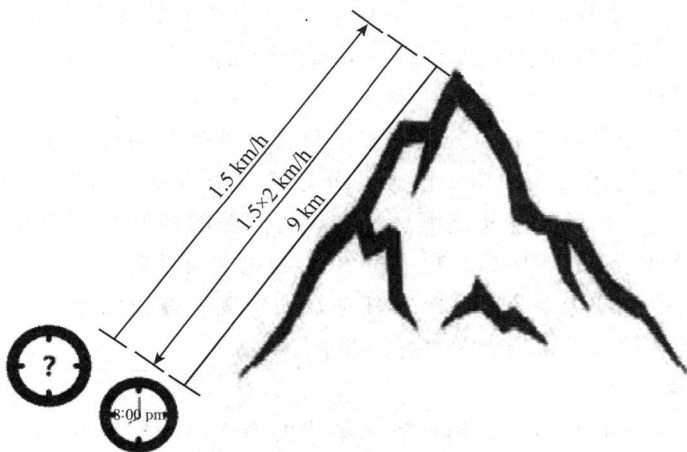

图 11-2　图解对问题的表征

在实际的问题解决过程中，学习者能很快确定问题是什么。有些学习者只看一下标准代数题开头的几个句子，就能马上做出决定，并将问题归入某一类型中。一旦问题被归入某一类（如这是一个时间问题），一个特定的图式就被激活了，这个图式将引导学习者注意有关信息，并预期正确答案应是什么样的。

根据基克等人的解决问题过程的模式，问题表征阶段有两个主要的结局。第一，如果个体对问题的表征能使他联想起一个解决方案，或者激活了一个适当的图式，那他就能解决这一个问题了。从某种意义上说，个体并没有真正解决一个新问题，他只是再认了一个新问题，把这个问题看成过去解过的问题的一个"伪装"版本而已。个体于是按"图式激活"的捷径直接进入寻求解答阶段。第二，如果并没有一个现存的图式能使个体联想起一个即时的解决方案，他就得遵循寻求解答的路径。这条路径并不如前面那条途径有效，但有时，这是一条唯一的路径。

（二）寻求解答阶段

寻求解答可能存在这样两种一般的方式：算法式和启发式。

1. 算法式

算法(algorithm)是个体为达到某一个目标或解决某个问题而采取的一步一步的程序。它通常与某一个特定的课题领域相联系。在解决某一个问题时，如果个体选择的算法合适，并且又能正确地完成这种算法，那么他能获得一个正确的答案。在实际教学中，这样的例子屡见不鲜。例如，做一道大数目除法"$3674859 \div 11$"，个体只要仔细地按照乘—减的算法反复地做下去，就能获得最终的解。

2. 启发式

启发是指根据目标的指引，试图不断地将问题状态转换成与目标状态相近的状态，从而只试探那些对成功趋向目标状态有价值的操作。启发式使得个体试图使用一般的策略去解决问题，这些一般的策略可能会带来一个正确的答案。例如，在解连加题"$1+2+3+4+5+\cdots+10000=?$"时，个体就可以根据其特点将其转换成加乘除法"$(1+10000) \times (10000 \div 2)$"进行简便计算。下面介绍几种启发式方法。

(1)手段目的分析法

手段目的分析法是指将目标划分成许多子目标，将问题划分成许多子问题后，寻找解决每一个子问题的手段。采用手段目的分析法，个体需要确定问题的初始状态、中间状态和目标状态，然后思考实施哪些操作，将问题的初始状态转换为一系列中间状态，最终转换为目标状态。例如，写一篇20页的论文对某些学生而言是十分令人头痛的事。但如果将这个任务划分成几个子任务，如选题、查找信息资料、阅读和组织信息、指定大纲等，他们就可能表现得好一些。

(2)逆向反推法

逆向反推法就是从目标开始，退回到未解决的最初的问题。也就是说，个体为了达到目标，必须先到达一个中间状态，这样一步一步反推，直到推出已知的初始状态。这种方法对解决几何证明题有时非常有效。在生活中，我们有时也需要采用逆向反推法。

逆向反推法与手段目的分析法都要考虑目标并且确定运用何种操作去达到目标。当问题空间可以从初始状态引出许多途径，而从目标状态返回到初始状态的途径相对较少时，用逆向反推法就相对容易些。

(3)爬山法

爬山法的基本思想是设立一个目标，然后选取与起始点邻近的未被访问的任一节点，向目标方向移动，并逐步逼近目标。这就像爬山一样，如果一个人在山脚下，要想爬到山顶，就得一点一点地往上爬，一直爬到最高点。爬山法在我们日常生活中是有用的方法，不少实际问题是靠这种方法解决的。例如，医生在给慢性病人用药时常常用这种方法来确定药的剂量。

采用爬山法，个体有时先得爬上矮山，然后下来，再爬上最高的山顶。因此，爬山法只能保证爬到眼前山上的最高点，而这个最高点不一定是真正的最高点。

(4)类比思维

当面对某种问题情境时，个体可以运用类比思维，寻求与此有些相似的问题的解答途径。当人们第一次发明潜艇后，工程师们想要让战舰确定潜艇隐藏在海下的方位。通过研究蝙蝠导航机制，工程师发明了声呐，将其运用于潜艇的定位。

有研究者（Gick & Holyoak，1980）通过实验演示了"类比"的功效。他们呈现给学习者一个较难的医学问题：

医生诊断确定，不能对某癌症患者进行开刀手术，唯一可能的治疗方法是用放射线破坏癌变组织。但是，采用放射疗法的困难如下：如果强度不够，放射线就不足以破坏癌变组织；但如果强度足够，放射线在破坏癌变组织以前，会先损伤其他部位的健康组织。在两难情况下，医生怎样才能在不伤害健康组织的原则下，达到治疗的目的？

同时，该研究者还呈现了一个已解决的军事问题作为类似的问题情境：

一位将军想要攻克位于某国中心的一座城堡，但他身处困境，因为通向城堡的每一条通路都埋有地雷。大部队通过时会引起地雷爆炸；小部队虽然能够安全通过，但不能攻克城堡。为了胜利攻城，将军必须把整个大部队集中到城堡周围，怎么才能解决这个问题呢？

攻克这个要塞的策略是，先将兵力分散渗透，然后在目的地聚合起来。通过这个例子，学习者理解了图式知识的内涵："通过聚合微弱力量而取得强大的正面效果与微弱的负面效果。"结果发现，简单地给学习者一个类似的问题不会自动地促进学习者使用它解决问题，然而如果提示两个故事的关系，学习者解决问题的能力就会提高。给学习者两个类似的故事，比只给一个类似的故事，效果更好。

（三）执行计划或尝试解答阶段

当表征某个问题并选好某种解决方案后，下一步就要执行计划、尝试解答。如果解决方案主要涉及某些算法的使用，例如，解数学应用题，学生就要避免在使用算法的过程中产生一些错误的算式或系统性"错误"（bug）。有研究表明，学生常常非常有逻辑地或"聪明"地犯错误，而很少犯随机的、偶然的错误。他们通常应用某些错误的规则或程序来回答问题或解决问题。有研究（Burton & Brown，1979）表明，学生的算法中存在的错误比教师想的要多得多。例如，教师发现计算减法学生总是从大数中减去小数，不管哪个数在上面。教师一旦发现了错误，就要加以矫正，这比单纯要求学生细心或重做一遍要有用得多。

（四）评价阶段

当选定并完成某个解决方案之后，个体还应该对结果进行评价。评价结果的方法之一，就是寻找能够证实或证伪这种解决方案的证据，并对解决方案进行核查。

在解决数学问题时，我们常常采用验算的方法来评价解决方案，例如，用减法验算加法，用加法验算减法，改变相加的顺序验算连加算式，等等。有时候，我们可能会凭着对答案的估计来评价答案。比如，11×21 的答案应在 200 左右，因为 $10 \times 20 = 200$。如果答案为 2311 或 23 或 562，那么我们应该能马上意识到这些得数是不正确的。

人们在解决问题时，可以寻求各种不同的方案。但是人们一般不去寻求最优的途径，而要求找到一个满意的途径（这就是西蒙提出的满意原则）。例如，假设人们要数清一节车厢有多少个苹果，一种方法是可以一个一个地去数，获得最精确的数目。但人们一般不这样做，而是先数出一个纸盒装有多少个苹果，然后根据纸盒的数量，估算出整节车厢苹果的大概数目。即使解决最简单的问题，要想得到尝试次数最少、效能最高的解决途径也是很困难的。人们可以通过调节自己的标准来调节对问题解决的满意度。

第三节　问题解决的训练

一、问题解决的影响因素

问题解决的思维过程受多种心理因素的影响：有些因素能促进思维活动对问题的解决，而有些因素则妨碍思维活动对问题的解决。这些因素可以分成问题因素和个人因素。问题因素包括问题的刺激特点、功能固着以及反应定势。个人因素包括有关的知识背景、智慧水平、对问题的敏感性、好奇心和综合各种观念的能力以及动机和气质。这里重点介绍问题因素对问题解决的影响。

（一）问题的刺激特点

当个体解决某一问题时，问题中的事件和物体将以某种特点呈现在个体面前，如空间位置、距离、时间以及物体当时表现出的特定的功能。这些特点以及它们之间的关系将影响个体对问题的理解和表征。

某些呈现方式能直接提供问题解决的线索，便于人们寻找问题解决的方向、途径和方法。某些呈现方式则可能掩蔽或干扰问题解决的线索，增加解答的难度，甚至将人们导入歧途。例如，在图 11-3 中，很明显，图 b 比图 a 提供的线索更隐蔽，因而解答也相对难一些。

已知圆的半径 R 的长度，求正方形的面积。

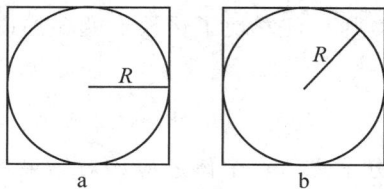

图 11-3　求正方形面积图

问题本身的具体性是问题解决的一个重要的促进因素。当问题解决者是年幼儿童，或者问题解决者对问题所涉及的领域特别陌生时，问题的具体性显得更为重要。

（二）功能固着

功能固着（functional fixedness），这个概念是由德国心理学家邓克尔（Duncker，

1945)提出的。它是指一个人看到某个制品有一种惯常的用途后，就很难看出它的其他用途了。人们初次看到的制品的用途越重要，就越难看出它的其他用途。请看以下情境：

你现在在一个屋子里。这个屋子没有灯，一到晚上就会很黑。你的任务就是把蜡烛固定到门上，你有以下几种材料可以使用（见图 11-4a 和图 11-4b）。可是当你清点材料时，你却发现其中没有可以固定蜡烛的烛台，也没有把钉子钉到墙上的锤子。快到晚上了，你该怎么解决这个问题呢？

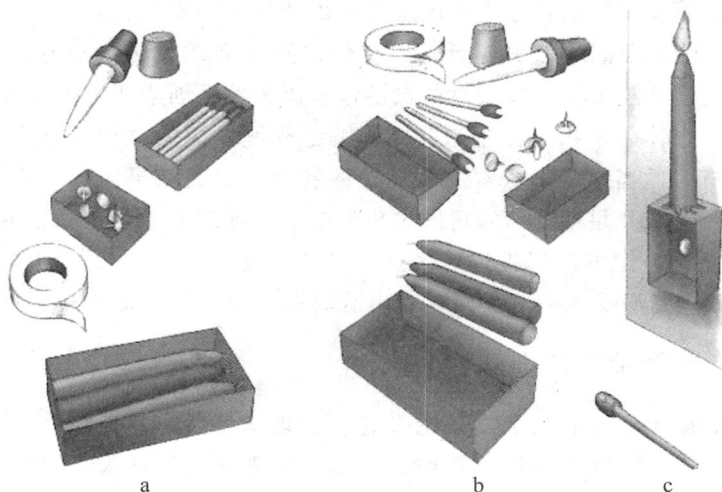

图 11-4 蜡烛问题

（资料来源：Coon，1998）

结果发现，同样是给被试材料，如果采用图 11-4a 的方式，所有的材料整齐归档，被试往往难以解决问题，这就是所谓功能固着。如果采用图 11-4b 的方式，所有的材料都零散地呈现，被试成功解决问题的可能性将大大增加。整齐摆放的材料，更容易产生功能固着。在日常生活中，我们经常碰到这种现象：人们常常因为不能想到某个惯常使用的物品的一些非常规的用途，而难以灵活解决问题。假设某一个螺丝松了，非要找螺丝刀不可吗？你是否想到使用一把小刀？这种功能固着使我们倾向于以习惯的方式使用物品，从而妨碍我们以新的方式使用它来解决问题。

（三）反应定势

反应定势（response set）有时也称定势，是指以最熟悉的方式做出反应的倾向。最初研究定势在解决问题中的作用的是迈尔（Maier，1930）。他在实验中，利用指导语对部分被试进行指向性暗示，对另一些被试不进行指向性暗示。结果，在前一种情境下，绝大多数被试能解决问题，而在后一种情境中，则几乎没有一个被试能解决问题。

虽然定势有时有助于问题的解决，但有时定势使解决问题的思维活动刻板化，会妨碍问题的解决。请思考下面这个问题（转引自 Woolfolk，2004）：

在这四个问题中，每个问题都只能移动一根火柴，使之变成一个真正的等式。

$$\diagdown/ = \diagdown/ \ | \ | \qquad \diagdown/ | = \times | \qquad \times | \ | = \diagdown/ | \ | \qquad \diagdown/ | \ | = |$$

个体可能很快就能解决第一个问题，只需从右边移动一根火柴到左边，形成 $\diagdown/ | = \diagdown/$。第二个和第三个问题也不会很难。个体可以变 $\diagdown/ |$ 为 $\times$ 或变 $\times |$ 为 $\diagdown/ |$，就能解决问题。但是第四个问题就不那么容易了。要解决这个问题，个体必须改变定势，或者转换图式。前三次解决方法这次都行不通。这个答案将有赖于运用阿拉伯数字和平方根的知识。变 $\diagdown/ | \ | = |$ 为 $\sqrt{1} = |$，它表示 1 的平方根等于 1。

图式的激活、功能固着和反应定势都反映了灵活性在理解问题中的重要性。如果个体一开始就把真正的问题做了不准确或无效的表征，要解决问题可就费劲了。有时，个体不妨仔细"玩味玩味"：我知道什么？要解决这个问题我必须知道什么？我能不能从另外一个角度来看这个问题？观念的灵活性和流畅性是创造性的重要特点。

情境因素与个体因素相互作用，共同影响了问题解决的过程和结果。酝酿效应就是一个例子。有时候当你反复探索一个问题的答案而毫无结果时，你不妨把问题暂时搁置几小时、几天或几星期，然后再回过头来解决，这时常常可以很快找到解决方法。许多科学家在研究工作中都报告过许多这类经历。这种现象称为**酝酿效应**（incubation effect）。酝酿效应打破了人们解决问题时不恰当思路的定势，促进了新思路的产生。

二、问题解决能力的训练

人们对问题解决存在着长久的争论。有些心理学家认为，存在着一些在许多领域都能发生作用的一般的问题解决的策略。而有些心理学家则认为，有效的问题解决的策略只是在某一个具体的问题领域起作用。也就是说，数学中问题解决的策略只能对数学有用，艺术中的问题解决的策略只能用于艺术，等等。谁要想成为某个领域中的专家，就得掌握这个领域中的策略。这两种观点都能找到各自的支持性证据。在这里，我们先分别看看一般问题解决能力训练方面的研究工作，然后探讨教师在实际教学中培养学生的问题解决能力可以采取的措施。

（一）一般问题解决能力的训练

训练一般问题解决能力最流行的做法，就是教学生各种不同的一般原理或原则。这些原理或原则来自对解决问题过程的理论分析和对成功的解题者与不成功的解题者的比较观察。比如，"在试行解决某问题前，对问题进行简洁的陈述，并规定界限""抛开很少有希望的那些先入为主的想法，另做其他考虑和选择""弄明白任何前提所凭借的假设""思考提出的论据有多大的可靠性和代表性"等。这些原则上的启示有助于问题解决能力的培养。但是，这都只是对解决所有问题都可采用的方法的泛泛之谈，对特殊问题的解决效果不好。一般说来，在那些旨在提高解决问题的特殊思维能力训练教程中，短期的教程并未取得相应的效果，但长期而精深的训练教程却取得了较好的效果。

1. 创造性思维教程

科文顿等人（Crutchfield et al.，1974）从 1967 年起，用一个名叫**创造性思维教程**（productive thinking program）的系统教学程序，开展有关训练学生问题解决能力的研究，历时 6 年之久。这个教程由 16 册卡通小书组成，每册有若干篇以故事形式表达的课文。首先，学生要个别地学习课文，解决故事中的难题。每个学生要各抒己见，找出分歧，做评鉴，提出疑问等，而且要通过这些环节获得问题解决的一些策略，例如产生不同寻常的新看法，改变心向，从不同角度看问题，摸清问题的要点，注意与问题有密切关系的事实和条件，等等。最重要的是学生在关键时刻决定最佳行动方针的策略。研究表明，学生的问题解决能力是随着一系列策略的运用而发展与提高的。

2. 德波诺的 CoRT 教程

德波诺（de Bono，1985）的 CoRT（Cognitive Research Trust）教程教学生如何看待他们可能在校外面临的问题，并对问题进行独特的解答。教程包括 6 个单元，每个单元有 10 课，每一课都集中训练表征或分析某一问题情境的特定策略。每一课开始后，教师先简要解释所要学习的认知技能，然后将学生分组练习问题的解答。几分钟过后，各组汇报各自的进展情况，在教师的组织下进行讨论。大多数例题来自实践和现实生活，而不是人为编制的智力测验性质的试题或游戏。

PMI 就是 CoRT 教程中的一种问题解决的策略。PMI 是 Plus（有利因素）、Minus（不利因素）和 Interest（相关因素）的简称。这个策略旨在训练学生遇到一个问题时，需要先想问题的正面，后想问题的反面，然后看看哪些是他们感兴趣的点。例如，大学取消考试好不好？面对这个问题，学生需要从正反两方面列举一些因素，然后从中提炼出一些感兴趣的因素。

Plus（有利因素）

①学生没有学习压力了；②学生可以随意选择专业和课程了；③学生不用死记硬背一些课本知识了；④补考不存在了；⑤学生不需要与同学竞争了。

Minus（不利因素）

①缺乏自控能力的学生不再学习了；②无法评价学习效果了；③不能评选奖学金了；④研究生推免资格缺乏客观可靠的依据了。

Interest（相关因素）

①如何采取更有效的考评方法？②如何公正评价学生的学习？③考评及其反馈如何促进学生的学习？

3. 批判性思维教程

问题解决离不开批判性思维能力的培养。**批判性思维**（critical thinking）是指个体有逻辑地、系统地检查问题、证据以及解决方案而对结论的有效性和价值进行评估和判断的思维，比如，识破误导性广告，衡量竞争双方的证据，看出辩论中的假设或谬误等。

关于批判性思维包含哪些技能，人们从不同的特定学科领域出发，提出了不同的看法。有人根据一般性分析，提出批判性思维包含着一些基本的技能，如贝耶尔（Beyer，1988）和尼德勒（Kneedler，1985）等提出的观点。其中，尼德勒所提供的批判性思维基本技能一览表较有代表性（见表 11-1）。他认为，批判性思维包含 12 种基本技能，这些技能可以分为定义和明确问题、判断相关信息以及解决问题/得出结论三个方面。

表 11-1　批判性思维技能一览表

定义和明确问题
1. 识别中心论题或问题：识别一篇文章、一个评论、一幅政治讽刺画的中心大意或包含在评论中的理由和结论。
2. 比较异同点：能比较各种人物、观点、同一时刻或不同时刻的情境的相同点和不同点。
3. 确定哪些信息是相关的：能识别可证实的和不可证实的、相关和不相关的信息之间的差别。
4. 形成适当的问题：这个问题能引导人们对某个问题或情境进行更深刻、更清楚的理解。
判断相关信息
5. 区别事实、观点和合理的判断：能运用某个标准去判断观察和推理的质量。
6. 核查一致性：能确定某种论述或符号在上下文中是否彼此一致。例如，一场政治辩论中的不同观点，是否和中心议题相关或一致。
7. 识别字里行间的假设：能识别那些没有被明确表述但经推论可得到的假设、观点和结论。
8. 识别原型和套话：能识别某个人、某个团体的陈词滥调或惯用语，这些套话的含义一般都是恒定的。
9. 识别偏见、情感因素以及语义倾向性：能识别包含在一篇文章或图表中的偏见，确定其来源的可靠性。
10. 识别不同的价值系统和意识形态：能识别不同的价值系统和意识形态之间的异同。
解决问题/得出结论
11. 识别材料的适当性：能确定信息在质和量上是否足以证明一个结论、决定、概括性命题或似乎合理的假设。
12. 预测可能的后果：能预测某个事件或一系列事件可能的后果。

4. 弗斯坦的思维工具强化教程

以色列教育家弗斯坦(Feuerstein，1980)的思维工具强化教程是被进行了广泛研究的思维技能课程。学生通过一系列的纸笔练习，培养诸如抽象逻辑思维以及分析问题能力等智力技能，发展对自己智力过程的洞察力，并且成为一个积极的思考者。这种课程有一个重要的特点，就是运用"架桥"(bridging)的方法将该课程所教的知识技能和真实世界的问题联系起来。思维工具强化教程每周持续 3～4 小时，历时至少两年，对象通常是发展不足或学习无能的青少年。有研究表明，这种课程对能力倾向测验，如对智力测验等有积极的效果，但对学业成就一般没有好的效果。

一般的问题解决能力训练研究，往往要注意以下几个问题：①影响问题解决的因素很多，很难决定训练的内容和方法；②在实验室条件下的短期结果能否推演到学校和日常生活情境中问题解决能力的长期变化上去；③训练效果的普遍性，等等。

（二）教学实际中问题解决能力的训练

在实际教学中，学生的问题解决能力，完全可以结合各门学科的内容来进行训练和提高。在教学中，教师要把重点放在课程的知识上，放在特定学科的问题解决的逻辑推理和策略上，放在有效解决问题的一般原理和原则上。教师要注意为学生创造适当的气氛，以利于问题解决。

1. 鼓励质疑

当教师从外部提出问题时，学生比较被动。教学要尽量从教师提出问题过渡到学生质疑，从而培养学生主动质疑的内在动机。因此，教师要鼓励学生在课堂上主动提问，减少这样那样的限制，形成一种自由探究的气氛。

2. 设置难度适当的问题

教师给学生的问题要可解，但要有一定的难度。题目过难，不易为学生理解，所以就不利于学生解答；反之，题目过于容易，也起不到应有的作用。教师要了解学生学该知识的起点行为，要对已有知识、原则进行重新组合，而不是重新学习。但是每个学生的起点行为是极其不同的，所以教师在培养问题解决能力上要注意将班级教学与个别辅导相结合。有的教师在课堂练习中给学生数量不等的难题，效果较好。

3. 帮助学生正确表征问题

学生用所学知识解释问题，或者画草图、列表、写方程式等，这对回忆相关信息都有很好的作用。有人(Cooper & Sweller, 1987)的研究表明，试图将解决问题的计划以及选择这个计划的理由说出来或写下来，可使问题成功解决。在生活中，有时向别人解释某个问题时，个体头脑中可能会涌现出一个新的计划。

4. 帮助学生养成分析问题的习惯

学生应该始终注意对问题进行分析、了解，牢牢掌握问题的目的与主要情境，将精力集中于解答的目的及其标准上。分析得越清楚，获得正确答案的可能越大。教师要帮助学生发展系统考虑问题的方式，帮助他们养成系统分析的习惯。

教师要注意两种倾向：一种是不能因让学生自己找出答案，就采取放羊态度，让学生进行盲目的尝试错误练习；另一种是不能过分热心，越俎代庖，把结论抢先告诉学生，要使学生主动投入解题过程，鼓励学生提出多种解法，而不只是教学生如何解题。教师在学生实在有困难时，要给学生提供适当的线索，或者补充必要的知识，以弥补其起点行为的不足。

5. 辅导学生从记忆中提取信息

解决问题需要个体对原有知识、原则进行重新组合。教师要帮助学生从记忆中迅速提取与解决问题有关的信息，并找出可利用的信息，明确问题情境与欲达到的目的，迅速做出判断。这里要注意，教师只是帮助学生回忆、提取信息，而不是代替他们。教师同时要鼓励学生进行类比。但是，教师也要防止学生从过去的方式方法中找答案，形成一定的定势。

教师要鼓励学生从不同的角度去看问题。有时学生习惯于按一种逻辑进行思考，此时教师就应该让他们运用横向思维，突破原来的事实和原则的限制。

6. 训练学生陈述自己的假设及其步骤

教师要培养学生从遵从别人的言语指导到自行思考，然后再让他们把自己的想法用言语表达出来。例如，关于四则运算题的先乘除后加减，最初教师先做指示，后面就可由学生自己来陈述，这样可进行自我强化。

此外，教师要给学生充分的时间进行解答。实践证明，在时间紧迫的情况下，教师让学生做难题，但是学生完不成，只好草率了事。教师也要鼓励学生验证答案，防止以偏概全，可做类比练习加以巩固。

第四节　创造性思维

培养学生的创造性思维，目前已成为一个全球性问题。"为创造性而教"已经成为学校的主要目标之一。对于创造性(creativity)，人们往往从作品(产物)、个性特质和过程三个方面来考虑，也就是从创造性产物、具有创造力的人和创造者进行创造的活动三个方面来考虑。针对某个人来说，创造力是指在特定环境下，个体产生新异的和合适的思想与产品的能力(Sternberg & Lubart，1999)。

一、创造性思维的过程与特征

创造性思维(creative thinking)是思维活动的高级过程，是个体在已有经验的基础上，发现新事物，创造新方法，解决新问题的思维过程。华莱士(Wallas，1926)提出四阶段论：①准备，即搜集信息阶段；②沉思，即处于酝酿状态；③灵感或启迪，即突然涌现出问题解决办法；④验证，即检验各种解决办法。华莱士的四阶段论具有广泛影响，更多地被引作创造性解决问题过程的阶段。这四个阶段较好地反映了问题解决的几种不同的认知状态。

创造性思维往往与发散思维和聚合思维两个概念相关。**发散思维**(divergent thinking)就是产生尽可能多的观点和答案的思维。**聚合思维**(covergent thinking)则是确定一个唯一答案的思维(Woolfolk，2004)。一些心理学家将创造性思维与发散思维联系起来。在吉尔福特(Guilford，1967)提出的智力结构的模式中，与创造性思维关系最为密切的是发散思维和转换。转换是指对信息加以重新排列。他进而列举了 23 种发散思维的要素与 25 种转换能力的要素。创造性思维与发散思维具有许多相同特点，创造性思维通常更多地或首先表现在发散性上，但是，创造性思维并不完全等同于发散思维，而是发散思维和聚合思维的统一。

一般认为，创造性思维具有流畅性、灵活性和独创性三个特征。人们对创造性的测量也重在考察这些特征。托伦斯(Torrance，1972)用文字和图形两种类型的测验来测查创造性。文字测验可能要求被试给一段文章命名，或者要求被试考虑如何把一个普通的玩具变得更有趣。

(一)思维的流畅性

思维的**流畅性**(fluency)是指在限定时间内产生观念数量的多少。在短时间内产生的观念多，思维流畅性强；反之，思维则缺乏流畅性。吉尔福特把思维流畅性分为四种形式：①用词的流畅性，是指一定时间内能产生含有规定的字母或字母组合的词汇量的多少；②联想的流畅性，是指在一定时间内能够从一个指定的词当中产生同义词（或反义词）数量的多少；③表达的流畅性，是指按照句子结构要求能够排列词汇量的多少；④观念的流畅性，是指能够在一定时间内产生满足一定要求的观念数量的多少，也就是给出的解决问题答案数量的多少。前三种流畅性必须依靠语言，后一种既可借助语言也可借助动作。

（二）思维的灵活性

思维的**灵活性**（flexibility）是指摒弃以往的习惯思维，开创不同方向的那种能力。例如，让被试"尽可能多地说出报纸的用途"，他会有"学习""包东西""当坐垫""折玩具""剪成碎片扬着玩""裹在身上取暖""用来引火"等各种各样的答案。富有创造力的人的思维比一般人的思维出现的想法散布得面广、范围大，而缺乏创造力的人的思维通常缺乏灵活性。

（三）思维的独创性

思维的**独创性**（originality）是指产生不寻常的反应和不落常规的那种能力，此外还包括重新定义或按新的方式对所见所闻加以组织的能力。例如，吉尔福特在其"命题测验"中，向被试提供一般的故事情节，要求他们按照自己的意思给出一个适当的题目。富有创造力的人给出的题目较为独特，而缺乏创造力的人常常被禁锢在常规的思维之中。

此外，创造性思维者还对新颖独特的观念具有高度的敏感性，具有及时把握它们的能力。托伦斯承袭了吉尔福特的观点，又增加了一个特性，就是精密性（elaboration）（Torrance，1972）。他认为，创造性思维必须善于考虑事物的精密细节。在科学飞速发展、技术日益精细的现代社会，这一品质是十分重要的。如果思维不够精细严密，人的创造性将会受到限制。

二、创造性思维的训练

我们的社会所面临的许多经济、社会和环境问题确实需要富有创造性的解决方案。在学校中培养学生的创造性是很有必要的，但是教师如何训练学生的创造性思维呢？教师本身也并非总是创造性的最佳裁判。托伦斯（Torrance，1972）在进行了12年追踪研究之后提出，教师对学生创造性的判断和这些学生在成年生活中所显示的创造性并不相关。即使教师很难看出有创造性的学生，创造性的培养也是值得的，而且也是可能的。这里有几种培养学生创造性思维的策略。

（一）脑激励法

教师鼓励学生创造的最重要的一步，是帮助学生思考各种可能的解决方案。教师可以试一试"**脑激励法**"（brainstorming，又译为大脑风暴法），其核心思想就是把产生想法和评价想法区分开来（Osborn，1963）。基本做法是，教师先提出问题，然后鼓励学生寻找尽可能多的答案，不必考虑该答案是否正确。教师也不做评论，一直到所有可能的答案都被提出为止。延迟对答案做评论，一方面可以鼓励学生多想答案，另一方面也防止他们因怕说错受批评而不敢说。在这种情况下，一种想法可能会启发另一种想法。同时，有些可能初看起来似乎荒谬而又真正体现创造性的想法不致被扼杀。这种做法在我国有时被人们称为"诸葛亮会"。

课堂教学常常采用班组讨论的方式来解决问题。但是进行脑激励法的讨论一般在10～12个人的情况下最有效。通过集体讨论，每个学生从各自不同的角度提出不同的见解，大大拓宽了解决问题方法的范围，最有利于产生社会心理学家所称的"社会促进"（social facilitation）的现象，即当一个人看到其他人正在完成某个任务时，自己也想要更快更好地完成任务。在小组讨论中，当学生看到其他学生积极发言时，自己也会积极思考。

个人也可以和小组讨论一样采用脑激励法，尤其在个体无从着手某个计划时更有用。假如个体想写一篇文章，他不妨先列出所有想到的标题、大纲、美妙的句子、例子等，然后综合评价，决定取舍，最后整理出一篇佳作来。

（二）分合法

分合法（synectics）是戈登（转引自陈龙安，1999）于 1961 年提出的一套团体问题解决的方法，其本义是"把原本不相同、不相关的元素加以整合"。它包括两种心理运作过程："使熟悉的事物变得新奇"和"使新奇的事物变得熟悉"。熟悉的事物陌生化的过程要求学生用新颖而富有创意的观点去重新了解旧问题、旧事物、旧观念，从另一个新奇的角度来解释一些熟悉的概念。例如，"母鸡"是一个我们所熟悉的概念。我们采用化熟悉为新奇的方法，就把它变为"母鸡只是一个生蛋的工具"。而面对陌生事物或新观念时，学生可以先从熟悉的概念入手，通过分析法和类比法来尽快熟悉陌生事物。例如，地球由地核、地幔和地壳三个部分构成。教师教学时用鸡蛋的结构（蛋黄、蛋白和蛋壳）做比拟，帮助学生更好地理解地球的地质结构。

戈登的分合法，主要运用类比（analogy）和隐喻（metaphor）的技术来帮助学生分析问题，形成不同观点。隐喻的功能在于使事物之间形成"概念距离"（conceptual distance），以激发学生的新想法。例如，教师提出"如果教室像电影院"，让学生以新的途径去思考熟悉的事物。相反，教师也可以让学生用原有方式去思考新的主题，例如，以人体去比拟交通运输系统。这种概念距离的形成，能够使学生自由地思考其生活中的活动或经验，发挥想象力，增强领悟力。戈登还提出了四种类比的方法。

1. 狂想类比

狂想类比（fantasy analogy）是让学生考虑解决问题的途径，尽可能以不寻常的思路去思考或尽可能牵强附会。例如，教师问学生："将球场上的一块大石头搬走，可以用什么方法？"学生通过狂想类比给出下列答案："用大气球把它吊走""用大象搬""用好多小蚂蚁来搬"等。然后，教师带领学生对观点进行实际分析与评价，再决定何种方式为最有效的途径。这种类比方法常用的句型是"假如……就会……"或"请尽量列举……"

2. 直接类比

直接类比（direct analogy）是将两种不同的事物，彼此加以隐喻或类比，借以触类旁通，举一反三。这种策略要求学生找出与实际生活情境相类似的问题情境，或直接比较类似的事实、知识或技术，例如，将电话比作听觉系统，将电脑比作人脑等。直接类比主要是简单地比较两种事物或概念。它的作用在于将真正的问题情境或主题的要素，转换到另一个问题情境或主题中，以便对问题情境或主题产生新观念。狂想类比与直接类比的主要区别在于前者纯属幻想虚构，不依据事实，而后者则要求必须有与问题相类似的实际生活情境。

3. 拟人类比

拟人类比（personal analogy）即将事物拟人化或人性化。例如，教师要求学生写一篇作文，想象一棵树生病了会怎么样。学生把自己想象成一棵生病了的小树，将自己平时生病时的症状和感受都赋予这棵小树，因此写得生动感人。

4. 符号类比

符号类比（symbolic analogy）就是运用符号象征化的类比。例如，诗词的表达，利用一些字词，可以引申或解析某一较高层次的意境或观念。符号的类比是一种"直指人心，立即感悟"的作用方式。例如，有的漫画家在人物的眼睛里画上"＄"的符号，便生动地刻画出了该人物贪婪、刻薄的形象。我们看到一些交通标志，立刻可以联想出一些交通规则。

（三）联想技术

联想技术包括定向联想和自由联想两种。定向联想，是指规定了联想的方向，是有限制的联想方法。例如，教师给学生一个杯子，让他们现在开始思考它的各种用途，但是有一些规则。**自由联想技术**（free association technique），即教师提供一个刺激，让学生以不同的方式自由反应。学生从已学知识、已有经验出发，运用联想技巧，去寻找并建立事物间新奇而富有意义的联结关系。教师对于学生所提的看法或意见，不予建议或批评意见，完全让学生依据自己的方式自由提出各种不同的想法及观念。当学生提出独特的、少有的构想时，教师则进行鼓励。例如，假设教师提供一个"鸟"字，学生通过自由联想，可能产生"小鸟""飞机""天空""羽毛""翱翔"等词或事物。自由联想技术用在字词方面就是字词联想，用在图画上就是图画联想，当然也可以应用在其他方面。

思考题

1. 结合教学实际阐述影响问题解决的因素。

2. 用一种模式说明问题解决的过程。

3. 举例说明几种批判性思维技能。

4. 简述问题解决的过程。

5. 谈谈什么是定势及其对问题解决的影响。

6. 简述什么是脑激励法及其实施的原则。

7. 谈谈如何在课堂中利用自由联想技术。

推荐阅读

陈琦，刘儒德．当代教育心理学(第 3 版)．北京：北京师范大学出版社，2019．第十一章

[美]罗伯特·斯莱文．教育心理学：理论与实践(第 10 版)．吕红梅，姚梅林，等，译．北京：人民邮电出版社，2016．第八章

[美]安妮塔·伍尔福克．教育心理学(第 12 版)．伍新春，等，译．北京：中国人民大学出版社，2015．第九章

[美]Sternberg，R. J．，& Spear-Swerling，L．思维教学——培养聪明的学习者．赵海燕，译．北京：中国轻工业出版社，2001．

第十二章

学会学习

随着信息社会的发展与社会竞争的日益激烈，学会学习和终身教育理念广泛普及。越来越多的人认识道："未来的文盲，不再是不识字的人，而是没有学会学习的人。"如何学习成了教育心理学中一个相当热门的课题。

本章要点

- 学习策略概述
- 学习策略及其分类
- 自我调节学习
- 认知策略
- 复述策略
- 精细加工策略
- 组织策略
- 元认知策略与资源管理策略
- 元认知的结构
- 元认知策略
- 资源管理策略

第一节　学习策略概述

一、学习策略及其分类

在有关学习策略的研究中，学习策略的界定始终是一个基本的问题：有的是指具体的学习技能，诸如复述、想象和列提纲等；有的是指较为一般的自我管理活动，诸如计划、领会、监控等；有的是指组合几种具体技术的复杂计划；有的甚至与元认知、认知策略、自我调节等的学习术语的含义相互重叠。综合这些不同的看法，**学习策略**

(learning strategy)是指学习者为了提高学习的效率和增强学习的效果有目的、有意识地制定的有关学习过程的操作程序。

学习策略相当复杂。丹瑟洛(Dansereau，1985)认为学习策略的差异是由以下一些重要的维度导致的。

①一种学习策略可能对实现目标有直接的作用，如领会策略；也可能通过在总体上提高学习者认知功能的水平而对实现目标有间接的作用，如专心策略。

②一种学习策略可能是算法式的，如针对某些任务的固定的过程序列；也可能是启发式的，如根据任务的条件和个别学习者的需求和技能而能优选的过程序列。

③学习策略可能因所要完成的任务的规模不同而不同，如PQ4R策略一般用于学习量大的材料，而首字连词法一般用于学习量小的材料。

④学习策略在特定性水平上存在差异。有些学习策略具有高度的特定性，是专门用于特定任务的，依赖学习的具体内容；有些学习策略则具有高度的一般性，独立于学习内容，可以广泛应用于许多学习任务。例如，PQ4R阅读法可以广泛应用于课本学习任务。相反，有些阅读方法只适用于学习科学理论或故事。

迈克卡等人(Mckeachie et al.，1990)将学习策略区分为认知策略、元认知策略和资源管理策略三种，并对它们之间的层次关系进行了分析(见图12-1)。

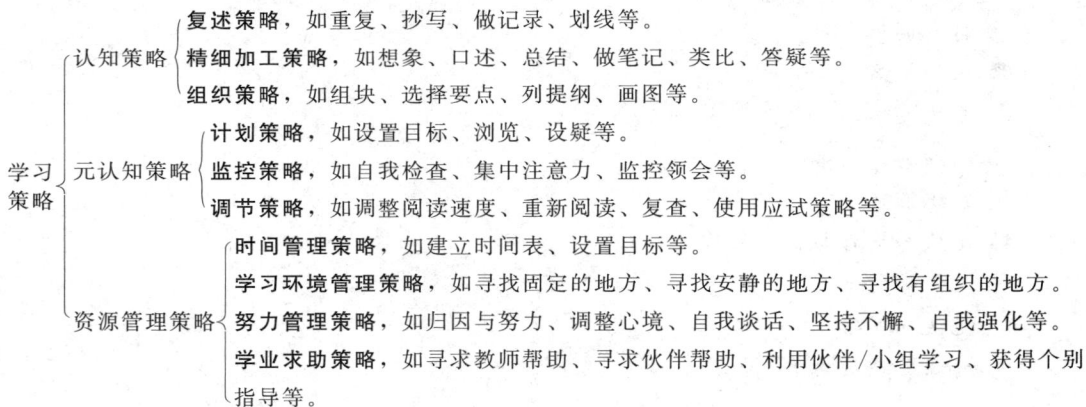

认知策略
- **复述策略**，如重复、抄写、做记录、划线等。
- **精细加工策略**，如想象、口述、总结、做笔记、类比、答疑等。
- **组织策略**，如组块、选择要点、列提纲、画图等。

元认知策略
- **计划策略**，如设置目标、浏览、设疑等。
- **监控策略**，如自我检查、集中注意力、监控领会等。
- **调节策略**，如调整阅读速度、重新阅读、复查、使用应试策略等。

资源管理策略
- **时间管理策略**，如建立时间表、设置目标等。
- **学习环境管理策略**，如寻找固定的地方、寻找安静的地方、寻找有组织的地方。
- **努力管理策略**，如归因与努力、调整心境、自我谈话、坚持不懈、自我强化等。
- **学业求助策略**，如寻求教师帮助、寻求伙伴帮助、利用伙伴/小组学习、获得个别指导等。

图 12-1　学习策略的分类

由以上这些观点我们可以看出，学习策略的成分都是从学习过程的环节或它所涉及的诸方面如方法、步骤、手段及组织等中提出来的。这些观点存在一些共同点，即都认识到学习策略既包含直接影响对学习材料的信息加工的成分，又包含影响信息加工过程的成分，并且包含对学习环境、时间及工具等的管理成分。分析学习策略的成分不仅要考虑学习活动的类型，还要考虑所获信息的种类。有人认为，学习策略因知识的类型而有所不同。复述策略、精细加工策略和组织策略是针对陈述性知识的，而模式再认等是针对程序性知识的。因此，弄清能适用于各种学习活动、各类知识的学习策略的成分，是学习策略研究中值得重视的基础问题。这一问题的解决与学习策略的分类有着直接的关系。

二、自我调节学习

掌握了学习策略并不意味着学习就一定非常有效率。一个学生即使拥有许多学习策略方面的知识，如果他没有尝试这些策略的意愿，也不会有效学习。这就好比一个人家中有很多书，但他从来不愿意看。一个人懂得各种记忆方法，但从来没有动力在适当的场合运用，就难以发挥其功效。使用策略的前提是，学生必须重视学习和理解，必须给自己设定可以达到的、使用有效策略的目标(Zimmerman & Schunk，2001)。在强调学习策略的同时，教师还要鼓励学生进行自我调节学习。

自我调节学习(self-regulated learning)是指学习者主动激励自己并且积极使用适当学习策略的学习。它不仅可以被看作一种动态的学习过程(或活动)，也可以被视为一种相对稳定的学习能力。自我调节学习是一种学习者主动建构的学习过程。在这个过程中，学习者首先为自己确定学习目标，然后监控、调节、控制自己的认知、动机和行为(Pintrich，2000)。齐默尔曼(Zimmerman)是当今美国著名的自我调节学习的研究者之一，他提出了自我调节学习的三阶段循环模式(见图 12-2)。

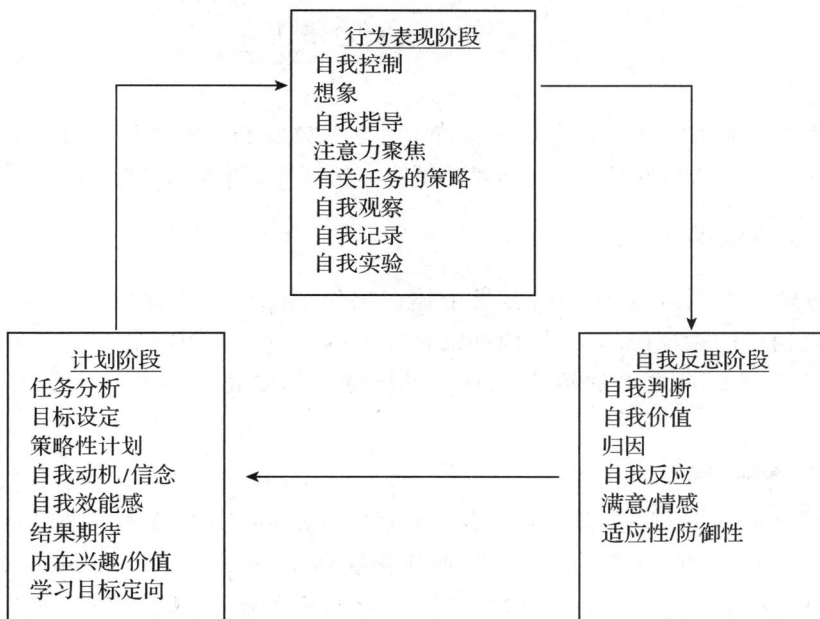

图 12-2 齐默尔曼的自我调节学习模式

(资料来源：Zimmerman，2002)

根据这一模式，自我调节的学习者进行自我计划、自我观察、自我判断和自我反应。在计划阶段，学习者要给自己设置清晰、具体、合理的目标，并思考运用哪些学习策略来实现这些目标。而且他要对自己有信心，相信自己将要使用的学习策略是有效的，是能提高自己对知识的理解水平和考试成绩的。

在行为表现阶段，学习者将面临各种各样的挑战。他可以运用想象、自我指导、注意力聚焦等技术来进行自我控制。在这个阶段，自我观察就像第三只眼。学习者需要观察学习策略的使用情况，如记录自己的学习时间及学习效果（如解决过的问题、读完的页数、写作的字数），为更有效地利用时间提供线索，并根据学习效果来调整学习策略。

最后，学习者需要不断反思自己的学习结果。自我判断（self-judgement）是指学习者将当前的成绩水平与自己的目标相比较的过程。目标可以分成两种。一是绝对标准，是一种固定的标准。例如，某学生的目标是期末考试英语得 90 分，那么他可以按照这个标准来衡量自己的进步情况。二是常模标准，是以他人成绩为基础的。当绝对标准不存在或者模糊时，学生更倾向于进行社会比较。事实上，绝对标准和常模标准通常一起使用。例如，当这个学生的英语得到 90 分时，他会和同伴进行比较，判断自己在班级中的地位。同样是 90 分，但因各自的判断标准不同，某个学生可能喜出望外，另一个学生则可能大失所望，这就属于自我反应（self-response）。学习者还尝试着把学习的成功归因于努力和良好的学习策略，从而建立良好的自我效能感。

第二节　认知策略

认知策略是加工信息的一些方法和技术。这些方法和技术能使信息较为有效地从记忆中提取出来。认知策略可以分为复述策略、精细加工策略和组织策略三种。

一、复述策略

复述策略（rehearsal strategy）是指个体在工作记忆中为了保持信息（如查电话号码、记住短信中的验证码），运用内部语言在大脑中重现学习材料或刺激，以便将注意力维持在学习材料之上的策略。为了在长时记忆中建立信息，人们也需要复述策略。

（一）抑制和促进

前后所学的信息之间的消极影响称为抑制（inhibition）。后面所学的信息干扰了先前所学信息在记忆中的保存，这种现象叫作**倒摄抑制**（retroactive inhibition）。当先前所学的信息干扰了后面信息的学习时，就出现了**前摄抑制**（proactive inhibition）。前后所学信息之间的影响有些则是积极的。学习某件事常常有助于学习类似的事，这种现象叫作**前摄促进**（proactive facilitation）。反之，后面所学的信息有助于先前信息的学习，例如，学习数学有助于过去所学的数学知识如乘法口诀表的记忆，这种现象叫作**倒摄促进**（retroactive facilitation）。在所有遗忘的原因中，倒摄抑制可能是最重要的。这一现象能解释为什么我们很难记住频繁重复的影像，如上周三晚餐的情境。在进行学习安排时，学习者要尽量考虑学习内容之间的关系，减少其相互抑制的作用，而发挥其相互促进的作用。

（二）首因效应和近因效应

有研究者（Murdock，1962）给被试呈现了一系列不相关的词，如"肥皂、氧、枫树、蜘蛛、雏菊、啤酒、舞蹈、火星"等，请被试按照一定的顺序学习这些词，然后让他们进行自由回忆，想到哪个单词就说出哪个单词。结果发现，最先学习的单词和最后学习的单词的回忆情况最好，而中间部分的单词的回忆情况最差。据此，心理学家描绘出了关于记忆的"系列位置曲线"（serial position curve，一个 U 形的曲线）（见图 12-3），并将这种现象称为"系列位置效应"（serial position effect）。

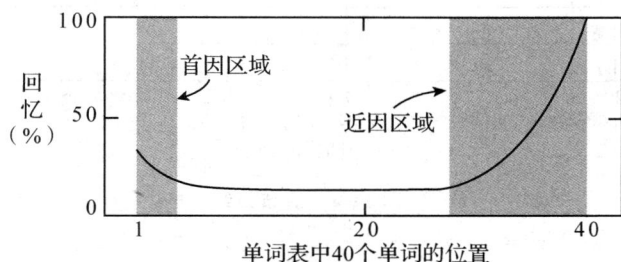

图 12-3 系列位置曲线

在实际的学习之中，当我们学完一系列词汇后马上加以测验，我们记开始和结尾的几个词一般要比记中间的词的效果好得多。这可能是由于我们对首先呈现的项目倾注了更多的注意力，形成了**首因效应**（primacy effect）。另外，由于最后的项目和测验之间几乎不存在其他信息的干扰，因此形成了**近因效应**（recency effect）。

由首因效应和近因效应可知，学习者在开始阶段和最后阶段所学的信息比其他信息更易记忆。为了利用这一点，教师要精心组织课文，把最重要的新概念放在课文的开头，最后再对它们进行总结。好多教师一上课就检查家庭作业、点名等，这并不科学，最好还是上课一开始就着手讲授基本的概念。同样，学习者要把最重要的任务置于学习时间的首尾，不要把首尾时间花在整理材料、削铅笔之类的事上。

（三）及时复习

对于遗忘的进程，心理学家很早就表现出了极大的兴趣，并做了大量的研究。艾宾浩斯通过实验，发现遗忘的进程是不均衡的，有先快后慢的特点，由此提出了遗忘曲线（见图 12-4）。大量遗忘在最初很短的时间里就会发生。如果学习者过了很长时间，直到考试前才复习，就几乎等于重新学习了。苏联教育家乌申斯基曾指出，我们应当"加固建筑物"，而不要等待去"修补已经崩塌的建筑物"。因此，根据这一规律，复习最好及时进行。

（四）集中复习和分散复习

集中复习（mass practice）就是集中一段时间一下子重复学习许多次。**分散复习**（distributed practice）就是每隔一段时间重复学习一次或几次。在考试的前一夜，临时抱佛脚，或许能帮助你通过测试，但这些信息并未有机地整合到你的长时记忆中去。而分散复习能极大增强所有信息和技能的长期保持。这一规律已得到了许多实验的证明。

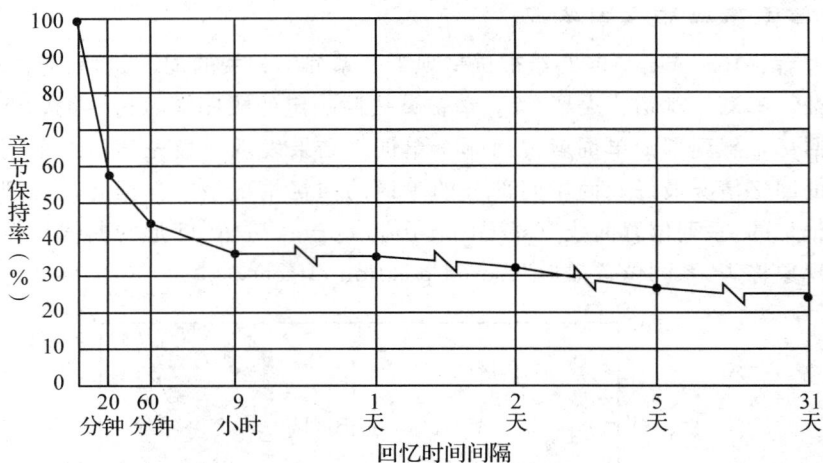

图 12-4　遗忘曲线

（资料来源：Weiten，1995）

学习者学习之后要复习四五次才能将所学内容长期牢固地储存在头脑里。研究者一般认为开始复习的时候，时间间隔要短，以后可以长些；大体时间安排为 10 分钟、一天、一周、一个月、两个月、半年之后对同一个材料各复习一次。

（五）整体学习和部分学习

对于某种知识技能，进行**整体学习**（whole learning），可以减少别的事情对学习的干扰。教孩子骑自行车，或者提高口语技能等学习就比较适合这种形式。对于篇幅短小、内在联系密切、较容易理解的材料，适于采用整体识记，即整篇背诵，直到记牢为止，如学习五言绝句、数学公式、简答题……这些内容篇幅短小，整体把握均可成功识记。

但是对于许多人而言，一下学习长长的内容是极其困难的。相反，将这长长的一段内容分成一小段一小段学习则相对容易得多，这就是所谓**部分学习**（part learning）。教师教乘法口诀表时总是先教乘数 2 的一列，然后教乘数 3 的一列，这就是尊重了学生的记忆原则。对于课文、论述题等有组织、有系统、有内在联系的只是篇幅较长的材料，学习者可根据意义进行分段记忆。如果材料比较零散，内容又较多，我们可以先分解再综合。例如，在地理课上，学习者学习并背诵中国的省份、简称及省会名称。学习者可以先将各个省份、简称、省会对应，然后可根据地区（如东北、华北）分段，或者根据省份拼音首字母等任何方式分段，然后逐段记忆，最后形成整体记忆。

（六）尝试背诵

所谓自问自答或尝试背诵的练习，就是指学习者在学习一篇材料时，一面阅读，一面自己提问自己回答或自己背诵。有研究者（Tulving，1967）发现，与单纯的重复学习相比，在学习过程中有目的地加入测试能更加有效地帮助学习者巩固已学知识，并提高其长时记忆的效果。研究者将这种现象命名为测试效应（testing effect）。后来有研究者（Roediger & Karpicke，2006）进一步考察了自我测试的直接作用和间接作用。在直接作用方面，自我测试本身就能增强尝试记忆的效果。在间接作用方面，自我测试可使学习者了解自己对不同学习内容的掌握程度，以调整下一步学习计划，将更多的时间和精力投注在发生错误和未能记住的内容上，从而增强学习效果。

与尝试背诵相比，简单的重复阅读，则是平均使力，难以提高学习效率。

（七）过度学习

假设我们学习一篇文章，每次都要从头到尾读一遍，我们要读 10 次，才能做到无误地回忆。那么，这 10 次就是我们的掌握水平。接下来继续读这一篇文章，我们的记忆就会加强，这一策略称为**过度学习**（overlearning）。有人通过实验研究发现，过度学习的次数越多，保持的成绩越好，而且保持的时间越长。当然，过度学习在教学实践中的应用也不是无限制的。它对学习那些需要被长期准确记忆的信息最为有用。最典型的例子就是记乘法口诀表。汉字书写和英语单词的拼写也同样需要过度学习。

二、精细加工策略

精细加工策略（elaboration strategy）是指把所学的新信息和已有的知识联系起来，以此来增加新信息的意义的策略。也就是说，我们应用已有的图式和已有的知识使新信息合理化。例如，我们学习"维生素 C 能够增加白细胞"这一知识时，马上想到为什么预防感冒要多吃富含维生素 C 的水果，因为感冒是由病毒引起的，而白细胞能够杀死病毒，维生素 C 又能够增加白细胞。如此一来，我们以后回忆相关知识就相对容易一些。和其他信息联系得越多，我们能回忆出信息原貌的途径就越多，也就是提取的线索越多。

记忆术就是一种有用的精细加工技术，它能在新材料和视觉想象或语义知识之间建立联系。**记忆术**（mnemonic）是指一种通过给识记材料安排一定的联系以帮助记忆，并增强记忆效果的方法。记忆术的基础是利用视觉表象，或者是寻找语义之间的联系。在记忆名词、种类、系列或项目组等信息时，记忆术非常有用。比较流行的记忆术有位置记忆法、首字联词法、谐音联想法、琴栓—单词法、关键词法和视觉联想法。

（一）位置记忆法

位置记忆法（loci method）是一种传统的记忆术，最早被古希腊演讲家使用。它是通过与你熟悉的某种地点顺序相联系来记忆一些名称或者对象的顺序的方法。古代罗马元老院的政治家常常用此法记忆自己演说的要点。他们常常在自己的身体上、房间里确定出许多特定的点来加以利用。

西赛罗（Cicero）（在《论演说家》一书中）把这一方法的起源归功于一位希腊诗人西蒙尼德斯（Simonides）。这位诗人有一次在一个大宴会厅里朗诵一首抒情诗。他在朗诵完之后，被他在诗中赞美了的卡斯托尔（Castor）和波拉克斯（Pollax）两位大神叫出宴会厅。正在这时宴会厅塌了，厅内宾客无一幸存。尸体模糊，亲属莫辨。而西蒙尼德斯却能根据各人在宴会厅里的座位一一把尸体辨认出来。这一辨认无遗的成绩使西蒙尼德斯相信，把要记住的东西按次序安放在自己熟悉的位置上，是很有用的方法。

位置记忆法的具体做法分三步：第一步，将所记项目排序，如面包、果汁、冰激凌和香蕉；第二步，找出一个自己非常熟悉的生活场景，将其中的景点按空间排序，如台阶、旗帜、垃圾桶和路灯；第三步，将所记项目转变成视觉形象，并按顺序把它们与这个场景中的各个景点联系起来，这种联想越奇特越好（见图 12-5）。回忆时，我们可以按这条路线上的各个点提取所记的项目。

面包　　　　　　　果汁

冰激凌　　　　　　香蕉

图 12-5　位置记忆法

（资料来源：理查德·格里格，菲利普·津巴多，2014）

（二）首字联词法

首字联词法（acronym method）是利用每个词的第一个字形成一个缩写，例如，二十四节气歌：春雨惊春清谷天，夏满芒夏暑相连，秋处露秋寒霜降，冬雪雪冬小大寒。这样我们就把二十四个节气都记住了。

此外，类似的方法还有句子记忆术。该方法将记忆中每个术语的第一个字母作为一个句子中每个词的第一个字母。例如，我们常常采用一些歌谣口诀来帮助记忆，常常使用一些简语来帮助记忆。

另外一种首字联词法是用一系列词的第一个字描述某个过程的每个步骤，例如，用某一首古诗中每句的第一个字说明某个行动的每一步。

（三）谐音联想法

有这样一个有趣的故事，据说有一个私塾先生，每天让学生背诵圆周率，自己却到山上寺庙里与一个和尚饮酒。学生总背不会。一天，有一个学生编了一个顺口溜，帮助大家很快就背会了。结果，先生大吃一惊。这个顺口溜是："山巅一寺一壶酒，尔乐苦煞吾，把酒吃，酒杀尔，杀不死，乐尔乐。"在这里，学生将无意义的数字系列赋予意义，并且化作视觉表象，把有意义的信息或视觉表象当作"衣钩"来"挂住"所要记住的数字。

学习一种新材料时运用联想，假借意义，对记忆材料也很有帮助。早年，詹姆斯（W. James）曾用比喻来说明联想可有助于学习与记忆。他将联想比成钓鱼的钩子，可以将像在水中的鱼一样的新知识用钩子钓起来，挂在一起，就可以在学生的记忆系统中，保留不忘。在实际的学习中，有人利用视觉表象和语义联想去记忆一系列材料（刘儒德，2013）。例如，有的学生将"$\sqrt{2}=1.414\cdots$"联想成"意思意思而已"，将"李渊618年建立唐朝"记作"李渊见糖（建唐）留一把（618）"。

（四）琴栓—单词法

琴栓—单词法（peg-word method）这种方法类似于位置记忆法，只是个体要把序列中的项目与一系列线索而不是熟悉的地点相联系。典型的琴栓—单词法是将数字和单词联系起来形成一些韵律。例如，假如人们要按顺序记忆苹果、面包、牙膏、胡萝卜、派，可以先学习一系列与数字韵律相符的单词（琴栓词），如"One is a sun."。然后把要学的每个项目和琴栓词以一种奇特的方式联系起来，形成形象的心理图像。再回忆的时候，人们首先会想到数字顺序，因为琴栓词与数字有相似的节奏，就可以依次回忆目标项目了（见图12-6）。

为了记住一列项目：

| apple | bread | toothpaste | carrot | pie |

①学习一系列与数字音律相符的琴栓词。

One is a sun.　　Two is a shoe.　　Three is a tree.　　Four is a door.　　Five is a hive.

②将列表上的每个项目与相应的琴栓词形成奇特的心理图像。

sun + apple　　shoe + bread　　tree + toothpaste　　door + carrots　　hive + pie

③按数字顺序回想每个项目。每个数字提示琴栓词，琴栓词提示相关联的项目。

图 12-6　琴栓—单词法

（五）关键词法

关键词法（keyword method）就是将新词或概念与相似的声音线索词通过视觉表象联系起来。例如，英文单词"tiger"可以联想成"泰山上一只虎"。这种方法在教外语词汇时非常有用。例如，

landlord（懒得劳动）——地主；ambition（俺必胜）——雄心。

这种记忆术也同样适用于其他信息的学习，如物理公式、省会名、阅读理解、地理信息等的学习。例如，

电功的公式为 $W=UIt$，可用谐音法记作"大不了，又挨踢"。

（六）视觉联想法

许多有力的记忆术的基础都是通过形成心理表象来帮助人们记忆。例如，前面所说的位置记忆法实际上就是一种视觉联想法，利用了心理表象。视觉联想法是一种非常有效的记忆辅助手段，其他诸如关键词法、限定词法都利用了视觉表象。联想时，想象越奇特而又合理，记忆就越牢。比如，我们可以使用夸张、动态、奇异的手段进行联想，例如，可以将"飞机—箱子"想象为"飞机穿过箱子"，可以将"橘子—狗"想象为"一个比狗还大的橘子砸中了一条狗"，可以将"计算器—书"想象成"计算器印在书的封皮上"等。还有一种用想象来增强记忆的古老方法，就是创造一个故事，将所有要记的信息编在一起。例如，人们一直在用希腊有关星的神话来帮助回忆星的名字。

三、组织策略

组织策略（organizational strategy）是指整合新知识之间、新旧知识之间的内在联系，形成新的知识结构的策略。组织是学习和记忆新信息的重要手段，其方法是将学习材料分成一些小的单元，并把这些小的单元置于适当的类别之中，从而使每项信息和其他信息联系在一起。下面就介绍几种重要的组织策略。

（一）列提纲

列提纲（outlining）是指个体用简要的词语写下主要和次要的观点，也就是以金字塔的形式呈现材料的要点，使每一具体的细节都包含在高一水平的类别中。提纲就是一本书或者一篇文章的主要脉络。它直观、概括，具有条理性，一眼看上去，清晰明了、层次分明、脉络清楚。我们能通过提纲很快抓住书或文章的要点，并明晰各部分之间的关系，记忆起来也简单多了。回忆时，我们只要按照提纲的要点，就可以充实具体的内容。下面是物理学中常见的力知识的提纲（刘儒德，2013）。

在教列提纲技能时，教师可以采用支架逐渐撤出的方式分步对学生进行训练：①提供一个几乎完整的提纲，要求学生听课或阅读时填写一些支持性细节；②提供一个只有主题的提纲，要求填写所有的支持性细节；③提供一个只有支持性细节的提纲，要求填写主要的观点。如果经过适当的练习，学生就能学会列出很好的提纲来。

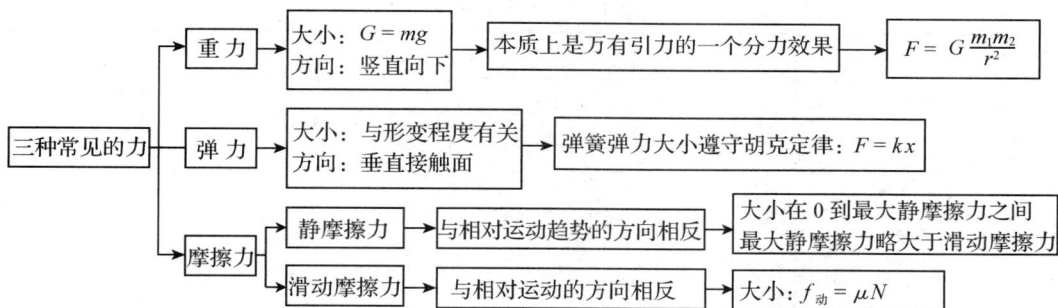

图 12-7　三种常见的力

（二）做表格

对于复杂的信息，采用各种形式的表格（如一览表和矩阵表）可以对信息起到组织的作用。表格有利于形成信息的视觉化，能促进人们对信息的记忆和理解。

制作一览表，就是先对材料进行全面的综合分析，然后抽取主要信息（关键点），并从某一角度出发，将这些信息全部陈列出来，力求反映材料的整体面貌。例如，《红楼梦》一书，人物众多，关系复杂，散见于各章。鲁迅先生综合各章信息后，制作了一张主要人物关系表。图 12-8 是这张一览表的一小部分。

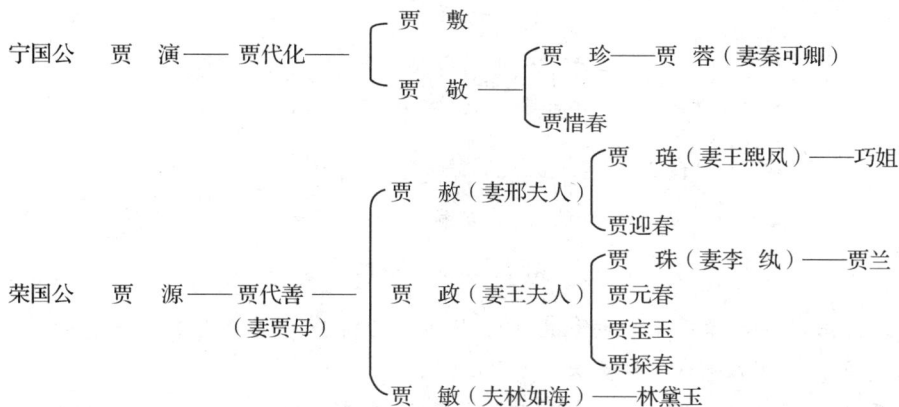

图 12-8　红楼梦人物一览表（部分）

方阵表的使用相当广泛。火车站的列车时刻表、飞机场的航班表、商店的价目表、食品的成分图，还有学生最常见的课表等都是方阵表。方阵表从纵横两个维度罗列材料中的主要信息。一般来说，表中最左边第 1 或第 2 列，最上边第 1 或第 2 行各栏罗列所需查找的项目。其他各格中的内容是由最上边和最左边两栏项目决定的。学生常常使用方阵表整理一些知识，如表 12-1。

表 12-1　原子结构表

	原子		
	原子核		电子
	中子	质子	
大小 原子价 位子 数量			

（三）图解

1. 系统结构图

有研究表明，存储在长时记忆中的信息是以金字塔的结构组织的。在金字塔结构里，具体的东西归在较一般的题目之下，这种结构对学生理解知识特别有帮助。

鲍尔等人（Bower et al.，1969）做了这样一个研究：他们教给学生 112 个矿物方面的词，给一组学生时是以随机的顺序呈现的，而给另一组学生时是以一定的顺序呈现的（见图 12-9）。

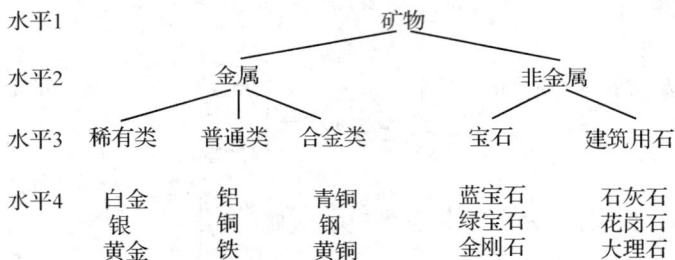

水平1			矿物		
水平2		金属		非金属	
水平3	稀有类	普通类	合金类	宝石	建筑用石
水平4	白金 银 黄金	铝 铜 铁	青铜 钢 黄铜	蓝宝石 绿宝石 金刚石	石灰石 花岗石 大理石

图 12-9　矿物分类

结果，后面一组学生平均回想出 100 个词，而前面一组学生平均只能回想出 65 个词，这说明了组织呈现材料的效果。

在教复杂概念时，教师不仅要有序地组织材料，而且要使学生清楚这个具有组织性的框架。以上图为例，教师要不时地回顾这个框架，并且要提示从一部分向另一部分的过渡。例如，"回想合金是两种以上金属的结合""我们已经讲了稀有金属、普通金属和合金类金属，这些都属于第一类矿物——金属。下面我们来看第二类矿物——石头"。

2. 理论模型或模型示意图

对于复杂的课题，我们可以采用图解的方式来说明某个过程之间的要素是如何相互联系的，并建立相符的理论模型。构建模型示意图不是为了再现事物的原貌，而是为了用简洁而明晰的方式图解某一过程原理或机制（见图 12-10），说明这一过程中各个要素之间的相互关系。比如，前面所讲的学习的信息加工过程，就是一个经典的理论模型，运用这种模型可组织和整合信息。

模型示意图是用简图表示事物的位置(静态关系),以及各部分的操作过程(动态关系),它旨在通过简化了的模型来模拟现实事物或现象的基本形态,再现它们的原貌。

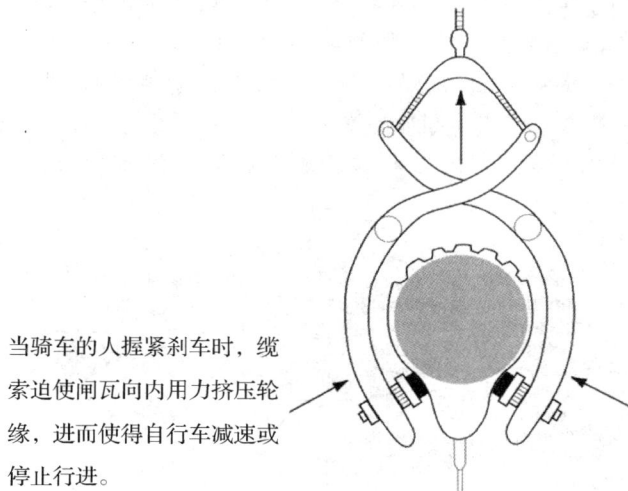

当骑车的人握紧刹车时,缆索迫使闸瓦向内用力挤压轮缘,进而使得自行车减速或停止行进。

图 12-10　制动系统的作用过程

模型示意图可以缩小所模拟的事物,如太阳系、地质断层等,也可以放大所模拟的事物,如原子结构、分子结构、细胞结构等。

3. 流程图

流程图可以被用来表现步骤、事件和阶段的顺序,以此强调事物变化发展的过程。它具有流畅性、顺序性、发展性等特点。流程图的各阶段一般用箭头相互连接。箭头的方向表示事物发展变化的方向(见图 12-11)。流程图可以用来表示事物发展的顺序,也可以用来表示化学与物理实验或者解决问题的过程与步骤。

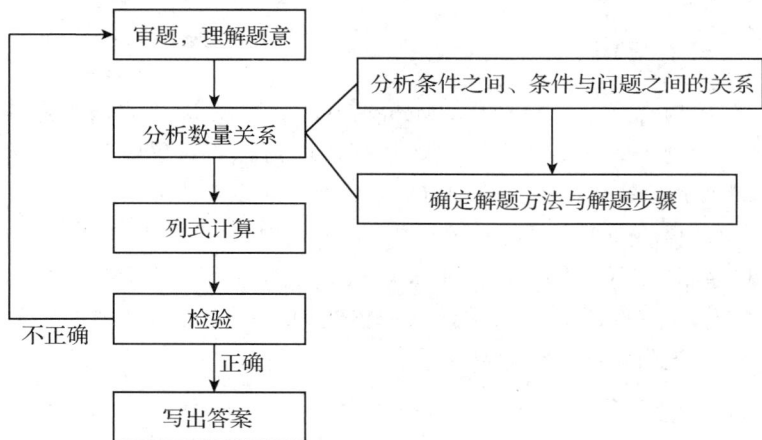

图 12-11　应用题解题过程

4. 概念关系图

关系图被用来图解各种观点是如何相互联系的。我们通过关系图先指出中心思想，然后图解它们之间的关系。做关系图可以用来替代做笔记和列提纲。其中，重要的形式为**概念关系图**（concept map），它能图解各种观点是如何相互联系的（见图 12-12）。建构概念关系图的过程是一个把自己头脑中的知识外显化的过程，它需要遵循一定的步骤（Mintzes，Wandersee & Novak，2002）：①选择核心概念（一般上位概念列在最上面）；②选择相关的概念，放在不同的层次上；③添加概念之间的连线，并标明文字说明；④反思。我们熟练做某一种或几种概念关系图后，就不用拘泥于一种形式了，可以采用综合的模型。

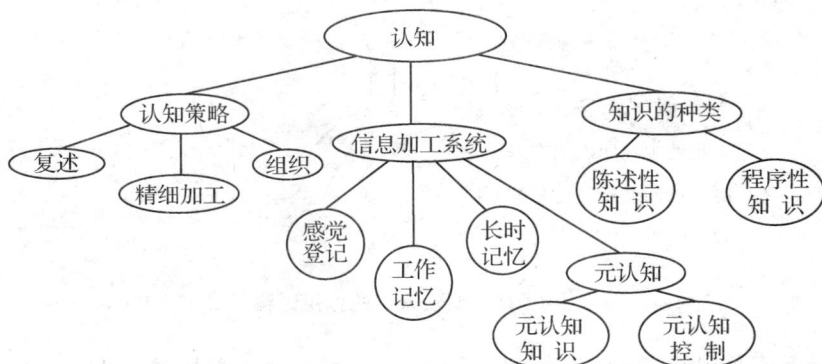

图 12-12　有关认知知识的关系图

（资料来源：Dembo，1994）

第三节　元认知策略与资源管理策略

一、元认知的结构

根据弗拉维尔的观点，**元认知**（metacognitive）就是对认知的认知，具体地说，是关于个体自己认知过程的知识和调节这些过程的能力，即对思维和学习活动的认知和控制（Flavell，1976）。他认为，元认知具有两种独立但又相互联系的成分：①元认知知识，即关于认知过程的知识和观念（存储在长时记忆中）；②元认知控制，即对认知行为的调节和控制（存储在工作记忆中）。元认知知识是指对有效完成任务所需的技能、策略及其来源的意识——知道做什么；元认知控制则是指运用自我监控机制确保任务能成功地完成——知道何时、如何做什么。

（一）元认知知识

元认知知识，即人们对于什么因素影响人的认知活动的过程与结果，这些因素是如何起作用的，以及它们之间又是怎样相互作用的等问题的认识。元认知知识主要包括以下内容。

①有关个体作为学习者的知识，即有关人（包括自己，也包括他人）作为学习者或思维者的认知加工者的一切特征的知识。

②有关任务的知识，即对学习材料、学习任务和学习目的的认知。其中，学习材料的知识包括诸如材料的性质、难度、熟悉程度、结构特点等因素。

③有关学习策略及其使用方面的知识，即个体意识到自己对学习策略的选取、调节和控制有所认识，属于程序性知识。

（二）元认知控制

元认知控制是对认知行为的管理和控制，这种操作在工作记忆中进行。它包括检查理解情况、预测结果、评价某个尝试的有效性、计划下一步行动、检查策略、确定适当的时机和努力、修改或变换策略以克服所遇到的困难等。概括起来，它包括以下三个方面。

①计划，即个体根据认知活动的特定目标，在一项认知活动开始之前计划各种活动，预计结果，选择策略，想出各种解决问题的方法，并预估其有效性。

②监控，即个体在认知活动进行的实际过程中，根据认知目标及时评价、反馈认知活动的结果与不足，正确估计自己达到认知目标的程度、水平；根据有效性标准评价各种认知行动、策略的效果。

③调节，即个体根据对认知活动结果的检查，如发现问题，则采取相应的补救措施；根据对认知策略的效果的检查，及时修正、调整认知策略。

二、元认知策略

元认知策略（metacognitive strategy）是对信息加工流程进行控制的策略。假如你在读一本书，遇到一段读不懂时，你该怎么办呢？你或许会慢慢地再读一遍；或许会寻找其他线索，如寻找图、表、索引等来帮助理解；或许还会退回到更前面的部分。这意味着你要学会如何知道你为什么不懂，以及如何去改正自己。此外，你还要能预测可能会发生什么，或者能说出什么是明智的，什么是不明智的。所有这些都属于元认知策略。概括起来，元认知策略大致可分为三种。

（一）计划策略

计划策略（planning strategy）是指这样一种策略：个体根据认知活动的特定目标，在一项认知活动之前计划各种活动，预计结果，选择策略，想出各种解决问题的方法，并预估其有效性。这一系列活动包括设置学习目标、浏览阅读材料、产生待回答的问题以及分析如何完成学习任务。给学习做计划就好比足球教练在比赛前针对对方球队的特点与出场情况提出对策。不论为了完成作业，还是为了应付测验，学生在每一节课上都应当有一个一般的"对策"。成功的学生并不只是听课、做笔记和等待教师布置测查的材料。他们会预测完成作业需要多长时间，在写作前获取相关信息，在考试前复习笔记，在必要时组织学习小组，以及使用其他各种方法。

（二）监控策略

监控策略（monitoring strategy）是指这样一种策略：个体在认知活动进行的实际过程中，根据认知目标及时评价、反馈认知活动的结果与不足，正确估计自己达到认知目标的程度、水平；根据有效性标准评价各种认知行动、策略的效果。它包括阅读时对注意加以跟踪，对材料进行自我提问，考试时监控自己的速度和时间。这些策略使学习者警觉自己在注意和理解方面可能出现的问题，以便找出来并加以修改。例如，当你为了应考而学习时，你会向自己提出问题，并且会意识到某些章节你并不懂。你的阅读和记笔记的方法对这些章节行不通，所以你需要尝试其他的学习策略。

（三）调节策略

调节策略（regulation strategy）是指这样一种策略：个体根据对认知活动结果的检查，如发现问题，则采取相应的补救措施；根据对认知策略的效果的检查，及时修正、调整认知策略。调节策略与监控策略有关。例如，当学习者意识到他不理解课的某一部分时，他就会退回去重读困难的段落，在阅读困难或不熟的材料时放慢速度，复习他们不懂的课程材料，测验时跳过某个难题先做简单的题目等。调节策略能帮助学习者矫正他们的学习行为，弥补他们理解上的不足。

下面，我们举一个例子来说明这些元认知策略是如何起作用的。假设一个学生正在学习《南京条约》的相关历史知识。这个学生意识到这些知识将会以简答题和论述题的形式进行测验，因此制作了一个学习计划来理解要点、记住重要的事实。他用自己的话口头复述这一章的每一节内容，列出重要的历史事件。他监控自己的学习进程。当他意识到自己在比较一些战争和条约时会遇到困难时，他决定写下他自认为测验中可能出现的简答题的答案。他这种以行得通的策略替代行不通的策略，从而变化或修改自己行为的能力，正是成功学生具备的一个重要的特征。

三、资源管理策略

资源管理策略（resource management strategy）是辅助学生管理可用环境和资源的策略。它包括时间管理策略、学习环境管理策略、努力管理策略、学业求助策略。其中，学习环境管理策略主要是指学习者善于选择安静、干扰因素较少的地点学习，充分利用学习情境的相似性等。努力管理策略主要是指学习者掌握一些方法来排除学习干扰因素，使自己的精力有效地集中在学习任务上。这里重点阐述时间管理策略和学业求助策略。

（一）时间管理策略

时间是极其重要的学习资源。有效的时间管理可以促进学习，并增强自我效能感；无效的时间利用则会削弱信心，降低学习效率。**时间管理策略**（time management strategy）就是指学习者通过一定的方法合理安排时间，有效利用学习资源。有研究者（Macan et al.，1990）认为，时间管理行为应该包括以下几点：分辨需求，根据其重要性来排序以及据此分配相应的时间和资源。另有研究者（Alderman，1999）指出，学习者如何利用学习时间通常是基于习惯的，而不是计划来的。训练学习者掌握时间管理策略，需要帮助他们意识到时间计划的重要性，并优先考虑时间的运用。下面我们举一个有效的时间管理策略（见表12-2）。当然，具体的策略是因人而异的。

表 12-2　有效的时间管理策略

确立有规律的学习时段。每天只要预留固定的几小时来学习，学生就不需要每天重新计划。渐渐地，学习会成为一种习惯化的活动。
确立切合实际的目标。很多学生倾向于低估完成一个学习任务所需的时间，因此他们应该稍微高估所需的时间，直到有比较精确的估计能力为止。
使用固定的学习区域。当学生在一个采光良好、远离噪音、没有分心因素、能够集中注意力的地方学习时，他们的学习效果会更好。
分清任务的轻重缓急。当有很多事情需要做时，学生应分清事情的轻重缓急，先完成相对重要的事情。通常，先学习困难的科目，然后学习相对容易的科目，因为人们的注意力往往在开始的时候更为集中。
学会对让你分心的事物说"不"。当朋友、兄弟姐妹或其他人想和你聊天、玩耍而不是学习时，或者想让你完全脱离学习时，你要以一种并不冒犯的方式对他们说"不"。
自我奖励学习上的成功。学生可以把完成学习任务后就可以做自己喜欢的事情作为激励条件，来提高自己的注意力，但关键是要保证各种奖励是在学习目标实现之后才可以得到的。

（二）学业求助策略

学习不是一个人的事情，因此，个体必须与他人进行有效的合作，在遇到自己解决不了的问题时，需要向他人寻求帮助。**学业求助策略**（help-seeking strategy）是指学习者在学习上遇到困难时，向他人请求帮助的行为。它是一种重要的社会支持管理策略。有研究者（Nelson-Le，1985）按照求助者的目的将学业求助策略划分为两类（见表12-3）。

表 12-3　学业求助策略

求助形式	特点	目的
执行性求助（executive help-seeking）	他人"替"自己解决困难。	只想要答案或者希望尽快完成任务，自己不做任何尝试就放弃了获得成就的能力，选择了依赖而非独立。
工具性求助（适应性求助）（instrumental help-seeking）	他人提供思路和工具。	为了独立学习，借助他人的力量以达到自己解决问题或者实现目标的目的。

使用工具性求助策略的学习者在自己能够解决问题的时候会拒绝他人的帮助，能够自觉选择和控制别人对他的帮助。此外，也有一些学习者在遇到无法独立解决的困难时选择了回避求助，因为他们担心别人会认为他们很笨。

思考题

1. 什么是学习策略？
2. 学习策略的结构是什么样的？三大学习策略之间是什么关系？
3. 如何利用认知策略安排自己的复习？
4. 谈谈学习策略对学习的影响。
5. 举例说明谐音联想法在教学中的应用。
6. 举例说明组织策略在教学中的应用。
7. 谈谈如何提升学生的资源管理策略。

推荐阅读

陈琦，刘儒德．当代教育心理学(第 3 版)．北京：北京师范大学出版社，2019．第十二章

[美] Zimmerman，B. J.，Bonner，S.，& Kovach，R. 自我调节学习．姚梅林，徐守森，译．北京：中国轻工业出版社，2001．

庞维国．自主学习——学与教的原理和策略．上海：华东师范大学出版社，2003．

刘儒德．高效实用的记忆策略——来自心理学的建议．上海：华东师范大学出版社，2013．

第十三章

有效教学

教师通过教学设计将课程转变成学生的活动、作业和任务。教师的教学设计在许多方面决定了学生将要学什么以及怎么学。教学设计主要包括设置教学目标、选择教学模式以及设置教学环境等步骤。

本章要点

- ● 设置教学目标
- ○ 教学目标分类
- ○ 教学目标表述方法
- ○ 教学目标设置过程
- ● 选择教学模式
- ○ 直接教学
- ○ 合作学习
- ○ 个别化教学
- ● 设置教学环境
- ○ 课堂空间
- ○ 教学组织
- ○ 教学媒体

第一节　设置教学目标

在教学中，教师所要做的第一步就是确定教学目标。**教学目标**（instructional objective）描述了学生在学习结束时将会发生什么变化。教学目标指向最终的教学结果，而非教学过程。良好的教学目标有助于引导教师的教学重点和方向，对学生有激励以及评价的作用。

一、教学目标分类

布卢姆（Bloom，1956）将教学目标分为三大领域的目标：认知目标、情感目标和动作技能目标。在实际教学中，这三方面的行为几乎是同时发生的。例如，学生写字时（动作技能），也正在进行记忆和推理（认知）。同时，他们对这个任务会产生某种情绪反应（情感）。有人后来提出，教学目标还应包括人际关系能力，即有效地与他人发生关系的能力，如集体工作能力、咨询技术、管理能力、讨论能力等。

（一）认知目标

根据布卢姆（Bloom，1956）的教育目标分类学，认知领域的目标包括知识、领会、运用、分析、综合和评价六级水平（见表13-1）。

表 13-1　认知目标的具体内容

目标水平	定义	举例	评价方式
知识 （knowledge）	回忆事实性信息	回忆李白的诗《静夜思》	是非题、简答题、匹配题以及多项选择题
领会 （comprehension）	领悟教材、观念、事实和理论	用自己的话表述《静夜思》	可以采用上述评价方式，但也可以采用论文的方式
运用 （application）	将所学原理、观点正确地应用于新的情境之中	学习了加减法之后，能到模拟商店自由购物	
分析 （analysis）	区分和领会各种相互关系	区分新闻报道中的事实、观点	
综合 （synthesis）	将所学的零碎知识整合为知识系统	写作或发表演说；根据给定的一些事实材料，写出一篇报道	论文
评价 （evaluation）	对所学材料做出价值判断	评价两篇有关某一事实的报道中哪一篇较为真实可信	

这六级目标由简单到复杂，构成金字塔式的排列形式。2001年，一些教育研究者（Anderson & Krathwohl，2001）出版了布卢姆《教育目标分类学》的首次修订版。新版本继续保持了认知目标的六级水平，即知识、理解（领会）、运用、分析、评价和综合，只是在顺序上稍有不同。较高水平的目标包含并依赖较低水平的认知目标。同时，较高水平的目标比较低水平的目标更具有真实性，更可能反映学生现实世界（如生活、工作和娱乐）所要求的行为类型。

在实际教学中，对于每一种教学内容，教师都可以设置这些目标，甚至可以同时设置各级水平的目标。例如，在分析水平上，教师要求学生区分新闻中的事实和观点；在综合水平上，要求学生根据给定的三个事实撰写两段新闻报道，发表自己的见解，并用这些事实证明自己的见解；在评价水平上，要求学生阅读给定的两篇对最近一个事件持相反观点的文章，决定哪篇文章比较公正，并且证明自己的选择。

（二）情感目标

教师在教学中不仅要设置认知方面的目标，还要考虑情感方面的目标，如培养学生的兴趣、态度以及价值观等。情感领域包括接受、反应、形成价值观念、组织价值观念系统和价值体系个性化五种目标（见表 13-2）。

表 13-2　情感目标的具体内容

目标水平	定义	学习结果	举例
接受 （receiving）	专注于特定的现象或刺激，如课堂教学活动、教科书、音乐等，意识到或愿意注意（听或看）某一刺激。	位于只是意识到某物的存在和有选择地注意之间。	当教师阅读《三国演义》里的火烧赤壁时，专心坐着听。
反应 （responding）	积极参与活动，以某种方式（如提问）做出反应；不仅专注于某一特定现象，而且采取某种方式作用于自己注意的对象。	着重表现在默认反应、自愿反应、满足反应等方面。	阅读指定教材，自愿阅读未指定的教材，为满足兴趣或享受而阅读。
形成价值观念 （valuing）	认识到特定的对象、现象或行为的价值或重要性。	注重行为的连贯性和足够的稳定性。	当讨论有关小煤窑瓦斯爆炸事件时，能积极表达自己对生命的关注。
组织价值观念系统 （organization）	组合不同的价值，化解价值间的冲突，建立一种内部协调的价值体系等，其重点在于价值的比较、联系和综合。	注重价值概念（如认识自己对改善人际关系的责任）的形成、价值体系的建立等。	能明确阐明自己支持立法的理由，并能识别出那些不支持相关立法的观点。
价值体系个性化 （characterization by value）	拥有一种价值体系，在相当长的时间内控制行为，并形成独特的生活方式。	有广泛的活动范围，但重视那些有代表性的行为或行为特征。	对残疾学生表现出乐于帮助和关心他们的态度，在课堂内外帮助残疾学生解决行动不方便的问题。

（三）动作技能目标

动作技能领域包括知觉、模仿、操作、准确、连贯和习惯化六种目标（见表 13-3）。

表 13-3　动作技能目标的具体内容

目标水平	定义	举例
知觉 （perception）	通过感官，意识到动作、物体、性质或关系等，并进行心理、躯体和情绪方面的预备调节。	观看游泳动作的示范，感知正确的游泳方法和步骤。

续表

目标水平	定义	举例
模仿 (imitation)	按提示要求行动或复制示范动作，但自身的模仿性行为经常是缺乏控制的（如表演动作是冲动的、不完善的）。	在观看游泳的动作之后，以一定的精确度来演示这一动作。
操作 (operation)	按提示要求行动，但不是模仿性的（如按照指示表演或练习动作等）。	在进行了一段时间的练习之后，能在十级操作水平上达到七级水平。
准确 (accuracy)	练习或全面完成复杂作业，通过练习可以把错误减少到最低限度（如正确地再现某些动作）。	表演一个可以接受的抽球动作，至少成功75％。
连贯 (consistency)	按规定顺序和协调要求调整行为、动作（如准确而有节奏地演奏）。	准确而有节奏地演奏一首曲子。
习惯化 (habituation)	自发或自觉地行动（如常见、自然和稳定的行为就是习惯化的行为），能有意识地、有效率地对各部分动作进行协调一致的控制。	不借助模版就能够正确地画出三角形、四边形和圆形。

值得注意的是，教育者不要误以为动作技能目标只是体育课或手工课上的教学目标。实际上，其他课也常常要设置动作技能方面的目标。例如，化学、物理和生物等课同样也需要专门的动作和手眼协调性；使用实验设备、计算机的鼠标或艺术材料都是动作技能；书写文字更是如此。

二、教学目标表述方法

可测量的具体目标包括四个要素：内容、行为、条件和标准（Howell ＆ Nolet，2000）。下面我们通过一个具体实例来介绍可测量的教学目标的四个要素（普莱斯，纳尔逊，2016）。

学生在作业纸上，准确无误地写出20道三位数减两位数的借位减法题的答案。

在这一目标表述中，第一，内容是"三位数减两位的借位减法"。内容撰写要具体，让人不用查阅具体材料就能明白目标的内容；内容还需具有一般性，能够适用于多种情况。如果一个目标是"填写分数，回答第1～7道分数题"，其内容就不够具体，可改为"填写不同分数，要求分母之间具有公因数"。

第二，行为是"写出20道题的答案"。行为指明学生通过做什么事来表现他们的学习结果。教师需要采用行为动词来指明学生的行为或表现，如"圈出""用下划线标示""书写""作图""演示""计算""排序"……如果一个动作还不够具体，如"辨别"，通常需要做更为具体的表述，如"用下划线来辨别"。

第三，条件是"在作业纸上"。条件是学生表现行为的环境、情境和场所。一个目标的条件不同，它所考查的认知水平也就存在差异。例如，关于"在给定的省份与省会城市中，选出每个省份的省会城市"，学生需要识别这些省的省会，其实只是一个匹配任务。关于"写出所给定省份的省会名称"，学生则需要回忆这些省会名称，而非简单地识别。关于"在一张中国地图上，写出所圈定省份的省会"，学生需要回忆这些省份的名称和位置以及它们的省会名称。

第四，标准是"准确无误"。标准涉及学生可接受的表现水平、掌握程度和熟练程度，描述了学生达到什么水平（如准确性、连续性、一致性或频次）才能表明学生已经完成了教学目标。标准可以是针对总体或部分的，如"10个全对""90％准确"；也可以以时间为依据，如"10分钟之内，每分钟……""连续5次"；也可以是一个变量，如"保留到小数点后的第二位""相距路边不超过35厘米"；也可以是描述性的结果，如"直到达成一致""文章包括标题、摘要、前言、方法、结果分析、讨论和结论"。

各研究者对目标的具体程度存在不同的看法。梅杰（Mager，1975）认为，一个好的目标包含三个部分：第一，学生行为——学生必须做什么；第二，行为发生的条件——这种行为如何被识别和测验；第三，给出了学生在测验中可接受的一个标准。例如，学生对于一篇报刊上的文字（条件），能够用字母F标出文中的事实，用O标出文中的观点（行为），能够达到75％的正确率（标准）。格兰伦德（Gronlund，1999）认为，教师应当最先用一般的术语（如理解、鉴赏等）表述一个教学目标，然后列举一些样例行为来进一步明确这个目标。例如，一般的认知目标可以是，理解元认知的一些术语（一般认知目标）；相应的样例行为有用自己的话界定这些术语，在上下文中识别这些术语的意义，区分在意义上相似的其他术语。这样，教师可以根据这些样例行为来决定学生是否已经理解，但教师不可能列出真正理解某个主题的所有行为。教师并不想让学生停留在定义、识别和区分等具体行为上，因为真正的目标是理解。

三、教学目标设置过程

在拟订教学目标的过程中，教师需要先确定学生的学习结果，再将学习结果拆分成更加具体的目标，然后确定评价学习结果的方法。在实际教学中，教师的教学目标首先来源于课程标准，然后教师要将课程标准所规定的总体目标转化为可测量的具体目标。一般来说，设置教学目标可以采用以下两个步骤。

（一）列举课程内容和学生行为

在设置单元教学目标时，教师可以采用行为—内容矩阵表的设计方法。**行为—内容矩阵表**（behavior-content matrix）是将所期望的学生行为和课程内容整合起来的表格。教师借此可以使学生达到具体目标。具体的做法是，首先，教师确定课程的一般目标。然后，教师将一般目标化为两个维度：第一个维度是学生行为，如理解、分析、概括、获得知识等；第二个维度是课程内容，即覆盖该课程的各个课题。例如，在语文课上，有关中国现代文学的教学单元的一般目标是增强学生对中国现代文学的赏鉴能力。那么，学生行为就可能包括习得以下内容：知识（如作者、历史时期等方面的知识），理解能力（如理解书的主题、风格），比较能力（如比较不同的风格、不同的主题），批判性思维能力（如判断艺术水平的高低），以及综合能力（如写作表达能力）与价值观念（如积极的态度）等。课程内容就可能包括各种小说、诗歌、散文等。

教师在画矩阵表时，横向罗列学生行为，从最简单到最复杂排列；纵向罗列课程内容。在有关中国现代文学的教学目标的行为—内容矩阵表（表 13-4）中，每一个行为和内容交叉的方格里都显示教师设置的目标个数。从表中可以看到，在这一单元里，教师强调对中国现代文学的分析和综合能力，重视小说和诗歌。

表 13-4　有关中国现代文学的教学目标的行为—内容矩阵表

内容	行为						总目标数
	知识	理解	分析	综合	评价	价值	
小说	2	1	2	2	1	2	10
诗歌	1	2	2	2	1	2	10
散文	1	1	2	2	1	1	8
总目标数	4	4	6	6	3	5	28

在矩阵表的每一个格中，某个特定的行为和某项特定的内容范围相交叉，形成每一个方格中的教学目标。通过这种方法，教师能确保所有重要的行为和主题都能被看作可能的目标，使整个课程的所有目标一目了然，并且以更符合逻辑的顺序去组织它们。教师也可以设置优先权，在有些方格中可以设置几个目标，在有些方格中可以不设目标，这有赖于教师所追求的教学结果。在测验时，教师可以强调关键的地方，在最重要的方格中可以多提一些问题。

（二）任务分析

当确定了课程的所有教学目标之后，教师需要对每一个教学目标进行任务分析。**任务分析**（task analysis）是将目标化成各级任务，再将各级任务逐级划分成各种技能和子技能的过程。教师先问自己："学生在达到我头脑中的最终目标之前，先得做什么？"对这个问题的解答可能有助于教师确定几种基本的技能。假设教师识别出 5 种技能，那么教师要接着问："学生要成功地获得这 5 种技能，他们必须能做什么？"对这个问题的解答又能使每种基本技能产生许多子技能。如此反推有助于教师描绘出学生成功达到目标所必须具有的所有能力。

这里我们举一个完整的例子来说明任务分析。假定表 13-4 中，学生对小说的综合能力这一方格中，有一个目标是"学生必须利用图书馆的资料写一篇有关中国现代小说的议论文"。这一任务要求学生有哪些技能和子技能呢？如果没有进行任务分析，会发生什么情况呢？有些学生可能不知道如何使用电子目录，或者在电子数据库查找到一两本百科全书，并以其中的文章为基础写出一篇总结。本来教师要求他们综合几种资料，但这些学生只用了其中的一种，所以他们的作业得分较低。另外一些学生可能知道如何使用电子目录、内容表、索引，但得出结论却有困难。他们可能会交出一篇冗长的文章，这篇文章只是陈列了大量的不同观点，所以这些学生同样也只能获得低分。还有一些学生可能会给出结论，但是，他们的表达却混乱不清、语病很多，让人难以弄清他们想要说什么。这些学生都不成功，但原因各异。

通过任务分析，教师能弄清实现最终目标的各个步骤的逻辑顺序。这将有助于教师在给学生布置作业前确保学生具有必备的技能。此外，当学生有困难时，教师能一针见血地指出问题。如果教师对刚才所举的例子做了任务分析的话，就能为学生设置几个不同的目标。例如，有些学生在完成最终的任务时还必须达到一些辅助性目标，有些学生则可直接进入图书馆着手工作。

通过对学生所犯错误的分析，教师可以了解到学生要成功完成任务需要具备的某项技能。教师可以利用从学生的错误中得来的信息进一步分析整个任务，为下一年级的教学做准备。每年积累经验将使教学变得越来越好。

第二节　选择教学模式

设计好了教学目标，下一步就应当决定通过什么教学形式、教学策略或教学模式来实现这一教学目标了。**教学模式**（model of teaching）是以一定的教学理论为基础，为了实现特定的教学目标而采用的教学资源、教学形式、教学活动过程以及教学评价方面的模式化的结构。一般来说，可供选择的教学模式主要有直接教学、接受学习、探究学习、发现学习、合作学习和个别化教学等。鉴于接受学习、探究学习和发现学习在认知学习理论与建构主义学习理论部分已做过介绍，下面主要介绍其他几种模式。

一、直接教学

直接教学（direct instruction）是以学习成绩为中心、在教师指导下使用结构化的有序材料的课堂教学模式。在直接教学中，学生清楚教学的目标，教学时间是充足和连续的，教学内容是广泛的，学生的表现受到监视，教师给学生的反馈是及时并且主要是学业性的。在直接教学中，教师控制着教学目标，选择适合学生能力的材料，控制教学的进度；交互作用是结构化的，但不是权威性的。学习在一种欢乐的学业气氛中进行。

罗森赛恩及其同事（Rosenshine，1988；Rosenshine & Stevens，1986）在有效教学研究的基础上，总结了六种主要的教学活动（见表 13-5）。这些活动可以被看作教授结构良好领域基本技能的典型框架。

表 13-5　直接教学活动

教学功能活动	解释	以第二次世界大战的起因为例
1. 复习和检查过去的学习成果	检查作业。 重教学生出错的那些内容。 对相关概念或技能进行必要的复习，弄清楚学生是否已经掌握了作为先决条件的技能。	·《凡尔赛和约》签订的条款。 ·德国缺乏民主。

续表

教学功能活动	解释	以第二次世界大战的起因为例
2. 呈现新内容并赋予结构	提供概述内容。 以小步骤前进,但节奏要快。 如有必要,详细地反复指导和解释。 在测量先前技能时逐步引入新技能。	向学生讲解并引发讨论: • 希特勒出现之前的德国局势。 • 希特勒执掌政权的主要事件。
3. 提供有指导的练习	高频率的提问和公开的学生练习。 在学生初次学习时适时给予提示。 所有学生都有机会回答问题并获得反馈。 通过评估学生的答案检查他们的理解情况。 继续练习直到学生能够肯定地回答问题。 在学生初次学习时成功率要达到80%或者更高。	让学生写出三条原因,说明希特勒出现的原因,并让学生对自己的答案进行充分的解释。
4. 进行反馈和纠正	给学生反馈,特别是在他们回答正确却还犹豫的时候。 学生的错误反馈给教师,让教师意识到有必要纠正错误或重教。 通过简化问题、给出线索、解释或复习等方法来纠正错误,必要时,以更小的步骤重新教授。	随机点名,让学生陈述自己的原因,然后引导学生讨论大家论证原因的优劣。
5. 提供独立的练习机会	让学生自己做当堂练习或家庭作业。 对学生的疑问进行解释,容许学生相互帮助。 独立练习的成功率为95%,直到所学技能因过度学习而达到自动化。	布置家庭作业,并说明要求。
6. 每周或每月复习,以巩固学生的学习成果	每一周开始时,教师带领学生复习上一周的东西,在每一月末复习这四周所学的东西。复习形式包括做家庭作业、经常性测验、补习在测验中未通过的知识等。如有必要就重教。	在下一周或者月末的课上,考查学生对相关知识的掌握情况。

直接教学模式尤其适用于教授那些学生必须掌握的、有良好结构的信息或技能。直接教学甚至在某些方面是必不可少的。例如,学生对某些基本事实、规则和动作序列必须达到熟练掌握的程度,或者为了促进后续学习而必须进行过度学习(Good &

Grouws，1987）。当然，如果教学的主要目标是深层的概念转变、探究、发现，或者是开放的教学目标，那就不宜使用直接教学。

二、合作学习

合作学习（cooperative learning）是一种结构化的、系统的教学策略：2～6 个能力各异的学生组成一个小组，以合作和互助的方式从事学习活动，共同完成小组的学习目标，在促进每个人的学习水平的前提下，提高整体成绩，并获取小组奖励。合作学习的目的不仅是培养学生主动求知的能力，还要发展学生在合作过程中的人际交往能力。

（一）合作学习的要素

合作学习并不是几个人坐在一起就能成功的。约翰逊兄弟（John，D. W. & Johnson，R. T.，1989）认为，有 5 个要素是合作学习不可缺少的。

第一，积极的相互依赖（positive interdependence）。在合作学习中，学生应知道他们不仅要为自己的学习负责，而且要为其所在小组的其他同伴负责。他们需要荣辱与共。具体而言，积极的相互依赖主要涉及积极的目标互赖、积极的奖励互赖、积极的角色互赖、积极的资料互赖、积极的身份互赖、积极的外部对手互赖、积极的想象互赖、积极的环境互赖（乔治·雅各布斯，颜淑女，杰西卡·鲍尔，1998）。其中，前五种互赖是主要的。

第二，面对面的促进性相互作用（face-to-face promotive interaction），指学生之间有机会相互交流、相互帮助和相互激励。只有通过学生的相互作用，师生所期望的合作效果才能产生，例如，产生合作性的认知活动（解释解决问题的过程，讨论概念，阐明知识间的联系），形成社会性规范和影响（承担责任、相互启发和促进等），通过言语和非言语反应对组员的学习表现进行反馈，有机会促使缺乏学习动机的同伴参与学习，帮助大家相互了解并建立良好的人际关系等。

第三，个人责任（individual accountability），指每个组员都必须承担一定的学习任务，并掌握所分配的任务。为了落实个体责任，每个组员的作业都必须受到评估，并且其结果要反馈给个体组员。小组成员必须知道在完成作业的过程中，谁最需要帮助、支持和鼓励，并保证不能有人搭便车。

第四，社交技能（social skill），这是小组合作是否有效的关键所在。为了协调各种关系，达成共同的目标，学生必须做到：①相互认可和信任；②相互进行准确的交流；③相互接纳和支持；④建设性地解决问题。只有这样，组员之间才能进行有效的沟通，学会共同的活动方式，建立并维持组员间的信任感，以及有效解决组内冲突等。教师必须教学生一些社会技能，以帮助他们进行高效合作。

第五，小组自加工（group processing），亦称"小组自评"，指小组成员对小组在某一活动时期内，哪些组员的活动有益和无益，哪些活动可以继续或需要改进的一种反思。小组自加工的作用在于：①利于组员维持相互之间的良好工作关系；②便于组员学习合作技能；③增进组员对自己参与情况的了解；④促进组员在元认知和认知水平上思考；⑤强化组员的积极行为和小组的成功。

（二）合作学习的模式

合作学习存在许多模式。这里介绍两种经典的模式。

一种是学生小组成绩分担（student teams-achievement division，STAD）法，是由斯莱文（Slavin，1983）设计出来的。小组由 4 个能力不同的学生组成。教师用一两节课向全班呈现本课的信息，然后让学生分组掌握。已掌握了的学生要帮助较慢的同伴。小组一起进行练习。学生也可参与讨论和提问。全班经常进行小测验。学生的分数是以小组的平均进步分来记录的，这样能确保小组内的合作和辅导，而且能使反应慢的小组有机会得到认可。小组每隔 5～6 周打乱一次，给每个学生提供一个与其他学生合作的机会，并给成绩低的小组的成员提供一个新的机会。

另一种是交错（jigsaw）法，是由阿诺逊（Aronson）设计出来的。学生 4～5 人一组学习某一个具体的任务、作业或计划，其步骤如下。①小组阅读材料：4 人组成一组，将学习任务分解为 4 个子任务或部分，4 人分别承担一个子任务或部分。②专家组讨论：各组承担相同子任务的组员组成一个专家小组，交流子任务的完成方法（见表 13-6）。③小组内部报告：各专家组员回归本组，教本组其他组员相应子任务的完成方法。④个体测验：学生参加包括所有学习内容的测验。⑤小组评分与奖励：将测验分数转化成小组得分，计分方法与学生小组成绩分担法中的计分方法相同。

表 13-6　交错法中本组与专家组之间的关系

本组	专家组			
	专家组 1	专家组 2	专家组 3	专家组 4
小组 A	A1	A2	A3	A4
小组 B	B1	B2	B3	B4
小组 C	C1	C2	C3	C4
小组 D	D1	D2	D3	D4

这种模式开始是在中学使用的，后来被引入小学三至六年级。

三、个别化教学

个别化教学（individualized instruction）是为了适合个别学生的需要、兴趣、能力和学习进度而设计的教学方法。教师要想调整学习活动以适应个别学生，在教学过程中就要调整学习步调，选择教学目标，使学习活动或材料多样化，考虑到学生阅读水平的差异及评价方式的多样化等。下面具体介绍几种个别化教学模式。

（一）程序教学

程序教学是个别化教学的典型代表。程序教学（programmed instruction）是指一种能让学生以自己的速度和水平，学习自我教学性材料（以特定顺序和小步子安排的材料）的个别化教学方法。20 世纪 60 年代早期，程序教学运动像一股旋风席卷了美国教育界。它的始创者通常被认为是教学机器（teaching machine）的发明人普莱西

(S. Pressey)，但对程序教学贡献最大的却是斯金纳。1954 年，斯金纳发表了一篇题为《学习的科学和教学的艺术》的论文，阐述了操作性条件反射原理的细节，描绘了在学校环境中促进人类学习的自动教学的方法。这篇论文为程序教学提供了理论基础，并唤起了人们对它的热情。

程序教学就像一个自我教学的包（package）。它以精心设计的顺序呈现主题，让学生以自己的速度进行学习，然后完成填空、选择或者问题解决。学生的每一个反应之后都会出现及时反馈。这种程序能够融入书、教学机器（一种融入程序学习形式的机器设备）或计算机。推崇程序教学的研究者强调，哪怕是最困难的课，以小步子呈现，也能让学生也以自己的速度学习。

（二）掌握学习

掌握学习（mastery learning）是指在学习新内容之前，确保所有或几乎所有的学生对某一确定技能的学习都达到预定的掌握水平。掌握学习由布卢姆于 1976 年最先提出，旨在解决个体差异的问题。

掌握学习的一个基本假设是，只要被给予足够的时间和施以适当的教学，在学生遇到困难的时候给予他们帮助，几乎所有的学生对几乎所有的学习内容都可以达到掌握的程度（通常要求完成 80%～90% 的评价项目）。学习能力上的差异并不能决定学生能否学会要学习的内容和学习的好坏，而只能决定他们将要花多少时间才能掌握该项内容。换句话说，学习能力强的学生可以在较短的时间内达到掌握水平，而学习能力差的学生则要花较长的时间才能达到同样的掌握水平，但他们都能获得通常意义上的A 等或 B 等。

掌握学习的做法是将教学内容分解为一个个教学单元。每个单元都按照程序教学的方法进行设计，让学生通过小步逐步完成单元任务。学生在完成单元任务后要进行形成性评价，学完一个单元后要进行总结性评价。如果达到一定的标准，学生就进入下一个单元的学习；如果未能达到一定的标准，则重新进行该单元的学习。

掌握学习的一种形式是依据学生不同的需要来调整教学：为那些需要继续学习基本概念的学生提供矫正性教学；让其他学生做一些扩展性作业。但有人对此提出疑问，认为学习进程慢的学生因为得到了矫正性教学可以学得较好，但是学习进程快的学生因等待其他人而减慢速度了。利用常规课时间进行矫正性教学，那么教学内容所包含的量就减少了，这样掌握教学是以牺牲掌握速度快的学生为代价的。

（三）个别辅导

个别辅导（tutoring）包括同伴辅导、成人辅导和模拟一对一教学情境的个别化教学程序，如程序教学和计算机辅助教学等形式。

同伴辅导（peer tutoring）可分为同龄个别辅导（same-age tutoring）和跨龄个别辅导（cross-age tutoring）。跨龄个别辅导的具体做法是，将一半高年级学生送到低年级，将一半低年级学生送到高年级，或者在图书馆等其他学校场所中进行辅导。研究表明，同伴辅导能提高辅导者和被辅导者的成绩。事实上，许多研究还发现，辅导者比被辅导者收获更大。同伴辅导常常用来提高年长的学困生的成绩，也能提高被辅导学生的成绩。

成人辅导(adult tutoring)是指一对一的成人对儿童的个别辅导，这是最有效的教学策略，它从根本上解决了教学的适当水平的问题。这种方法的主要障碍是其代价很大。但是小规模地给在常规课上有学习问题的学生提供成人个别辅导，还是有可能的。

第三节　设置教学环境

一、课堂空间

教学目标和教学活动配以相应的教学环境将有助于达到教学目标。课堂空间环境可以按两种基本的组织方法发挥作用：一种是遵循领域原则，将空间划分成一个个领域，规定某些领域只属于某个人，直到教师重新改变某人的位置为止；另一种是按功能安排空间，即教师将空间划分为各种兴趣范围或工作中心，使每个人都能到达所有的区域。后一种安排适合小组同时进行各种不同的活动。这两种空间组织方式并不相互排斥，许多教师常常将其组合起来使用。这里着重讨论第一种空间组织方式。

（一）课堂空间设计的形式

1. 基本的课堂空间设计

基本的课堂座次模式是传统的纵横排列模式（见图13-1）。

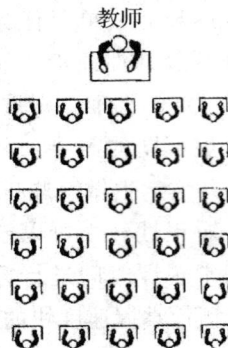

教师

图13-1　传统的课堂座次设计模式

传统排列适用于独立的课堂作业、提问和回答。它有助于学生将注意力集中到教师身上，使学生更容易配对学习。传统排列也最适用于演示，因为学生更接近教师，增强了教师的控制和学生的被动性，但减少了师生以及生生之间的目光接触和交流。

2. 特殊的课堂空间设计

以学生为中心的、非直接教学的教师与以课程为中心的、直接教学的教师相比，更倾向于采用非正式的座次模式，如矩形、环形、马蹄形等（见图 13-2）。这些模式有助于大组交流。

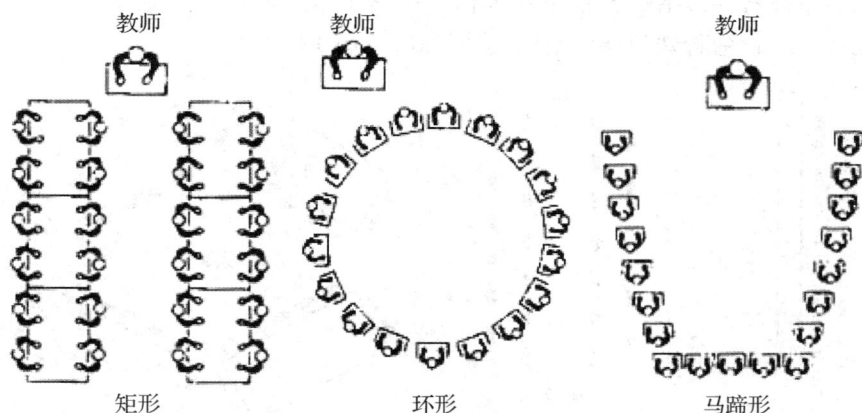

图 13-2　特殊的课堂座次设计模式

矩形式安排容许学生谈话和相互帮助，但是，对全班讲解而言效果可能差一些，并且使班级控制变得比较困难。环形比较适合讨论，并且仍然能够使学生做课堂作业。上述两种方式都便于学生交流。当任务需要较多的学生讨论时，这些模式较为有效。但由于在这些模式中，学生面对面坐着，将有可能使那些缺乏内在控制力的学生表现出更多的不当行为，其结果是他们花在学习任务上的时间减少，因此，没有把握的教师以及不擅长课堂管理的教师在应用这些模式时，应当慎重。马蹄形中，教师处在"U"字缺口处，与学生目光接触的频率会增加，可以让全班学生尽可能多地参与课堂活动，比较适合教师和学生一起讨论研究问题。

矩形、环形和马蹄形模式一般不超过 25 人。25 人以上需要使用双矩形、双环形和双马蹄形模式（见图 13-3）。

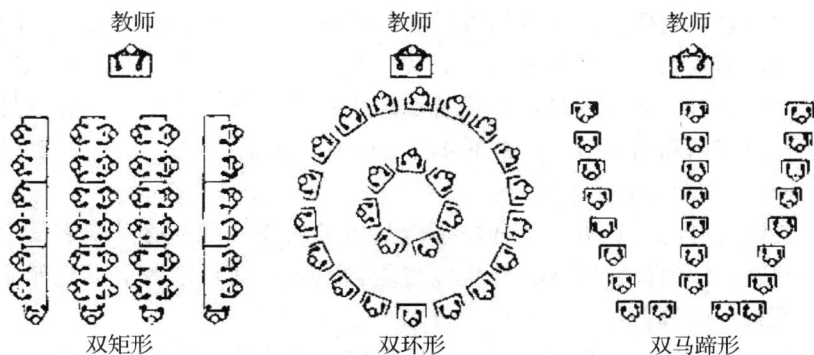

图 13-3　25 人以上的特殊的课堂座次设计模式

3. 暂时性的课堂空间设计

开放课堂(open classroom)的安排比较灵活,它的桌子以组或束的形式排列并且可以移动。教室里有许多书架、桌子和工作区供学生小组教学和个别化教学使用。下面列出了几种暂时性的特殊的课堂空间设计形式(见图13-4)。

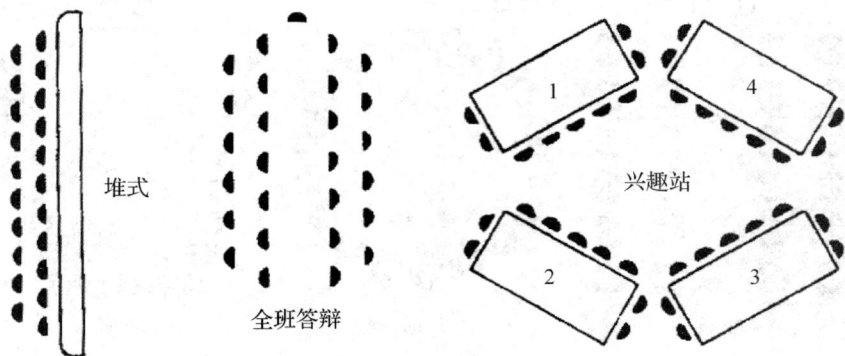

图 13-4   暂时性的课堂座次设计模式

(资料来源:Musgrave,1975)

全班答辩和兴趣站都适用于辩论会或者演讲会,合作学习就主要采用兴趣站的形式。在堆式中,学生紧坐在一起,靠近教师的中心(后排学生甚至可以站着),利于产生凝聚力,比较适合呈现演示、让全班以脑激励法解决问题或者媒体教学。由于学生的交流增多了,这些特殊的安排方式可能会产生纪律问题,所以这些方式要求教师有良好的管理技能。所有这些设计都有利于教师灵活安排活动,也有利于形成小组凝聚感和合作感。

(二)课堂空间设计应考虑的因素

课堂空间设计取决于教室的大小、班里学生的数量、桌椅的尺寸和形状、可移动家具的数量、固定设施等,如门窗、壁橱、黑板的位置。教师在设计课堂空间时应考虑以下几个因素。

第一,教室设备的摆放以及空间安排。教师在进行设备存放和安排时要考虑教室里的固定设施,如门窗、电线插座等的位置。例如,电子设备需要靠近插座,电线不要绕到屋子的中央等。所有的材料和设备都应当保持干净和完好,并放在易于拿到的地方,以便及时开始和结束活动,将不必要的时间缩到最少。学习区和交通区(如设备区)应尽量分开,使学生免受干扰。

第二,教师要考虑可见性。教师应当能从屋子的任何部分看见所有的学生,以减少管理上的问题,加强教学监督。学生应当能够不必移动自己的书桌或伸着脖子就能看见教师、黑板、屏幕。

第三,课堂空间设计应当尽量灵活,以便能做出修改以满足不同活动的要求和教学分组的要求。只有经过长时间的实践,教师才能了解到某一种安排是否适合他们的教学方式和学生的需求。教师可能要经过好几次尝试和不断改进,才能让自己的设计帮助学生有效地学习,使所需的材料被最好地利用,使自己教学和监督学生都很容易进行。

第四，课堂空间设计应维持最大的活动区。有研究（Adams & Biddles，1970）发现，教学的物理环境以教师和学生都似乎意识不到的方式限制着学生的参与度：坐在教室中间的学生似乎是最积极的学生；言语交流大多集中在教室的这个区域以及教室正中一条线上；教师大多时间都站在这条线的前面。研究者把这一区域称为"活动区"（action zone）（见图13-5）。

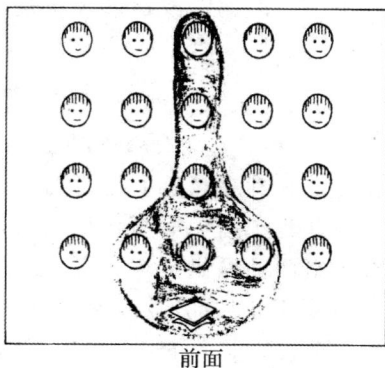

前面

图13-5　教室中的活动区

那些对课程感兴趣和一心想参与的学生是否选择前面座位，教师是否指派一心想参与的学生坐在前面座位上，以及前面的座位是否多多少少能使学生更有兴趣和更投入，这些问题有待于进一步研究。但是，前面座位似乎能增加那些喜欢发言的学生的参与度，而后面座位则使得学生难以参与并且使学生更容易走神。此外，虽然多数教室都有一个参与最多的活动区，但这些区并非都在前面和中间。在有些课堂上，这个区可能在一边或某一特定学习中心。因此，许多教师要经常变动课堂上的学生座位，使同一个学生并不总是坐在后面。

二、教学组织

在教学中，教师往往采用三种基本的教学组织方式，即全班教学、小组教学以及个别化教学。个别化教学在第二节已经讲过，在此不再赘述。

（一）全班教学

全班教学是最传统和最普通的课堂组织形式。教师按假想中的平均水平教学，以满足大多数学生的需求。面对全班，教师讲演、解释和演示某一主题，提问和回答问题，提供相同的操练和练习，解决同样的问题，使用同样的材料。教学是针对全班的，但教师也可能要求某个学生回答问题，监控某个学生完成作业，并且辅导个别学生。

全班教学是一个经济而有效的教学方法。当教师向全班教同样的技能或同样的课、布置作业、监考、给小组提希望、表达说明时，这种方法尤为方便。让全班同学在一起从事某个活动能增强他们对班级的归属感，并且有助于他们形成集体感和班级精神。通过一起学习、共享资源、制定学习环境方面的规则、交流思想，全班将学会合作，并且这种方法能最有效地指导和管理大量的学生。

当然，全班教学的最大缺陷是不能满足个体学生的需要和兴趣。使用这种方法的教师倾向于把学生看作一个在一般能力、兴趣、学习方式和动机等方面同质的组。教师的教学针对假想的中等水平的学生，并且希望所有的学生都以差不多的方式学习和表现。教师根据全班的平均水平评价学生，选择教学方法和材料，确定学习进度等。学生的独特性被淹没在整个班级之中，并且学生在大集体中也较容易表现出问题行为。尽管一个好教师能够弥补这些不足，但他的教学最好还是与其他的个别化教学方式相结合，使教学具有灵活性和多样性。

（二）小组教学

把学生分成5～8人的小组进行学习，能有效弥补全班教学所带来的不足。研究表明，小组教学能增强学生的合作性和社会技能，适当的小组经验能培养学生的民主价值观、对人际差异的欣赏能力，并且小组为学生提供了安全的学习情境，容许学生以自己的速度学习，鼓励学生对小组活动做出贡献。把全班分成小组也有助于教师通过提问、讨论、检查作业测查某个小组，从而监控学生的学习，评定学生的进步。小组同样也给教师以机会来依据某个小组的水平介绍新技能。

教师可根据学生的数量、能力差异的范围以及教师能控制的组数将全班划分成2～3个小组。教师在分组时应考虑以下几个因素：①在某一特定主题或活动中，根据特殊兴趣和技能建立成员关系；②对于具体的课或具体的内容（如不同的作业或练习），要按能力分组或在全班内重新分组；③融洽同学的人际关系。

不管分组的基准是什么，任务都应当尽量具体，并且在学生的能力和兴趣范围之内，这样小组才能不需要教师的帮助而自己学习。如此，教师才能单独注意某个小组，或帮助个别学生。下面介绍一些小组教学的模式。

1. 能力分组

处理异质问题的最普通的途径就是根据能力将学生分配到不同的班级或学校中。即使同一个学校也常常根据学生的特征分快班、慢班等，这就是所谓班间能力分组（between-class ability grouping）。这种分组受到了人们普遍的批评。这种分组对优生而言固然有诸多益处，但对于学困生则危害较大。教师对这些学困生的期望很低，花费的教学时间少，布置的家庭作业也少。久而久之，他们的自尊也将受到损害。相反，班内能力分组（within-class ability grouping）则被认为对所有学生都是有效的，甚至在异质班中的学生以同质的方式重新分组，比不进行这种分组的班级的学生学得多，在阅读课和数学课中尤其如此。在班内小组中，学生将以不同的进度学习不同的材料。

2. 小组活动

小组活动根据其组建目的的不同可以分为以下几类：①帮助教师处理学生的差异问题；②给学生提供机会，和学生一起做计划并实施具体的计划；③增进学生的交往和社会化。教师可以用不同的方法来安排小组活动，如脑激励法、辩论、圆桌会议、综合报告等。在小组活动中，教师的角色从工程师或指导者变成了促进者或提供资源的人。

安排小组活动成功的关键在于教师的组织方法。安排得当的小组活动应该具有下列 5 个特点：①任务结构使得小组成员之间进行良好合作；②学生根据小组的目标以自己的进度进行学习；③具有发展参与者人际交往技能的机会；④具有根据小组成绩进行奖励的结构；⑤组队策略具有多样性。在这种情况下，学生才能学会一起学习，学会欣赏个体差异的多样性，重视个体的长处等。

三、教学媒体

教学媒体（instructional media）是指在教学过程中传递信息的物质工具。教学媒体按感官分主要包括听觉媒体（广播、磁带等），视觉媒体（书本、图片等），视听型媒体（电视、电影、录像等）以及交互型媒体（多媒体计算机等）；按媒体的表达手段可分为口语媒体、印刷媒体和电子媒体。在教学过程中，教师应当按照教学任务、教学内容、学生的需要和水平以及教学条件进行恰当的选择。

选择教学媒体时，教师要综合权衡以下因素：教学情境（如全班、小组和自学），学生学习特点（如阅读特点、非阅读特点、视听偏好），教学目标性质（认知、情感和动作技能），教学媒体的特性（如静止的图像、动画、文字）等。戴尔（Dale，1994）按照从直接具体经验到抽象经验的顺序排列了 11 种媒体，构成一个经验锥形（cone of experience）图（见图 13-6）。

图 13-6　戴尔的经验锥形图
（资料来源：Dale，1994）

在这一经验锥形图中，学生开始被看作一个有实际经验的参与者，然后是一个实际事件的观察者和中介事件（通过某种媒体呈现的事件）的观察者，直至最后是一个符号的（表征某一事件的）观察者。这种排列有助于我们根据学生的学习能力和先前经验水平选择适当的媒体。例如，在有"直接目的的经验"的水平上，儿童通过与实物、动物和人接触，在做中学。随着年龄的增长，图片或其他模拟的替代物能被用来获得某些经验。对于成熟的学生而言，通过锥形顶端的"语言符号"进行阅读学习是十分有效的方法。

使用教学媒体是为了使教学遵循这样一个顺序进行：从动作表征、图像表征直到符号表征。教师要确定学生的当前经验水平，利用教学媒体融入一定程度的具体经验，帮助学生整合新旧经验，促进学生对抽象概念的理解。例如，许多学生可能见过蚕在不同发育阶段的形态，也看见过茧，但是，他们需要将所有这些经验整合成一个抽象的概念：蚕的发育生长过程。当然，教师要注意在学习经验的具体性水平与学习时间的限制之间取得平衡。

值得一提的是，戴尔的经验锥形图没有列入多媒体计算机，这是受时代限制的结果。在当今以信息技术为标志的信息时代，多媒体计算机和网络对人们头脑中的传统教学媒体观念产生了冲击。多媒体计算机能集成文字、图像、声音以及动画等多种媒体，并且具有很强的交互作用，具有存储巨量信息的能力以及虚拟现实的能力，而网络则提供了信息结构非线性与远程通信能力。这些潜力是前述各种媒体所无法比拟的，极有助于营造出一个理想的学习环境，促进现有教学模式从教学目标、教学内容、教学方法到组织形式发生根本性变革，因此成为教育改革的基本背景之一。

思考题

1. 教学目标都有哪些表述方法？
2. 布卢姆把教学目标分为哪几类？每类的评价方法是什么？
3. 简述直接教学的过程及其适用条件。
4. 如何设计合作学习模式？
5. 合作学习的基本成分有哪些？
6. 简述三种主要的教学组织形式及其各自的优缺点。

推荐阅读

陈琦，刘儒德．当代教育心理学(第 3 版)．北京：北京师范大学出版社，2019．第十四章

[美]戴尔·H. 申克．学习理论．韦小满，等，译．南京：江苏教育出版社，2003．

[美]安妮塔·伍尔福克．教育心理学(第 12 版)．伍新春，等，译．北京：中国人民大学出版社，2015．第十四章

[美]凯·M. 普莱斯，卡娜·L. 纳尔逊．有效教学设计——帮助每个学生都获得成功(第 4 版)．李文岩，刘佳琪，梁陶英，田爽，译．北京：中国人民大学出版社，2016．

第十四章

课堂管理

教师要顺利完成教学的各个环节，必须自始至终对课堂进行有效的管理。首先，教师必须明确什么是大家所期望的学生的适当行为，什么是不适当行为，并让学生懂得自己在不同的场合应该怎样做。然后，教师要把教学目标提出的对学生的期望转变为课堂活动的程序和常规，并将一部分程序和常规制定为课堂守则，以便指导学生的行为，促使学生积极主动的学习。此外，教师还需要妥善处理课堂里的各种人际关系，实现教师、学生与课堂情境的协调，最终达到教学目标。本章将讨论课堂管理与课堂中的人际关系。

本章要点

- ● 课堂规范的建立与维持
- ○ 课堂管理的目标
- ○ 课堂规范的设计与维持
- ○ 课堂管理策略
- ● 课堂问题行为的处理
- ○ 课堂一般问题行为的处理
- ○ 课堂严重问题行为的矫正
- ● 师生互动与人际沟通
- ○ 教师的领导风格
- ○ 教师对学生的影响
- ○ 课堂人际交往
- ○ 课堂人际沟通

第一节　课堂规范的建立与维持

一、课堂管理的目标

我们常常以为课堂管理是为了建立课堂秩序，为了使学生保持安静，然而这些想当然的认识是错误的。课堂管理之所以重要，是因为它至少拥有三个目标。

（一）争取更多的时间用于学习

课堂管理的一个重要目标是尽量争取时间用于学习。学生所花的学习时间越多，学习成绩越好。学生的学习时间资源并不是无限的。多少时间用于课堂教学，多少时间用于自习，多少时间用于午休、课间操、打扫卫生等，学校都事先做了明文规定和安排，教师不得随意改动。在这个大前提下，我们来探讨教师如何在规定的教学时间里为学生争取更多的学习时间。

教学时间可以分为四个层次。①分配时间，是教师为某一特定的学科课程设计的时间，这是由课表决定的。②教学时间，是教师在完成常规管理以及管理任务（如考勤、处理课堂行为问题等）之后所剩的用于教学的时间。③投入时间，也称为学生专注于功课的时间，属于教学时间。它是学生实际上积极投入学习或专注于学习的时间。④学业学习时间，是学生以高成功率完成学业所花的时间。

对于某些学生来说，学业学习时间远远少于分配时间。许多研究表明，学生课堂学习时间的质量，如投入时间和学业学习时间的质量，与他们的成绩明显正相关。因此，为学生争取更多的学习时间的真正含义，就是使学生投入有价值的学习活动，从而提高所用时间的质量。

争取更多的时间用于学习，可以通过直接的方法，也可以通过间接的方法来实现。既然争取时间是课堂管理的第一个目标，那么课堂管理的所有措施（包括处理学生不良行为），都可以看作争取学习时间的间接方法。

（二）争取更多的学生投入学习

每一个课堂活动都有一定的参与规则。教师对有些规则做过明确表述，但对有些规则没有做过表述。教师和学生都没意识到他们在不同的活动中遵守着不同的规则，这种差异往往是极其细微的。例如，在有些课上，学生要想回答问题先要举手，而在有些课上则不必举手，只要看看教师就行。这种规定在不同的活动中如何参与教学活动的规则通常被称为参与结构。它规定，学生要成功地参与某一个活动，就必须理解参与结构。但是，理解并非易事，因为有些参与结构常常是教师不做表述的。在学校中，有些学生比其他学生的参与性要好。学生在家里与家人之间的交往也有一个参与结构。有些学生家里的参与结构能和学校活动的参与结构相一致。例如，在有些家里，在家人谈话时，每个家庭成员都可以随时插嘴，但在学校交流中，这会被看作打断别人谈话的行为。

为了使所有的学生都能顺利投入学习活动，教师一定要确保每个人都知道如何参与每一个具体的活动，使他们知道教师的规则和期望是什么。同时，教师需要考虑这些规则是否适合学生，给学生提供的参与信号是否明确一致，等等。有时，教师需要使课堂参与结构适合学生的家庭经验。

（三）帮助学生自我管理

任何管理系统的目标之一都应当是帮助学生很好地管理自己。当然，鼓励学生自我管理可能需要额外的时间，但是，这种努力投资是值得的。如何让学生对自己的课堂行为进行自我管理呢？首先，教师让学生更多地投入课堂规则的制定；其次，用较多的时间要求学生反思需要某些规则的原因以及他们出现不良行为的原因；再次，应当给学生机会考虑他们自己怎样计划监视和调节自己的行为；最后，应要求学生回顾一下课堂规则，提一些必要的修改建议。

二、课堂规范的设计与维持

发展一个有效的课堂管理系统要经历三个时期：设计（学年开始之前）、管理（学年开始几周）、维持和完善（学年之中）(Evertson & Emmer，1982)。

（一）设计（学年开始之前）

在小学，教师每天都要带着30～50个能力各异的学生进行各种教学活动。如果没有有效的规则程序，大量的时间就会浪费在反复处理这样一些相同的问题上："我的铅笔断了，我怎么做作业？""我的作业做完了，我现在做什么？""张某某打我。"在中学，学生一天内要学习更多课程，有时要换教室，而且中学生不像小学生，他们更容易向教师的权威发起挑战，所以不制定程序和规则，课堂管理就无从谈起。

一开学，教师首先就要遇到课堂的物理环境问题，布置课堂的物理环境是课堂管理的良好开端，因为教师和学生要在这个课堂环境下学习很长一段时间。"每个学生的座次如何安排""周围的墙壁如何布置"等，这些问题都需要教师精心设计，其目的是提供一个最好的环境容许学生有序流动，并且最佳地利用空间。

一旦布置好了课堂环境，教师就能把他的注意力转向课堂管理的其他方面。课堂程序和规则的设计由这样三步构成：①确定期望的学生行为；②把期望转换成程序和规则；③确定后果。

1. 确定期望的学生行为

进入课堂之前，教师一定要想一想自己的期望。做决策时，教师最好利用在别人课堂上观察到的有效的课堂程序和教学经验。注意设立规则要针对课堂活动的多样性（课堂自习、小组学习、全班教学等），不同情境下有不同的所期望的学生行为。例如，在全班教学中，当教师呈现信息时，教师期望学生静静地倾听。学生懂得这一条，并不能保证他们在小组讨论中做出适当的行为。同时，教师还要充分考虑如何最优使用可以利用的空间、设备以及一些常规程序。

2. 把期望转化成程序和规则

教师弄清楚自己的期望之后，一定要将它们转化成具体的程序和规则。课堂程序和规则还是有一些区别的。程序是一个活动的步骤，它描述师生如何参与课堂活动、在什么条件下学生能离开教室、上课铃和下课铃响时学生应当做何反应、怎么确定等级，以及一些与设备安全有关的特殊程序。它们只是班级完成事件的方法而已，很少被写成书面的东西。规则是一些条文，这些条文确定所期望和所禁止的行为，即哪些能做，哪些不能做。教师要把它写成书面的东西传达给学生。在设立规则时，教师要想一想需要营造一种什么样的气氛，需要学生表现什么行为，需要对学生设置什么限制。教师最好有一些一般的规则覆盖具体的规则，而不是列出所有能做和不能做的。但是，如果有些具体的动作是被禁止的，如在课堂上咬手指或咬笔尖，那么就要有一条规则做出明确禁止的规定。

3. 确定后果

教师需要和学生讨论遵守或者无视课堂程序和规则的后果。如果教师等到规则被破坏之后才做决定，就晚了。如果有言在先，学生就能事先知道破坏规则、违反程序对他们来说意味着什么。

(二)管理（学年开始几周）

一学年刚开始的几周是非常重要的。在这一段时期，教师要通过一些活动来形成程序和规则系统：

①在开学第一天或第一次班会上，专门用一些时间讨论规则；

②和其他学习目标一样，系统地教授课堂程序；

③教学生所需的程序，帮助他们处理具体的课堂常规；

④让学生做一些简单的工作，促使学生在开学的头几天就获得成功；

⑤至少在开始几天，组织那些只需要全班注意或只需要简单程序的活动；

⑥不要认为学生经过一次尝试后就知道如何执行某一程序，换句话说，对某些事只做一次解释，并不意味着学生已经理解了你想让他们做什么。

较为有效的教师能为学生做好准备，备有姓名簿，解释某些基本的规则。较为无效的教师散漫地开始第一天，没有明确的规则，也没给学生提供姓名簿，以致学生浪费大量的时间等待指示。较为有效的管理者并不会想当然地认为学生过去知道有关规则的知识，所以他们在学年一开始就建立程序和规则，并且确实教学生这些常规和规则。他们解释、传达和讨论每条规则的合理性，例如，"如果我试图帮助别人，而你打断我，我就要花更长时间来帮助他"，或"如果每个人都同时谈话，谁的话我也听不见"。较为有效的管理者还会让学生反复操练这些规则和常规，监督他们遵守的程度。在某些情况下，教师示范合适的行为，要求学生做一遍，如离开教室之前保持书桌整洁，或者把设备放在适当的位置。而较为无效的管理者也有规则，但是，他们的规则通常是模糊不清的，并且不加讨论地偶尔做一下介绍。

较为有效的教师一般能及时处理课堂问题，不忽视任何偏离课堂程序和规则的行为。而较为无效的管理者则不会监视自己的班级，他们允许发生不当行为，不能处理不遵守程序和规则的学生。

较为有效的管理者给出一个较明确的指示，并且使用较好的教学程序来安排时间，处理从一个活动向另一个活动的过渡，给学生提供反馈。而较为无效的管理者的课堂组织性差。学生不会长时间地学习学业材料，经常被教师的指示弄混，并且做完作业之后不知做什么。

最后，较为有效的管理者和较为无效的管理者相比，似乎更能理解学生的需要和所关心的事情。其结果是较为有效的管理者更容易知道什么时候修改教学活动能把课设计得更好，并能使用更有趣的材料。

中学和小学的情况差不多。有效的管理者在开学的第一天集中精力建立程序、规则，并提出期望。在开始的几周里，教师明确传达学业和行为的标准，并且始终如一地予以强化。学生的行为受到严密的监视，破坏规则的行为能得到及时处理。在能力低的班级里，教师不要求学生连续花很长的时间进行某一种活动。相反，每一阶段学生都要顺利地进行好几种学习任务。

（三）维持和完善（学年之中）

教师一旦建立了课堂程序和规则，就要设法维持课堂管理系统。课堂管理的维持和完善，需要教师始终让学生投入富有建设性的学习任务中，并且预防问题的发生，此外还要妥善处理不良课堂行为。

1. 鼓励学生投入富有建设性的学习

（1）注意课的组织

课的组织影响学生的投入。一般而言，教师的监督增强，学生投入的时间也会增加。有人曾报道，受监督的学生只损失5％的时间，而不受监督、自己独自学习、自定学习步调的学生则会损失15％的时间，并且从一个活动向另一个活动过渡时还得花去10％的时间。这并不意味着教师应当撤销学生的独立学习，这只意味着这类活动通常要求仔细监督。独立并不一定就意味着"没有指导完全独自进行"。

当学习任务能给学生不断地提供下一步做什么的线索时，学生将会更好地投入学习。步骤明了的活动往往更受学生欢迎，因为一个步骤会自然地引出下一个步骤。当学生完成任务所需的材料都齐全时，学生一般能够投入学习，抵制干扰和分心。

（2）鼓励学生管理自己的学习

当然，教师并不能监督每一个学生，也不能依靠学生的好奇心来维持他们的学习。教师必须要想别的方法来保持学生自己学习和完成任务。有效的课堂管理者都设有一个鼓励学生管理他们学习的完善体系。

2. 预防是最好的良药

维持管理体系的最佳方法是防患于未然。一旦课堂程序和规则建立，教师就要仔细监督学生的行为。监督的目的，一是防微杜渐，免得一些不适当的行为逐渐演变成主要的问题；二是要澄清学生对教师的期望所作表现出的任何误解。为了使自己的监督技巧有效，许多教师必须进行反复的实践练习。例如，教师在某一个小组时，不忘经常扫视整个课堂，或者在教室里来回走动检查学生的学习。在一学年的开始阶段，为了确定自习作业的数量和难度是否符合学生的能力水平，监督显得尤其重要。

三、课堂管理策略

科宁（Kounin，1970）在一个课堂管理研究中观察比较了有效管理者和无效管理者的行为。他发现，一旦问题出现，两者对问题的处理没什么不同，不同的是成功的管理者能较好地预防问题。科宁指出，有效的教师善于引导小组不断地变换活动，他们确保学生总是有富有建设性的事可做，不会让学生有等待的空闲，也不会让学生看别人学习。活动总是组织好了的，并以适度的步调变换着。此外，有效的教师不仅擅长管理一个团体，而且能注意个别学生。这样，就没有一个人能够"躲"在团体之中了。

科宁总结出，有效的课堂管理者尤其擅长这样四个方面：明察秋毫、一心多用、整体关注和变换管理。

（一）明察秋毫

根据科宁的看法，明察秋毫是指教师使学生知道，教师注意到了课堂里发生的每一件事。教师尽量避免被少数几个学生吸引或只与他们交流，因为这变相鼓励了班上其他人心不在焉。教师总是扫视教室，与个别学生保持眼神交流。这样，学生就会知道他们一直在受教师监督。有些教师在这方面表现得特别出色，甚至在黑板上板书时都知道谁在搞小动作，仿佛长有一双后眼睛似的。这些教师能预防小面积的捣乱慢慢演变成多数人捣乱。他们知道是谁在捣乱，并且也能准确处理当事者。如果同时发生两个问题，有效的管理者总是首先处理更严重的问题。

（二）一心多用

一心多用是指教师同时跟踪和监督几个活动。这方面的成功，同样也需要教师不断地监控全班。例如，教师可能不得不检查个别学生的作业，与此同时，还要对小组学生说"好，继续"，从而使他们学习。

（三）整体关注

整体关注是指教师使尽量多的学生投入适当的班级活动，而避免把注意力集中在一两个学生身上。在课上，所有的学生都应当有事可做。例如，教师可能要求所有学生写出某个问题的答案，然后点起某个学生回答，并让其他学生比较他们的答案。当教师在班上走动时，要求学生做出各自的反应。一些教师让他们的学生在团体里使用小黑板或彩卡做出反应，这也能使教师检查学生是否已经理解了知识。

（四）变换管理

变换管理就是指教师使课和全班以顺利的过渡、适当而灵活的进度多样性地进行活动变换。有效的管理者会避免突然过渡，如在获得学生的注意之前就宣布一个新的活动，或者在另一个活动中间开始一个新的活动。在这些情境下，全班三分之一的学生将会做新的活动，许多学生将会停留在旧的活动上，有些学生将会问其他学生做什么，有些学生将会借机捣乱，有些学生则感到乱糟糟的。

科宁所提出的另一个过渡问题是慢悠悠，或者说是开始一个新的活动会花费很长时间。有些教师给出的指导语太多："大家注意，都拿出一张纸……好，现在拿一支铅笔……在左上角写上你的名字……看看姓名……现在在右上角写上日期……今天是……"等教师说完，学生早已对这一计划失去兴趣了。

当教师让学生一个人做一件事，而让全班其他人等待观望时，课堂管理问题就会产生。例如，在有的课上，教师让学生示范某个动作，一列学生一列学生地做，或者一个学生一个学生地做，就很难保证班上其他人不出问题。

教师如果能成功地表现出明察秋毫、一心多用、整体关注和变换管理四个方面的能力，那么，他班上的学生都会积极参与学习，都逃不过他那无所不在的目光。学生在这里积极地学习，获得胜任感和自我价值感，而不是表现出不良行为以赢得别人的注意或拥有某种地位。

第二节　课堂问题行为的处理

一、课堂一般问题行为的处理

没有一个课堂不会发生问题，在高年级尤其如此。面对出现的问题，教师切不可视而不见、不理不睬。一个有效的管理者并不有意公开纠正每一个小的错误，这种公开的注意，实际上反而会强化这种不良行为。经常纠正学生错误的教师，其班级并不一定就是规规矩矩的，关键在于教师要知道发生了什么、为什么会发生以及什么才是重要的，这样才能防止问题出现。

教师必须处理的大多数问题行为都是一些小乱子，如做小动作、交头接耳、不遵守课堂程序和规则、注意力不集中、四处张望、擅自起立等。这些问题并非真正严重，但为了保证学习的正常进行，这些行为必须消除。教师在考虑对策时，最好想想自己的意图，并不能只是为了保证纪律而处理纪律问题。学生在学校远不只是学一点"1＋2"之类的东西，最好还能学会了解自己是一个胜任的学习者，学习是快乐而满意的。一种温暖、支持和接纳的课堂环境对培养这样的态度是至关重要的。如果学生不尊重教师，教师也不尊重学生，是不可能有良好的课堂环境的。教师要对全班学生的利益负责。例如，教师可能不得不在检查个别学生作业的同时，还要兼顾对小组学生的鼓励。

在组织课堂教学时，教师应让学生一起设置班级规则，并且要考虑学生的需要或接受学生的建议，但教师始终是建立和强化规则的领导，学生必须遵守这些规则。班级程序和规则应当成为学生的第二天性。一个教师如果没在班上树立起自己的权威，他就得花很长时间来处理问题行为。一个课堂的结构和日常程序越严明，教师就能给学生越多自由。

教师在处理日常课堂行为问题时，最为重要的就是要以最少干预为原则，就是要用最简短的干预纠正学生的行为。许多研究发现，花在保证学生纪律上的时间量与学生的成绩呈负相关。处理日常不良行为时，教师要尽量做到既有效又无须打断上课。如果有可能，在处理不良行为时，课还应照常进行。下面我们来讨论处理典型纪律问题的策略。这些策略是根据中断上课的程度排列的，前面的策略中断程度最小，后面的策略中断程度最大。

（一）预防

预防是最好的良药。教师要尽量做到以预防为主，以处理为辅。把课组织好、不断地密切监视、纪律严明等都有助于预防问题行为的发生。

（二）使用非言语线索

对于许多课堂不良行为，教师不必中断上课去处理，只需用非言语线索就能消除。这些非言语线索包括目光接触、手势和身体靠近等。与表现不良的学生保持目光接触一般就能制止其不良行为。例如，有两个学生正交头接耳，教师只需看看这两个学生或其中的一个就行。

（三）表扬与不良行为相反的行为

对许多学生来说，表扬是强有力的激励。教师要想减少学生的不良行为，不妨表扬他们所表现出的与不良行为相反的行为。这就是说教师要从这些学生的正确活动入手。如果学生常擅自离开座位，教师就要抓住他们坐在座位上认真学习的时刻表扬他们。

（四）表扬其他学生

表扬其他学生的行为，常会使一个学生也表现出这一行为。例如，如果张某某正在做小动作，这时教师说："我很高兴看到这么多学生都在认真学习。李某某做得不错，王某某专心致志……"当张某某最后也开始表现出好的行为后，教师也应当表扬他，不计较他曾走过神："我看见赵某某、孙某某和张某某都在全神贯注做功课。"

（五）言语提示

如果教师没法使用非言语线索，或者非言语线索不能奏效，那么简单的言语提示将有助于把学生拉回到学习上。教师在学生犯错之后要马上给予提示，因为延缓提示通常是无效的。如有可能，教师应当提示学生遵守规则，而不是纠缠他正在做的错事。这就是说，如果学生违反了课堂程序，教师就应向学生重申这一程序并让他跟上。例如，说"张某某，请注意你应自己做作业"就要比说"张某某，别抄袭李某某的作业"要好一些。与给反面提示相比，给正面提示表达了教师对未来行为更积极的期望。

（六）反复提示

在大多数情况下，一个非言语暗示或提示，一般足以抵消小小的不良行为。但是，有时，学生有意无视教师的要求或者向教师请求，想以此试一试教师的意志。如果学生认识到教师立场坚定，并且要采取适当的措施巩固有序的和有建设性的课堂环境时，这种实验将会慢慢消失。当一个学生拒绝听从简单的提示时，教师就要反复地给予提示，无视任何无关的请求和争吵。

（七）应用后果

当所有前面的步骤都不能使学生顺从明确而合理的要求时，最后一招就是让学生做出一个选择：要么听从，要么后果自负。教师在应用后果时注意，后果应当是轻微的、短时间的，并且尽可能在行为发生之后马上实施，而且要使学生明白你说话算数，这比后果严重对学生而言更为重要。教师尽量不要使用长时间的严厉的惩罚（如一星期不学习），因为长时间的严厉的惩罚会带来很多不利因素，会造成学生的仇视和敌对。教师在向学生说后果时，必须绝对肯定自己能贯彻实施。当教师对学生说"你要么马上学习，要么停止一切活动5分钟"时，教师一定要肯定有人能"监视"他5分钟。

二、课堂严重问题行为的矫正

前面所谈的不良行为都是比较轻的，只是违反了课堂纪律。学校里常常有一些问题行为，如打架、偷窃、毁坏公物、辱骂教师等，这些问题行为比常见的课堂不良行为要严重得多。不管在课堂内外，这些行为都是不当的。对于这些严重的不良行为，教师必须给予及时确定的惩罚。任何延迟和不定的惩罚都会使后果无效。对大多数学生来说，纠正其严重不良行为所采用的最有效的方法就是教师或校方领导请家长到校。如果错误屡教屡犯，校方就应当与其父母商量，一起实施一个计划来解决这一问题。此外，教师也可运用行为矫正程序来减少严重的问题行为。

行为主义学习理论指出，不受强化或受到惩罚的行为将会减少。前面所讨论的处理日常课堂不良行为的策略，也是直接以行为主义学习理论为基础的。适当的行为通过表扬可以得到加强，不当的行为通过忽视或者轻微而确定的惩罚可以消失。下面，我们将会根据实用行为分析，即应用行为主义学习原则来分析课堂行为，采用具体的行为矫正策略来预防和处理不良行为。

(一)不良行为的原因分析

学生的不良行为一般是受到了某些强化的维持，因此，要想减少课堂不良行为，教师就一定要理解是什么强化物在维持不良行为。课堂不良行为最常见的强化物就是注意——来自教师、同伴或者两者的注意。另一个原因是学生想从挫折、烦躁和不愉快的活动中解脱出来。

1. 教师的注意

有时候，学生表现出不良行为是为了赢得教师的注意，哪怕是消极的注意。这一原因比许多教师想象得更普遍，其应对方法也相当容易，就是教师尽量地忽视他们，当他们表现不良时只注意那些表现好的学生。事实上，斥责对其他学生而言起到了强化作用。

2. 同伴的注意

学生表现不良除了为赢得教师的注意外，另一个普遍的原因就是为了获得同学的注意和赞赏。青少年时期这一原因更为普遍，刚才所讲的处理方法在这里行不通。例如，一个学生将书放在头上晃来晃去惹得全班哄堂大笑。若教师忽视，这一行为就会继续下去，并且还可能鼓励其他人表现出类似的行为；若斥责，又只会吸引全班更多的注意，甚至更糟的是，会增强他在同伴中的地位。同样，如果两个学生正在说悄悄话，忽视他们的行为只会鼓励他们继续谈下去。对于受同伴强化的不良行为，教师可以根据全班(或小组)中所有成员的表现予以奖励或惩罚，如此则可消除同伴对不良行为的支持。

3. 逃避不愉快的状态或活动

不良行为的第三个重要的强化是逃避挫折、烦躁和不愉快的活动。根据行为主义学习理论，逃避不愉快的刺激就是一种强化。有些学生把学校里发生的许多事都看作不愉快的、烦闷的、受挫的和疲惫的经历，对于那些在学校里反复遭受失败的学生尤其如此。甚至最有能力的或动机最强的学生，有时也会感到烦闷和受挫。学生经常表现不良，只是为了逃避不愉快的活动。这在学生频繁请求上厕所、削铅笔时可以清楚地看出。这些学生在自习或做作业时比听讲时更容易提出这些请求，因为那些对自己的学业能力不大自信的学生对课堂作业更会表现出挫败感和焦虑感。

矫正由这一因素引起的不良行为的最好方法就是防患于未然。一个积极上课的学生是不会因为问题乏味而表现出不良行为的。使用合作学习的方法或其他使学生积极参与学习的方法，都有助于防止不良行为的出现。研究发现，不管是只用表扬还是使用表扬加奖品，对大多数学生都很有效，但对成绩差的学生无效。不过当给他们提供特殊的指导时，他们的不良行为会基本消失。

(二)行为矫正

前面所讲的非言语暗示、提示等算是行为主义学习理论的非正式应用，在大多数课堂上，这些方法足以创造一种良好的学习环境。但在有些课堂上，教师则需要用较为系统的行为矫正方法。在课堂上，大多数学生表现良好，但总有少数几个学生有顽固的行为问题，这时教师对他们采用个别行为矫正法将会奏效。此外，根据前面的原因分析，班上有些学生的行为问题，尤其是受到同伴支持的行为问题，则可能需要全班行为矫正策略。当一个班上有许多成绩差或学习动机低的学生时，教师最需要这样的策略了。建立和使用任何行为矫正程序，教师都需要遵循由行为观察到程序完成再到程序评定等一系列步骤。这里所讲的只是全部行为矫正程序的一部分。

1. 识别目标行为和强化物

完成一个行为矫正程序，第一步就是观察行为不良的学生，以识别一个或少数几个行为作为目标行为。第一个被定作目标的行为应当是最严重、最容易看出、最重要、发生频率较高的行为。第二步是看看是什么强化物在维持这一行为。观察的另一个意图就是设立一个基点，以便比较后来的改进情况。

2. 设立基点行为

教师在后面的几天里（至少三天）观察学生，看看其目标行为发生的频率有多高。在此之前，教师需要明确界定这一行为的构成。例如，如果目标行为是"打扰同伴"，那么教师就得决定什么具体行为构成了"打扰"（或许是逗乐、伸头、打断、拿取材料）。教师可以根据频率（如张某某擅自离开座位多少次）或时间（离开座位多少分钟）来测量行为基点。频率记录较容易保持一些，教师只需在讲桌上放一些纸，在纸上做标记就行。

3. 选择强化物和强化的标准

行为主义学习理论和行为矫正实践，都赞成强化适当行为而不是惩罚不当行为，这其中也有伦理道德方面的原因——惩罚往往会制造仇恨。相反，成功的强化程序过一段时间后就会逐渐消失。在行为矫正程序的开始阶段，教师需要始终一致地强化适当的行为，但随着行为的改进，强化就可以越来越少。最后，从伦理方面考虑，即使惩罚同样奏效，也应当避免使用惩罚，因为惩罚不利于营造快乐健康的课堂环境。在某些情况下可能需要一两种惩罚，但只有在无法使用强化策略或强化策略不起作用时才予以使用。

典型的课堂强化物包括表扬、权利和奖品等。在一个结构严密的行为矫正程序里，表扬对改善学生的行为是极其有效的，有意忽视不当行为与表扬适当行为的效果常常相当。当然，这种策略只是在不良行为靠教师的注意维持时奏效。除了表扬以外，许多教师发现，给学生红星、微笑或其他小的奖品也是很有用的。有些教师在学生的作业上盖橡皮章，以象征其学习不错。这些小小的奖品使教师的表扬更具体化，并且能使学生把作业带回家接受父母的表扬。

4. 如有必要，选择惩罚及其标准

当使用强化程序也无法解决某一个严重的行为问题时，教师就需要使用惩罚了。惩罚就是不愉快的刺激，个体都试图避开它。

有人提出了七条有效而人道地使用惩罚的原则：①偶尔使用惩罚；②使儿童明白为什么他要受惩罚；③给儿童提供一个可选的方法以获得某种积极的强化；④强化儿童与问题行为相反的行为；⑤避免使用体罚；⑥避免在你非常愤怒或情绪不好时使用惩罚；⑦在某个行为开始而不是结束时使用惩罚。许多研究提示，必然而轻微的惩罚能有效地减少不当行为。有一个有效的惩罚手段称为"请出去"，它是指把学生从强化其不良行为的情境中请出去。

教师应当尽量少用"请出去"，但是一旦使用，就应当平静而坚定地去做。学生应当被告知教师为什么要请他出去，并且在脱离期间教师不要斥责该生。

5. 观察行为并与基点行为做比较

评价程序的有效性是非常重要的。一个行为矫正程序往往要持续好几天，如果一周以后行为并未得到改善，那么教师就要尝试其他系统或强化物了。

6. 降低强化的频率

如果行为矫正程序实施了一段时间后，学生的行为得到了改善，并且稳定在某个新的水平上，强化的频率就以降低了。一开始，适当的行为每出现一次就予以一次强化，随着时间的推移，出现几次适当行为才给一次强化。降低强化的频率有助于长时间维持新的行为，并且有助于把行为延伸到其他情境中。

第三节　师生互动与人际沟通

一、教师的领导风格

在教学情境中，教师因为具有奖惩权力以及专家权威而使学生服从自己的领导。教师需要注意自身的修养，使自己成为学生认同的楷模与权威，而不是用学校体制所赋予的利力来领导学生。教师作为榜样的力量是无穷的。有时候教师之所以能影响学生，是因为学生对他倾慕，愿意向他看齐，甚至企图超越他。另外，教师需要通过自己的品行和学问以及教学水平树立自己的威信。在幼儿及小学生的心目中，教师是学问的化身，教师是无所不知、无所不能的，因而对教师的领导表现出了绝对服从。但对年龄稍长的学生而言，教师也许不再是万能的，但他仍是某方面的专家且具有某些特殊智能，这种专家威望最容易激起学生的景仰，从而服从教师的领导。

教师除了建构自己的领导权威以外，还需要考虑自己的领导方式。一个班级就是一个小型社会。班级的成员因特定的工作目标而聚集在一起，所以班级也是一个工作团体。在这个工作团体中，如何领导才能促进学生的人格正常发展？如何领导才能使学生的计划、决策和行动变得有效？这就是所谓"领导方式"的问题。班级在不同方式的领导之下，所产生的班级气氛也不一样。所谓"班级气氛"，有广义、狭义两种意义。狭义的班级气氛指的是教师的领导方式不同所形成的情绪气氛；广义的班级气氛则包括班级里师生的交互作用和班级中同伴关系所形成的情绪气氛。教师对班级的领导方式大致可分为下列三种。①权威式领导。领导者自己做出决定，计划班级的学习活动，安排学习情境，指导学习方法，控制学生行为。学生没有自由，只是听从教师的命令。②民主式领导。教师和学生共同商定目的和方法作为共同遵守的准则。教师花很多时间来建立团体成员间的良好关系，鼓励学生对工作的目的和方法发表个人的看法和意见。因为成员对目的和方法已获得了某种程度的一致意见和了解，领导者只需鼓励成员对团体的任务尽量奉献自己的力量。③放任式领导。放任式领导，事实上是不具有任何方式的指导。教师只笼统地说明工作的目的，不参与也不干预学生的工作过程，一切由学生自己决定、自由活动。

关于领导方式对学习成果及情感表现的影响究竟如何，美国社会心理学家勒温等人进行了研究，其结果从团体是否达成预期的目标和儿童是否喜欢该团体经验的情感表现两方面分析发现：权威式领导下的儿童的工作成果最好；他们很有效率地达成预期目标。然而，他们却表现出紧张、充满敌意等消极的情感。在民主式领导下的儿童，其情感表现最佳；成员与领导者之间或成员与成员之间的情感温馨而和谐。就工作成果而言，他们虽然不像权威式领导组那样有效，却比放任式领导组优秀。至于放任式领导下的儿童，在工作成果和情感表现方面，其结果均不理想。因为在需要成人领导的情境下缺少必要的领导，儿童花大部分时间在摸索、彷徨和纷扰不安中，这使他们既无成果可言，又对这种团体产生消极的情感。

二、教师对学生的影响

教师对学生的期望与教师自己的行为以及学生的成绩有关。罗森塔尔和雅各布森（Rosenthal & Jacobson，1968）最早对教师期望进行了研究。他们在开学初对小学生进行了一个非言语智力测验，并告诉教师这个测验能预测学生的智力发展。研究者随机选取20%的学生，然后将学生名单告诉教师，并称这些学生是有发展潜力的。当然，教师并不知道该测验并不能够预测智力的发展潜力，也不知道所选取的学生与测验分数无关。然后研究者让教师进行正常教学。一年后，被指定为有发展潜力的学生和控制组的学生（没有指定为有发展潜力者）之间出现了智力上的显著差异，这种差异在一年级和二年级的学生身上表现得最为突出。罗森塔尔等人将这一实验中的现象称为教师期望效应。这一效应也被称为罗森塔尔效应或皮格马利翁效应。皮格马利翁效应指人们基于某种情境的知觉而形成的期望或预言，会使该情境产生适应这一期望或预言的效应。教师如果根据对某一学生的了解而形成一定的期望，就会使该学生的学习成绩和行为表现发生符合这一期望的变化（见表 14-1）。

表 14-1　教师向不同学生传递不同期望的影响

维度	被认为有能力的学生	被认为比较没能力的学生
任务环境	公开完成有意义的任务的机会多（如为故事续写结尾） 思考的机会比较多	公开完成没有意义的任务的机会多（学习正确地拼写单词） 思考的机会比较少
小组作业	处理需要运用综合理解能力的作业比较多	对作业没有太多选择，大部分作业都是句型练习之类的
学习责任	比较自主（对作业的选择余地较大，很少受到干扰）	不太自主（教师频繁地督促作业，学生频繁地受到干扰）
反馈与评价	自我评价比较多	自我评价比较少
动机策略	真诚、感激的反馈比较多	真诚、感激的反馈比较少，无缘无故的反馈比较多
教师关系	更多地被作为有独特兴趣和需要的独立的学习者来尊重	很少被作为有独特兴趣和需要的独立的学习者来尊重

教师需要有意识地运用教师期望效应。①教师应该有积极的期望，当教师低估了学生的潜力时，学生会表现出低成就。但这一点并不容易做到，因为教师对那些爱捣乱、成绩差的学生往往不会有积极的期望。②教师的期望要适当。教师要有期望但不一定很高，而且必须要以适当的行为来扩大其效果。这意味着，规划细小的进度要符合学生现有的水平，然后按照他们能够掌握的速度前进。只要学生正在逐步发挥自己的潜力，而且按稳定的速度前进，教师就应当满意。③适时改变期望。教师应当使自己的期望留有余地。如果期望一成不变，它们一开始就会使看法和行为发生扭曲，导致教师一开始可能就只注意符合自己期望的事而采取不良的教育行为。期望一旦形成，往往很难改变，这种情况无论对学生还是教师都是如此，因为期望会支配双方各自的观点和行为。教师应当对期望不断做出检测和调整，使学生的变化日新月异。

三、课堂人际交往

人际交往是指人与人之间传递信息、沟通思想和交流情感等方面的联系过程。在课堂上，师生之间、学生之间不断地进行人际交往，并在此基础上形成师生之间和学生之间的各种人际关系。

（一）吸引与排斥

每个学生都从各自的交往需求出发，通过相应的言语或非言语的行为与他人交往，并发生相互作用。有时，交往双方会出现相互亲近的现象，称为人际吸引；有的交往双方会出现关系极不融洽、相互疏远的现象，称为人际排斥。人际吸引以认知协调、情感和谐及行动一致为特征；人际排斥以认知失调、情感冲突和行动对抗为特征。现有的研究表明，距离的远近、交往的频率、态度的相似性、个性的互补性以及外形等因素是影响人际吸引与排斥的主要因素。在一般情况下，学生的居住地和座位等越邻近，交往的频率越高，态度和外形越相似，个性特性越能相互取长补短，学生之间就越容易相互吸引；相反，彼此就越容易排斥。

人际吸引和人际排斥使学生在课堂上处于不同的地位，出现人缘好的学生、被人嫌弃的学生和遭受孤立的学生。课堂管理必须重视被嫌弃者和被孤立者。一方面，教师针对这些学生的弱点，帮助他们改变不利于人际吸引的个性特征和不利因素，让他们摆脱窘境，增强吸引力；另一方面，除了教师自己热情关心这些学生外，教师也要引导全班学生主动接近他们，增加与他们交往的频率，和他们产生共同的话题和体验，结束"不相往来"的状况。

（二）合作与竞争

合作是指学生为了共同的目的在一起学习和工作或者完成某项任务的过程。合作是发挥课堂管理促进功能的必要条件。第一，在解决新的复杂问题的时候，教师往往需要提出各种可供选择的假设情况，此时学生间的合作显然要胜过个人的努力。如果作业任务还需要进行评价或合作讨论而形成一致的意见，通常是可取的。第二，合作能促进学生智力的发展。例如，对尚无定论和有争议的问题的探讨，可以开阔学生的眼界，激发学生思考，促进学生根据别人正确的观点来检验和修正自己的观点。第三，合作能使能力较差的学生学会如何学习，改进学习方法。第四，合作有助于学生发展良好的个性，增强群体凝聚力，形成和谐的课堂气氛。

但是，课堂里的合作也有不足之处。首先，如果学得慢的学生需要得到学得快的学生的帮助才会有进步，那么，学得快的学生就得在一定程度上放慢学习进度，这会影响自身的发展。其次，能力强的学生或活泼好动的学生有可能支配能力差或沉默寡言的学生，特别是在规模较大的班级里更是如此。这有可能造成沉默寡言的学生更加退缩，能力强的学生反而更加不动脑筋。再次，合作容易忽视个别差异，影响对合作感到不自然或焦虑的学生进步。

竞争是指个体或群体充分发挥自身的潜能，力争按优胜标准使自己的成绩超过对手的过程。竞争必须具备三个基本条件：一是竞争的各方有共同争夺的目标；二是竞争的各方必须争夺同一对象；三是竞争的结果必使一方获胜。竞争是一种普遍存在的社会心理现象。

课堂里的竞争包括群体内的竞争和群体间的竞争两大类。在一个班级或小组内部，学生之间的相互竞争属于群体内的竞争。首先，这样的竞争一般能激发个人努力，提高成就动机和抱负水平，缩小个人的能力与成绩之间的差距，提高学习效率。其次，竞争也能使学生较好地发现自己尚未显示出来的潜力和自己的局限性，有助于他们自觉地改掉某些不良的行为习惯。此外，竞争还可以增强学生学习与工作的兴趣，使集体生活更富有生气。但是，如果群体成员对学习缺乏直接兴趣，竞争就可能使一部分学生过度紧张和焦虑，抑制他们学习和竞争的积极性，使他们从不胜任的活动中退缩下来，降低他们在集体中的地位。此外，由于优异成绩总是与某个具体的人联系在一起，因此参加竞争的学生往往把别人的成就看作对自己的威胁，千方百计想胜过对方，导致竞赛动机过于强烈，造成对学习和工作的不利影响。

学校之间、班级之间和小组之间的竞争属于群体间的竞争。一般来说，群体间的竞争的效果取决于群体内的合作。如果群体内各个成员能够合作共事，会增加该群体的竞争力。反之，群体内部竞争激烈，就会削弱该群体的竞争力。

竞争与合作是对立统一的，它们都以能否满足各自的利益而转移。如果利益相斥，即一方需要的满足会阻碍他方需要的满足，往往会出现竞争。如果利益一致，人际交往中的相互作用有助于各方需要的满足，则往往会出现合作。课堂人际交往中，有时还可能同时发生合作与竞争，有时则交替地出现合作与竞争。

四、课堂人际沟通

教学情境是一种社会互动的情境。在此情境中，教师与学生之间要不停地交互作用、彼此沟通才能促进团体成员的发展。

（一）师生社会互动关系的分析

弗兰德斯（N. A. Flanders）从 1970 年开始，用系统观察的方法研究课堂教学过程中师生的互动，提出了相互作用分析的模式（见表 14-2）。他研究发现，间接的教学行为常常是与好的成绩、动机和对部分学生的态度关联在一起的。当然这并不是要强迫教师改变他们的教学方法、限制教师的创造性，而是给教师提供了一种工具来了解自己的教学方式。

表 14-2　相互作用分析的模式

教师的间接影响	1. 接受感情：用没有威胁的方式接受和阐明学生的感情。 2. 称赞或鼓励：称赞或鼓励学生的动作或行为，包括缓和紧张气氛的笑话，但不应当取笑另一个人；点头表示同意或说"嗯，嗯……""请说下去"等。 3. 接受或采纳学生的观点：阐明、建构或发展学生的看法。 4. 提问：问学生有关内容或程序方面的问题，让学生回答。
教师的直接影响	5. 讲解：叙述事实或讲述教学内容；谈论自己的想法，提出一些问题（学生不必回答，只为加深印象）。 6. 给予指导，希望学生照着做。 7. 证明权威的正确性：进行陈述，以便把学生的行为从不听从改变为听从；责备学生，说明教师为什么这样做，极力证明自己的正确性。
学生的讲话	8. 学生的反应性讲话：回答教师的问题，由教师开始提问或要求学生叙述。 9. 学生的主动性讲话：由学生主动开始的讲话，包括主动向教师提问。 10. 沉默或混乱：短时的沉默或观察者不能理解的交流时的混乱。

（二）师生沟通的策略

教学活动实际上是一种沟通的过程，而良好的沟通又是教学成功的基本条件，因此教师必须善于运用沟通的原则和技巧。

根据前面对教师的社会权力来源的讨论，教师通常具有所谓"专家权力"。对学生而言，教师是一个有威望的人，教师的话具有较高的可信性。当然，教师的话对学生是否具有高度的可信性与学生的年级、教师的修养、师生关系等都有密切的关系。对幼儿与小学低年级的学生而言，教师的话具有很高的可信性。随着年级渐高，这种影响力也随之降低。到中学阶段，教师对学生的说服力已没有多大的权威性了。为保持沟通有效，教师应珍惜这种权威性，不可言而无信，使学生对自己失去信心。

社会心理学家对沟通技巧的研究已有不少。教师可以将这些研究发现应用到教室情境中。

1. 述义

述义是指听完对方说话以后，我们再按自己所了解的，用自己的话将对方的意思说出来。这样可以帮助我们了解对方的真正意思，可以使他知道我们对他的话感兴趣，更可以使他愿意继续和我们沟通。

良好的沟通

甲："李方实在不应该当老师。"

乙："你是说他对儿童管教太严……甚至太苛刻？"

甲："不是！我是说他喜欢挥霍。教师的待遇恐怕不够他开支。"

乙："原来如此，你认为他应该找薪水较高的工作？"

甲："正是，他实在不适合当老师。"

不良的沟通

甲："李方实在不应该当老师。"

乙："你的意思是说他不适合当老师？"（只复述对方的话）

甲："就是嘛！他实在不适合当老师。"

2. 行为描述

行为描述是指个体说话时只客观描述可观察到的可能改变的对方的行为，对不可能改变的行为不去描述，对对方的动机、态度、人格特质不宜做价值判断，更不能加以批评，以免对方产生防范心理，致使沟通中断。

良好的沟通

教师："张华！今天在讨论的时候，你讲的比别人的多得多，而且好几次别人还没讲完你就插嘴。"

不良的沟通

教师："张华！你不懂讲话的礼貌。"（人格的判断）

教师："张华！你真喜欢出风头。"（动机的推论）

3. 情感描述

情感描述是指清楚而具体地描述自己的感情，好让对方了解自己现在内心的感受，这样可以避免对方的不了解或误解。

良好的沟通

甲："你忘了我的生日，我很不高兴。"

不良的沟通

甲："你根本不关心我。"（指控，没描述内心的情感）

4. 印象检核

如果对方不说明，我们就很难了解他内心的感情。所谓印象检核就是根据对方的表情或语言来推测他的感情，并向对方检核是否推测对了。这样不致因为猜测错误影响双方的人际关系。

良好的沟通

甲："我觉得你是在跟我生气，对吗？"

不良的沟通

甲："你为什么生我的气？"（具威胁性，而且对方不一定生气）

教师如能经常练习这些技巧，并且真正以关心的态度来对待学生，师生间的沟通将变得有效率，这对良好师生关系的建立将有很大的帮助。

思考题

1. 课堂管理的重要目标是什么？

2. 课堂管理策略有哪些？

3. 学生课堂问题行为产生的原因有哪些？

4. 怎样矫正严重的课堂问题行为？

5. 教师的领导风格有哪几种？

6. 竞争与合作的关系是什么？

7. 如何增进沟通？

推荐阅读

陈琦，刘儒德. 当代教育心理学（第3版）. 北京：北京师范大学出版社，2019. 第十五章

[美]安妮塔·伍尔福克. 教育心理学（第12版）. 伍新春，等，译. 北京：中国人民大学出版社，2015. 第十三章

[美]汤姆·V. 萨维奇，玛莎·K. 萨维奇. 成功课堂管理：如何培养学生的自控力（第3版）. 杨宁，陈荣，卢杨，译. 北京：中国人民大学出版社，2016.

第十五章

教学评定

在教学中，教师需要运用适当的测验、仪器和技术搜集信息，获得的信息将用于描述和分析学生的学习与行为状况，并在学生的课程、教学方法和培养方案方面做出决策。测评是教学过程的有机组成部分，不仅有助于准确评价教学成效，还能改善教与学的质量。

本章要点

- ● 教学评定概述
- ○ 教学评定的相关概念
- ○ 教学评定的方法
- ○ 良好评定的指标
- ● 教师自编测验
- ○ 设计测验前的计划
- ○ 教师自编测验的具体形式
- ○ 编制测验的注意事项
- ● 真实性评定与评定结果报告
- ○ 真实性评定
- ○ 评定结果的报告方式

第一节　教学评定概述

一、教学评定的相关概念

学习评价往往与测量和测验有关系，但也存在着区别。**评定**（assessment）是一个更为一般化的术语，是指利用各种方法（如纸笔测验、开放性访谈等）获取与学生学业有关的信息，并对学生学业进步的价值进行判断的过程。它要回答的问题是"个人的表现如何?"**测量**(measurement)是根据教育目标和测量的具体目标，建立测量的量度标准，据此对学生现有的行为水平进行量化描述的方法。它要回答的是"程度"的问题，是做出价值判断的主要依据。**测验**(test)是评价的一种特定形式，是由一组题目组成，并在相同的条件下通过施测来测量一个行为样本的工具或者系统的方法。它也回答"在与他人比较时个人的表现如何"这一问题。其实，这三个过程解决了不同的问题：评定是根据定量描述(测量)和定性描述(非测量)做出的一种主观的价值判断；测量用量化资料来描述学生的学习情况，限于定量描述；测验是一种特定的测量活动或测量工具，它的含义在这三个概念中最具体。图 15-1 体现了评定的全面性以及测量和非测量手段在评定过程中的作用。

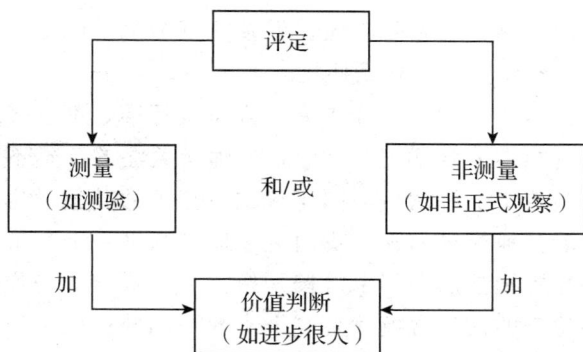

图 15-1　评定过程

此外，教学评定还涉及评价的概念。**评价**(evaluation)是指为了特定的目的而对观点、作品、答案、方法或材料的价值做出的判断。这些判断可能是定量的(如一些数字)或定性的(如一些品质术语)。这些判断依照的是学生自己确定的或者是教师提供给学生的标准。这些标准被用来评定作品、观点或者特定答案的准确、有效、经济或者满意的程度。在一定的语境下，评定与评价通用。

二、教学评定的方法

评定策略必须与评定的目的相适应(Airsian，1994；McMillian，2001)。要想正确地应用评定，首先要了解不同的评定方法。

(一)诊断性评价、形成性评价和总结性评价

布卢姆依据教学评定在教学工作中的作用将其分为诊断性评价、形成性评价和总结性评价三类。**诊断性评价**(diagnostic evaluation)是在教学前进行的，旨在分析学生的起点行为，确定学生对新任务的准备状态。**形成性评价**(formative evaluation)是在教学之中多次进行的，旨在了解教学效果，探索教学中存在的问题。**总结性评价**(summative evaluation)是在一门课程、一个单元或一个章节的教学活动结束之后进行的，旨在判断教学目标是否达到了，检查教学的有效性和教材教法的适当性，考核学生的学习效果，确定学生的最终学习成绩。

（二）常模参照评价与标准参照评价

在分数至上的教育观念中，考个好成绩成为学生的目标。但是多少分的成绩是好成绩呢？如果教师出的题难一点，80 分算是一个还不错的成绩；如果题比较简单，80 分可能是全班最后几名。所以，对于像"80 分"这样一个原始分数，我们要理解其是好是坏就很困难了。为此，人们引入了新的评价参照。

如果优秀的标准是 80 分，那么，80 分是一个既定的成绩标准，不需要与其他人做比较。在这里，如果学生小 A 得了 82 分，那么他就属于优秀等级；如果小 B 得了 79 分，那么他就只能属于良好等级。这里，我们将个体的分数与既定准则做比较就叫作**标准参照**。用标准参照进行解释的测验就叫作标准参照测验，通常是测量学生对相当具体的目标的掌握情况。测验结果明确地告诉教师每个学生或全班学生已经掌握了哪些目标，可以对后续的教学进行指导或补救。

有时，教师会遇到这样的烦恼：如果人人都符合标准，都成了优秀等级，那就没有差别了，那么怎样的标准才合适呢？这时，教师所关注的已经不是学生学会了什么或没有学会什么，而是希望了解学生与同年级或同年龄的其他学生相比表现如何。我们是如何判定优秀或者其他等级的呢？我们更多地考虑将一个学生和也上这门课的其他学生相比较，这叫作**常模参照**。其中**常模**是指被参照群体的平均分，如果将学生与其班上的其他同学做比较的话，常模就是整个班的平均分；如果与全国的同年龄学生做比较的话，那常模就是全国所有同年龄学生的平均分。教育领域最常用的三种常模群体是班级、学校和国家样本。我们所接触到的一些经典的标准化测验，如托福考试、GRE 考试，还有大部分的智力测验基本上都是常模参照测验。

除了解释成绩的相对水平之外，常模参照测验也可以帮助教师评估学生应得的等级。即使该班所有人对知识都没有完全掌握，还是会有人很"优秀"。此外，即使所有人都很努力，某学生也掌握了所有的知识和技能，他还是有可能被评为"不合格"。由于班级平均水平是学生进行完测验后才能得出的，因此该等级划分并非之前就制定好了。通常，教师会用平均成绩代表此次成绩的中间等级，然后再判断优良的成绩和较差的成绩。

因此，根据评定时的比较标准还可以把评定分为常模参照评价和标准（效标）参照评价。**常模参照评价**（norm-reference evaluation）需要把学生的成绩与其所在团体或常模团体进行比较，根据个体在团体中的相对位置来报告评价结果。**标准参照评价**（criterion-reference evaluation）基于某种特定的标准，评价学生对与教学密切关联的具体知识和技能的掌握程度，可以用来判断学生是否需要更多的指导。好的标准参照评价应该与特定的教学目标或者所教授课程的特定内容密切相连。

（三）正式评价与非正式评价

教学评定按照其严谨程度可分为正式评价与非正式评价。**正式评价**（formal evaluation）让学生在相同的情况下接受相同的评估，且采用的评定工具比较客观，如测验、问卷等。**非正式评价**（informal evaluation）则针对个别学生，且评定的资料大多采用非正式方式收集，如观察、谈话等。有时，教师也会采用非正式评价，作为正式评价的补充。例如，教师已经接到了小西智力测验的结果，再结合平时观察以及与小西面谈的情况后，可以得到比较全面的评价：小西测验得分并不是能力的准确反应，因为他比较好动、注意力不易集中，所以在智力测验中表现较差。

（四）团体评价与个体评价

在同一时间对一定数量的学生（如一个班、一个年级等）的评定，叫作**团体评价**（group evaluation）。大部分教师事先准备好试卷，然后要求学生在课堂上作答的形式就属于这种类型的评定。团体评价的标准既可能是标准参照的，也可能是常模参照的。

在同一时间对一个学生进行的评定叫作**个体评价**（individual evaluation）。例如，一个学生接受一位导师的指导，这位导师将全面地考查他运用所学知识解决问题的能力，并根据观察得来的信息主观地评定其学业成就，这就是个体评价。个体评价的形式也包括标准参照评价和常模参照评价。

三、良好评定的指标

（一）信度

信度（reliability）是指评定的可靠性，即多次评定分数的稳定程度和一致性程度。它回答的问题是，关于某一个体或班级的评定结果是否跟某段时间内的评定结果大致相同？是否跟另一种环境下的评定结果大致相同？是否跟另一个评分者的评定结果大致相同？例如，如果在三种互不相干的地方，被试每次的回答都是相同的，那么这样的信息则被认为是可信的。通常，主观题的评分者信度较低，客观题的评分者信度较高。明确评分标准，对评分人员进行培训，会提高评分者信度。增加题目的数目也会提高评定的信度。

（二）效度

效度（validity）是指评定的正确性，即一个评定在何种程度上测量了它想测的东西，并且在何种程度上允许对学生的技能和能力进行适宜的概化。例如，学生在完成一份有 10 道题目的加减法测验后，做对了 9 道题目。如果这个测验是有效的，那么我们可以很安全地概括：随便让这个学生完成同样类型的题目，即使是测验题中没有出现过的题目，他都能做得一样好。评定结果将显示出，对于测验题目拟评定的目标，学生是怎样对待和完成的。测量专家指出，测验效度和评定的目的密切相关。由此，一个测验对某一目的或许有效，但对另一个目的则可能全无效果。例如，数学测验对于评定学生加减运算的掌握水平是适宜的，但并不适用于评价数学天才儿童。

第二节　教师自编测验

教师自编测验（teacher-made /developed test）是由教师根据具体的教学目标、教材内容和测验目的编制的测验。教师自编测验通常用于测量学生的学习状况。

一、设计测验前的计划

第一，确定测验的目的。测验是用于形成性目标还是总结性目标，抑或是为了诊断学习困难的儿童，以便提供特殊教育？不同的测验目标决定了测验的长度和题目的取样，也会影响测验题型的构成。

第二，确定测验要考查的学习结果。如果教师在教学前已经具有了明确的目的，那么考试的重点与这个目标应该基本一致。例如，教师在教课时主要讲解了与测验有关的内容，那么在后继的考试中，大部分的试题应该与这方面的内容有关。教师如果在教学前没有明确的目标，就需要在编写试题前，查阅自己的备课本以及教科书，并考虑需要考查学生的哪些学习结果。

第三，列出测验包括的课程内容。

第四，写出考试计划或细目表。细目表是将考试具体化的最重要的工具，它使测验能够与教学的目标和内容保持一致。细目表的形式是两维表，一般纵栏表示学习结果，横栏表示课程的内容或范围。中间的栏目，就是教师根据自己的情况填在测验中计划测量多大比例的学习结果和课程内容。表15-1是有关两步应用题(包括加减乘除)的例子。

表 15-1　两步应用题考试计划的细目表

学习结果	两步应用题的特点和形式(30%)	解答两步应用题(50%)	自己编制应用题(20%)
知识(6%)	两步应用题的形式(6%) 是非题2道，填空题2道		
领会(16%)	两步应用题的特点和结构(9%) 是非题5道，选择题2道	写出简单应用题的条件和解答步骤(7%) 是非题1道，填空题3道	
运用(25%)	分析两步应用题的结构，明了变量之间的关系(7%) 是非题3道，选择题2道	找出应用题的隐藏条件(8%) 填空题2道，选择题2道	根据列式，能编写应用题的部分内容(10%) 填空题3道，选择题2道
分析(20%)		分析应用题的题型并对应用题进行归类(20%) 解答题3道，选择题2道，是非题1道	
综合(33%)	知道两步应用题是由两个有联系的一步应用题组成的(8%) 复杂解答题1道	从已知条件入手或者从问题入手，解答应用题(15%) 解答题3道	自编应用题(10%) 自编应用题2道
共计	满分100分： 是非题12道　　　12分 填空题10道　　　20分 复杂解答题1道　　8分		选择题10道　　　20分 解答题6道　　　30分 自编应用题2道　　10分

教师制定细目表时，可以遵循下列步骤：①确定每个具体的教学目标属于哪一类型；②确定测量每个教学目标大约需要多少题目，并在教学目标一栏标上数字；③重复①②步骤，直至每个教学目标都得到分类和足够的题目数；④将每个教学目标的数字相加，写在总计处；⑤重复步骤①②③④，直至每一项内容都具体化；⑥⑦将每个教学内容的数字相加，写在总计处；⑧计算出每个小单元内的百分数。

第五，针对计划测量的学习结果，选择适合的题型。由于每种题型各有利弊，因此教师在选择时，应该仔细权衡。

二、教师自编测验的具体形式

教师自编测验的题目可分为客观题和主观题。客观题包括选择题、是非题、匹配题和填空题。客观题具有良好的结构，对学生的反应限制较多。学生的回答只有对错之分，因此教师评分也就只可能是得分或失分。主观题包括论文题，要求学生自己组织材料，并采用合适的方式表达出来。教师在评分时，对学生的回答需要给出不同的分值，而不仅仅是满分或零分。也有人(McCown & Roop，1992)把教师自编测验分为选择性反应题与构造性反应题。选择性反应题是指题目呈现给学生一系列项目，要求学生从中选择出正确答案，如选择题、匹配题和是非题。构造性反应题则要求学生必须自己构造出答案，如填空题和论文题。选择性反应题侧重考查学生对正确答案的再认能力，而构造性反应题注重考查学生的回忆、重组知识的能力。虽然测验有不同的类型，不同的类型却包含着相同的试题形式。

(一)选择题

选择题是由题干和两个或更多的选择项组成的。题干可以以直接提问或者以不完整的句子的形式出现，目的是设置问题情境。而选择项则提供可供选择的答案，包括一个正确答案和若干具有干扰性的错误项或迷惑项。学生的任务就是阅读题目，再从一系列选择项中挑选出正确的项目。下面的例子展现了两种形式的题干。

例1.将等量的黄色和蓝色颜料混合，会得到什么颜色？

A. 黑色　　　　　B. 灰色　　　　　C. 绿色　　　　　D. 红色

例2.在心理学流派中，_____主张整体大于部分之和。

A. 行为主义　　　B. 人本主义　　　C. 格式塔　　　D. 机能主义

选择题具有如下优点：有较大的灵活性；能够在一个测验里尽可能多地从课程内容中取样；易于计分，客观性强。教师在自己编制选择题时要牢记，有能力的学生应该能够选出正确的答案，不受错误选项的干扰。另外，错误答案要具有迷惑性，要避免不了解相关知识的学生仅凭猜测就能选对答案，否则就降低了测验的信度和效度。

经过精心设计题干和选择项，可以测查目标系列中的高于知识水平的等级。此外，选择题还有一种常用变式，即选择项中有一至多个正确答案，通常被称为多选题。这种题型的难度大于常规的选择题(单选题)，可以有效地检查高一级的学习成果，在测验中使用较广。

（二）是非题

是非题常用的形式是，陈述一句话要求学生判断对错或是非。是非题可用于测量不同水平的教学目标，而且形式简单，能够在一份试卷内覆盖大量的内容；教师在评判时也较客观；计分简便省时。但是，学生只有两种选择，即对或错，所以即使在完全猜测的情况下，学生也有 50％ 的机会选择到正确答案。因此，教师要增加题目的数量，对题目总体的取样较全面，使学生很难只凭猜测获得高分。

（三）匹配题

匹配题是另一种可提供多种选择的考试形式，题目包括两列词句，要求学生根据题意按照某种关系将左右的项目连接起来。匹配题形式简单，能够有效地测量学生对知识联系的掌握情况，且易于计分。但是，它只能用于测查彼此存在着简单关系的知识。匹配题要求项目之间具有内在联系，属于同一类型，这使得项目很难编写。匹配题对于较低水平的学习更为有效，而且它很难独立成题，只能与其他类型的题目配合使用。

（四）填空题

填空题是一种特殊形式的小型论文题，只需要用一个词、短语或一句话来回答。常见的形式是，呈现给学生一句或一段不完整的话或者直接提问，要求学生简要做答。当教师的目的只是让学生写出事实时，填空题是十分有用的。填空题经过认真设计后，也可以要求学生构想出一个有意义的论点。

填空题的优点在于考查了学生的回忆和再认能力，并把学生猜测的可能性降到最小。但是，填空题往往要求学生扼要地写出答案，因此经常只能考查较低层次的信息加工能力。此外，评分还会受到笔迹、用词等无关因素的影响。

（五）论文题

论文题要求学生阐述相关联的观点，篇幅可以从几段到几页不等。一般较常使用的论文题有两种类型：有限制的问答题和开放式论文。有限制的问答题，是指教师对回答的内容和长度都有规定，如平时测验中的简答题和论述题等。开放式论文，则允许学生在内容方面自由选材，而且篇幅较长。例如，教师要求学生就目前我国小学数学教学评定的情况写一份报告，那么学生可以从不同角度来探讨这个问题。论文题可以测验学生的知识及其理解或运用水平，也可考查学生的分析、综合、类比和评估知识的能力，对考查高级的思维技能是最佳选择。论文题还有一项独特的功能——能考查学生组织信息或表达意见的能力。

但是，学生回答论文题需要花费很多时间，同时学生的写作能力也会影响其成绩，所以教师可以多出几道简答题以减轻学生的压力。教师在判卷时很难做到客观，这会导致测验信度较低，因此，只有客观题不太有效时，教师才可考虑使用论文题。为了确保效度和信度，教师必须保证论文题目文字清晰、不模棱两可，以使学生明白题意，而且要明确地提供正确答案包含的要点，以免论文偏离要点。

在评判论文时，最难的是如何保持测验的公平性和准确性。首先，教师应该提前建立论文的评分标准。这是评分的依据，在此基础上，至少有三种评分的具体方法。①如果只有一篇长篇论文，教师可以先把所有论文通览一下，分成几个等级，如五等，其中第一等级最优秀，第五等级最差，然后给所有论文排序后，评判相应的分数：第一等级为 5 分，第二等级为 4 分，依次类推。②第二种方法，在评分前，教师给每道题目写出一个答案范例，包括所有事实和主要论点，写出正确答案中每一部分的得分。这种方法适用于评估引出事实回忆、直接说明的论文。③教师可以建立一个通用计分要点，随后用于多种不同类型的论文评估。这种计分要点由代表每个分数的等级组成。例如，许多教师用 1~5 级量表评分，其中 1 代表差的论文，5 代表好的论文。

为了保证评分的公平性，教师在准备批阅第二个问题前，可以先评定所有学生对第一个问题的回答，以防止偏见；让学生把名字写在试卷的背面也是一个好办法，可以防止晕轮效应。

三、编制测验的注意事项

(一)测验应与教学目标密切相关

自编测验最重要的原则是，不能脱离教学目标(Fuchs et al.，1991；Linn，1983)。测验应该考查学生对教学或课程中最重要的概念和技能的掌握状况。如果学生在接受课堂测验时，发现许多东西都很陌生、没有学过，或者发现很多内容都是不重要的部分，那么这份测验的编制应该说是失败的。

(二)测验必须是教学内容的良好取样

测验几乎不可能完全评定学生所学到的知识或技能。通常，题目是从学习结果的总体中取样得到的，代表了教学的目标和内容。例如，教师在讲授应用题时，如果大部分时间都在讲述两步应用题，那么这部分知识在试卷中所占的分值就应该多于其他部分。这也启发和引导了学生，也就是说，虽然他们不能确定考试题是什么，但是只要他们把所学内容全部复习了，就可以通过考试。如果测验不能很好地代表教学内容，不仅会造成评定和教学的脱节，还会增加学生准备考试的难度。

(三)根据测验目的，确定测验的结构

首先，教师应明确测验的性质。形成性评价要求测验的内容与最近的教学内容相关，而总结性评价涉及的知识和技能的范围就超过了前者。如果教师要判断班里阅读困难学生的问题是什么，诊断性测验是最好的选择；要评定学生的一般能力和知识水平，教师就应该考虑预测性测验。在确定了测验的性质后，教师还需根据要测量的学习结果，来选择最适宜的题目类型。选择题对于考查学生的再认能力比较有效。如果教师的目的是评价学生解决数学问题的能力，那么选择题显然不太适合。

(四)注意测验的信度，在解释结果时应慎重

信度是测验良好程度的一项指标。教师可以通过增加题目数量、减少区分度小的题目、界定好题目使之与教学目标联系紧密等方法，来提高测验的信度。不过即使测验的信度较高，也还是会有很多因素影响到学生的得分，如考试技巧、考试焦虑、学

生猜测的运气、天气的好坏等。所以，教师在解释结果时，要知道测验分数只是大致反映了学生的学习水平，不可能是绝对准确的表示值。教师一般不要下绝对的定论，更多的时候需要思考为什么会是这样的结果。

（五）测验应该能促进学生的学习

测验是教学的一个环节，所以不少专家强调把测验功能与学习功能结合起来。教师可以利用测验调整教学并指导学生的学习（Foos & Fisher，1988）。教师在测验后，应尽快把评价信息反馈给学生，纠正学生的错误，告诉他们正确答案和合理的思考方式。教师要参考测验获得的信息，确定学生理解了哪些内容，还有哪些内容需要解释，从而制订出教学计划和进度。此外，如果没有特殊的原因，教师事先应向学生说明测验的范围和时间，以便督促学生复习。学生系统地回顾和整理已学知识，也是一种学习。

第三节　真实性评定与评定结果报告

许多教育家认为，标准化测验和教师自编测验的整个前提都是有缺陷的，他们认为测验应该反映教育给学生准备的现实生活的各种表现形式。因此，新的评价系统应运而生。这些评定系统蕴含的核心思想是，要求学生应用在学校学习到的知识和技能来完成一些实际的操作，在真实的情境中展示水平。这些评定方式称为**真实性评定**（authentic assessment）（Ellis，2001；Stiggins，2000；Weber，1999；Wiggins，1999）。

一、真实性评定

有研究者（Linn & Gronlund，2003）描述了四种真实性测验的类型，这些测验通过模拟现实生活中的表现来评定学生的差异程度。首先，与现实生活表现相似程度最低的是纸笔测验。其次是辨别性测验，它要求学生描述一些东西来展现他们的知识，例如，医科学生对人体骨骼的了解，学习雕塑的学生对各种工具用途的了解等。再次是模拟性表现评估，它要求学生在某种情境下，创造性地模拟现实生活，如穿戴保险设施在蹦床上练习高台跳水。最后是工作样本评估，其评估的情境与现实生活一致，例如，在观众面前进行音乐表演，兽医科的学生对一个死去的动物进行验尸。

可见，真实性评定并不排除纸笔测验。教师可以设计这样的测验，要求学生完成与现实生活有关的任务，如给一位当选的官员写一封建议信，给一座房子设计一个建筑方案等。真实性评定会有多种形式，关键是这类测验评估的必须是现实生活必需的技能。下面介绍几种真实性评定的具体方法。

（一）概念图

当我们试图测量学生对知识的深层理解水平时，**概念图**（concept map）无疑是一个值得考虑的选择。借助概念图，教师可以清晰地把握学生在一段时间内知识理解的演变情况以及先前知识的准备状态。概念图的支持理论来自当前学习心理学的发现：知识不是孤立、分离的，而是彼此相互联结的，并构成了复杂的知识结构。测量学家从现象学的描述角度出发，让个体把自己头脑中的认知结构以可视化的方式展现出来。也就是说，个体绘制的示意图就是他们用以理解概念及其相互关系的知识框架的一个模型。概念图一般采用树状或非线性的结构来表现文本。其中，节点表示一个概念或主题思想，连线表示概念之间的关系。树状结构，除了处在开始或终结位置的节点外，每个节点都与上一级概念和下一级概念联结，从而构成一种阶层结构。某一个水平的节点只能通过其上下水平来访问。非线性结构，又叫网络结构，其性质刚好和树状结构相反，它的节点可以跟其他所有的节点相连，彼此相通形成一个网络状结构，于是各级水平之间的信息都存在多种联系(见图 15-2)。

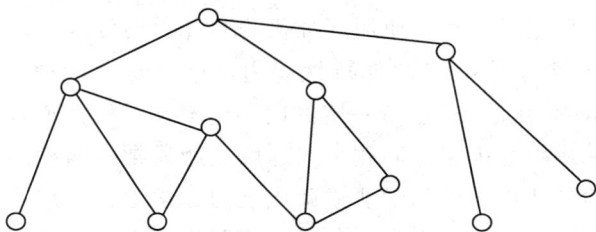

图 15-2　概念图的非线性结构

（注：○代表一个概念）

在评价时，教师可供参考的维度有概念图的结构、概念之间的关系和类别、概念图所包含的信息量、具体的错误概念。概念图的结构主要指空间构造、结构形式、连线结构等。在具备合理性的基础上，非线性结构往往代表了较高的理解水平。对概念之间关系的描述，是个体对概念因果关系进行推理和概括的结果。同时，概念树层次的合理性与多寡程度，也显示了个体对概念的概括和理解水平。每个概念层次涉及的信息节点越多，表明个体拥有的知识越丰富。如果概念树的分层、分类标准混乱，教师可以推测出个体所包含的错误概念和错误类型。评分时，教师根据特定的教学目标和教学内容在每个维度上赋值，然后再综合考虑。

（二）案卷分析

案卷，又称档案袋、文件夹、工作包或作品集。**案卷分析**(portfolio assessment)主要是按照一定标准搜集起来的学生认知活动的成果分析(Herman，Aschbacher & Winters，1992)。案卷是学生在长时间学习过程中表现的集合，而不是瞬间资料、片段资料，如平常的各类作业、各类测验的集合等。案卷既可以是成品，如学生的家庭作业或课堂练习、论文、日记、手工制作的模型、绘画等各种作品，也可以是各种辅助性信息，如学生作品的草稿或草图、学生对自己作品的自评、家长的评价等。对这些材料进行考察分析，并就学生的能力和学业状况形成某种判断和决策的过程就是案卷分析。由于学生在能力和知识上的个别差异，他们的学习过程也互不相同。通过分析每个学生的案卷，教师不仅能准确地了解每个学生的学习结果，而且能更准确地分析他们是如何进行学习的，这与新近的一些教学理论特别是近一二十年来颇为引人注目的建构主义理论有契合之处。

案卷分析适用于不同学科，但是在语文的阅读和写作中应用更广。不少教师主张，这种评价也可以由学生本人或其他同学进行，以便增强学生完成作业的兴趣和动机。但是采用这种方式后，教师要同时评定学生的作业和评价意见，因此工作量较大。在进行案卷分析时，教师不妨参考如下建议：①对学生的作品进行恰当的取样；②让家长参与评定，使家长了解学生在学校所学的内容和从事的学习活动；③向学生说明评定的目的和标准，让学生把最能体现他们的特长、完成得最满意的作业交给教师；④通过班级讨论，决定评价的标准；⑤要求学生写明评价的内容和依据。

（三）操作评定

教师在进行教学评定时，除了使用标准化测验外，还可以通过编制和解答问题解决题来考查学生的高级思维技能和创造性能力，这就是所谓**操作评定**（performance assessment）。问题解决题给学生设置一定的问题情境和目标情境，要求学生通过对知识进行组织、选择和运用等来解决问题。问题解决题通常有两种形式。一种是间接测验，即采用纸笔测验来评价学生的学业成就或能力。学生在完成题目时，必须根据自己的思路写出若干步骤或过程。教师评分时，按照步骤计分，如果缺少某些步骤就不给分。平时的理科考试多存在这种类型的问题解决题。例如，①为了考查学生对凸、凹透镜性质的掌握情况，可以让学生完成一些计算题或安装透镜的题目；②要求学生设计一个可以解决本市垃圾处理问题的方案，要求只写可行性措施，不超过 500 字；③要求学生测量学校操场的面积；④要求学生自己制作一个简易门铃。问题解决题中，更受研究者重视的是另一种方式——直接测验，即让学生动手制作和发明一些东西。由于它考查了学生解决实际问题的能力，因此它有时又被称为操作评定。一些专家（Jones et al.，1994）强调，评定应该以操作为基础，学生的学习成果表现为建构自己对知识的理解和完成自己的作品。操作评定通常要求学生从事一项复杂的任务，可能需要创造出自己的认知产品。这些评定任务与现实世界中的任务极为相似，需要学生运用大量生活常识和技能，所以这些任务又被称为真实性任务。

（四）观察

教学过程中的非正式观察，也能够搜集到大量关于学生学业成就的信息。这种观察不只限于智能的发展，还包括学生的生理、社会性和情绪的发展。为了确保观察的有效性，教师应注意自然地对学生进行全面系统的观察，然后客观、详细地记录下观察信息。

1. 检查单

教师可以使用**检查单**（checklist）来记录他在教学中的观察结果。检查单一般包括一系列教师认为重要的目标行为，通常采用有/无的方式记录，但有时也记录次数。如果行为属于某一个好—坏连续体上的某一点，那么更适宜的方式是使用等级评定量表。当观察目标是具体、特定的经过了明确界定的行为时，检查单非常有效。

编制检查单前，教师需要确定观察的目标，然后进一步具体化，列出所检查的内容,详细地写出一系列目标行为。教师将这些目标行为按照内在关系排序,再加上需要填写的学生个人资料,打印成表格,便形成了一份检查单。表 15-2 就是一份用于评价学生劳动行为的检查单的一部分。

表 15-2 劳动行为检查单

姓名:小西

时间:6 月 24 日—30 日

观察教师:

行为表现	出现左边的行为,请打 √	备注
1. 擦桌子	√	
2. 打扫走廊	√	班长布置的
3. 为班级打开水		
4. 帮教师擦黑板	√	
5. 擦玻璃		

2. 轶事记录

轶事记录(anecdotal record)是指描述所观察的事件。与检查单相比,轶事记录可提供比较详细的信息。这些记录一般按照发生时间排列。教师可以事先明确观察目标,就某一方面的行为进行记录;也可以没有明确目的,事后再专门分析或考察某一件事,这时教师就需要记下很多资料,甚至包括一些无关信息。轶事记录要求教师纯粹记载所观察到的内容,而不要掺杂个人的意见或观点。许多教师在教育教学中经常用到轶事记录。但是,轶事记录比较费时,而且也很难排除主观偏见(Kubiszyn & Borich,1987;Popham,1981)。

3. 评价量表

使用**评价量表**(rating scale)对于连续的行为可能更为有效。它可用于判断某种行为的发生频率,以及某种操作或活动的质量,以使观察信息被量化。评价量表是一种间接的观察载体。通过量化所观察的信息,教师可以迅速简便地获得概括化的信息。评价量表和检查单有一定关系。二者都要求教师对学生的行为进行判断,可以在观察过程中或结束后使用。但是它们的评定标准不同:检查单只需要做定性判断,而评价量表需要做定量判断。

评价量表使用一系列数值来表示从"不好"到"好"或从"不满意"到"满意"之间的几个等级,然后用这些数值对一些项目或描述进行判断。例如,下文表示了教师对学生行为的一项评定:

参加周五的义务劳动　　1　　2　　3　　4
　　　　　　　　　　总是　经常　有时　从不

许多学习结果可以通过这些观察技术来测量,包括口头表达能力、写作能力、听力、朗读技能、实验操作技能、演奏乐器的技能、学习技能和社会技能等的测量。教师结合测验结果再分析这些资料,可以对学生进行较客观的评定。还有一些项目很难使用纸笔测验，而且纸笔测验的结果也不准确可靠，如学生的社会态度、兴趣、与同伴的关系、对赞扬和批评的反应、情绪的稳定性等（Gronlund，1985），因此通过观察来搜集资料就十分重要了。

二、评定结果的报告方式

教师在用各种方法评定学生的成绩之后，就要得出最后分数，并报告评分结果。

（一）评分步骤

合理的评分过程应包括如下步骤（Hopkins & Antes，1990）。

①搜集有关学生的信息。信息可以来源于不同类型、不同性质的测验甚至观察的评定方式。例如，教师对学生期末学习成绩的评定，通常分配为期末考试成绩占 70%，平时作业和考试成绩占 20%，课堂表现占 10%。

②系统地记录下评定的结果，并随时保持最新的结果。

③尽量将搜集的资料量化，用数据来表示学生的学习情况。

④为了把评定的重点放在最终的学习成就上，需要加大最后测验得分的权重。

⑤评定应该以成就为依据，而其他特征的评定不应和成就的评定混杂起来。

（二）评分体系

1. 分数

教师通常用分数或数值来报告评定的结果，如试卷的得分、成绩单上的成绩等。评分时，教师首先要确定比较的标准，根据性质可将标准分为绝对标准和相对标准。

绝对标准以学生所学的课程内容为依据。学生的分数和其他同学的回答情况没有关系。而且绝对标准强调，由于不同学生的学习起点和背景情况存在差异，他们的学习结果也是不可比较的。它对应的评定方式，是标准参照评价。

相对标准以其他学生的成绩为依据，对应常模参照评价。相对标准的评定不仅与学生自己的成绩有关，还与其他同学的成绩有关。例如，小西的阅读成绩是 80 分（满分 100），按照绝对标准属于及格。但是按照相对标准却有不同的解释。如果班里同学的分数在 50～60 分，那么他的相对分数很高，达到了优秀水平；反之，如果同学的分数在 92～98 分，那么他的相对分数就非常低，很可能属于不合格水平。

这两种分数都可以用数值或者 1～5 分的等级来表示。绝对分数是学生的试卷得分，而相对分数需要经过转化。此外，相对标准评定结果还可以用百分等级表示。教师通常习惯用绝对分数来评定学生的成就，但是当把全班成绩排序时，也就相当于使用了相对标准来衡量学生的成就。

2. 合格与不合格

有些课程采用合格/不合格来评定学生的成就，而不是使用传统的分数。教师可以根据学生是否完成了每次作业来评定，也可以根据学生的几次作业情况评分，甚至可以根据学生的出勤情况评分。这种评分方法的最大优点在于，由于弱化了学生之间的竞争性，从而降低了学生的考试焦虑水平。它创造了比较轻松、宽容的学习气氛，鼓励学生敢于尝试有挑战性的学习任务。而且它的评分标准大多是由教师和学生一起商议得到的，有助于加强教师和学生的合作，协调师生关系。

与传统评分方法相比，它提供的信息较少。教师、家长和学生不能从评定结果中了解学生在学习中存在的问题和不足。而且由于没有分数的压力，学生很容易通过评定，因此他们极可能放松对自己的要求，把标准降低到合格或及格的程度。一些关于大学选修课程的研究(Gold et al.，1971)发现，当教师对学生采用分数评定时，学生的学习状况普遍好于采用合格/不合格的评定方式的状况。因为这种评定方式的标准较低，如果学生不能通过时，他体验到的困扰情绪更严重。此外，这种评定方法也很难做到客观和准确。例如，教师的评定标准不一，对学生的影响可能不是几分的出入，而是合格与不合格的区别。

一般在考查性的选修科目上，教师倾向于采用这种方法。更多的时候，教师是把它和传统评分方法结合起来使用的。

3. 评定结果的其他报告方式

除了常用的评分方法，教师还可以使用其他方式来报告评定结果。教师写学生的个人鉴定或定期的综合评定，提供给家长和学生，这使得教师有机会思考每个学生的优点和缺点。教师在指出学生的缺点后，还应提出改正的建议和教育对策，并留下空间，鼓励家长和学生写下自己的意见。这项工作有助于教师重视每个学生的表现，但比较费时，有较强的主观性，而且对教师的书面表达能力要求较高。

前面介绍的观察报告也是一种报告评定结果的形式。例如，教师可以使用检查单来报告评定结果。它能对信息进行初步量化，但又比分数提供的信息更具体详细。学生可以从检查单上看到，他完成了哪些学习内容，在哪些方面还需要努力。由于检查单易于理解，可以考查态度、行为等非学业方面的内容，因此在教学中应用较广。

此外，教师通过与家长面谈，也可以交流关于学生的学习、行为和态度等方面的资料。教师采用家访或者家长会的形式与家长会面，一起探讨学生的学习状况和适合学生的教育计划。虽然这种方式比较费时，而且不够正式，但是教师都十分重视和家长的面谈。通过面谈，教师可以向家长通报学生在学校的表现，还能够了解学生课外的情况，从而为学生在教学中出现的某些问题找到可能的解释。从这个意义上看，面谈也是一种收集资料的有效途径。此外，与家长面谈还有助于加强学校和家庭的联系与合作，提高对学生教育的有效性。

思考题

1. 描述标准化测验的优点和存在的问题。
2. 简述诊断性评价、形成性评价和总结性评价的相同点和不同点。
3. 我们为什么使用传统的评定测验？为什么使用操作评定？
4. 运用实际例子论证教学评定的重要性。
5. 运用教师自编测验的方法编制测试题。

推荐阅读

陈琦，刘儒德．当代教育心理学(第 3 版)．北京：北京师范大学出版社，2019.第十六章

［美］戴尔·H. 申克．学习理论．韦小满，等，译．江苏：江苏教育出版社，2003.

［美］Sternberg，R. J. ，& Williams，W. M. 教育心理学(第 2 版).姚梅林，张厚粲，译．北京：机械工业出版社，2016.第十三章、第十四章

参考文献

[1]D. P. 奥苏贝尔，等．教育心理学——认知观点．余星南，等，译．北京：人民教育出版社，1994.

[2]A. 班杜拉．思想和行动的社会基础——社会认知论．林颖，等，译．上海：华东师范大学出版社，2007.

[3]E. D. Labinowicz. 皮亚杰学说入门——思维·学习·教学．杭生，译．北京：人民教育出版社，1985.

[4]Mintzes, J. J., Wandersee, J. H., & Novak, J. D. 促进理解之科学教学——人本建构取向观点．黄台珠，等，译．新北：心理出版社，2002.

[5]Sternberg, R. J., & Spear-Swerling, L. 思维教学——培养聪明的学习者．赵海燕，译．北京：中国轻工业出版社，2001.

[6]R. M. 加涅．学习的条件．傅统先，陆有铨，译．北京：人民教育出版社，1985.

[7]R. M. 加涅，L. J. 布里格斯，W. W. 韦杰．教学设计原理．皮连生，庞维国，等，译．上海：华东师范大学出版社，1999.

[8]R. M. 加涅．学习的条件和教学论．皮连生，王映学，郑葳，等，译．上海：华东师范大学出版社，1999.

[9]索耶．剑桥学习科学手册．徐晓东，等，译．北京：教育科学出版社，2010.

[10]Linn, R. L., & Gronlund, N. E. 教学中的测验与评价．国家基础教育课程改革"促进教师发展与学生成长的评价研究"项目组，译．北京：中国轻工业出版社，2003.

[11]Zimmerman, B. J., Bonner, S., & Kovach, R. 自我调节学习．姚梅林，徐守森，译．北京：中国轻工业出版社，2001.

[12]安妮塔·伍尔福克．教育心理学(第12版)．伍新春，等，译．北京：中国人民大学出版社，2015.

[13]布恩·埃克斯特兰德．心理学原理和应用．韩进之，吴福元，张湛，等，译．北京：知识出版社，1985.

[14]布鲁纳．布鲁纳教育论著选．邵瑞珍，张渭城，等，译．北京：人民教育出版社，1989.

[15]戴尔· H. 申克．学习理论．韦小满，等，译．南京：江苏教育出版社，2003.

[16]哈维·席尔瓦，理查德·斯特朗，马修·佩里尼．多元智能与学习风格．张玲，译．北京：教育科学出版社，2003.

[17]霍尔，戴维斯．道德教育的理论与实践．陆有铨，魏贤超，译．杭州：浙江教育出版社，2003.

[18]加里·D. 鲍里奇．有效教学方法．易东平，译．南京：江苏教育出版社，2002.

[19]凯·M. 普莱斯，卡娜·L. 纳尔逊．有效教学设计——帮助每个学生都获得成功(第 4 版).李文岩，刘佳琪，梁陶英，田爽，译．北京：中国人民大学出版社，2016.

[20]Sternberg, R. J. , & Williams, W. M. 教育心理学(第 2 版).姚梅林，张厚粲，译．北京：机械工业出版社，2016.

[21]罗伯特·斯莱文．教育心理学：理论与实践(第 10 版).吕红梅，姚梅林，等，译．北京：人民邮电出版社，2016.

[22]汤姆·V. 萨维奇，玛莎·K. 萨维奇．成功课堂管理——如何培养学生的自控力(第 3 版).杨宁，陈荣，卢杨，译．北京：中国人民大学出版社，2016.

[23]维果茨基．维果茨基教育论著选．余震球，选译．北京：人民教育出版社，1994.

[24]托马斯·费兹科，约翰·麦克卢尔．教育心理学——课堂决策的整合之路．吴庆麟，等，译．上海：上海人民出版社，2008.

[25]约翰·D. 布兰斯福特，等．人是如何学习的——大脑、心理、经验及学校．程可拉，等，译．上海：华东师范大学出版社，2002.

[26]陈龙安．创造性思维与教学．北京：中国轻工业出版社，1999.

[27]陈琦．认知结构理论与教育．北京师范大学学报(社会科学版)，1988(1)：73-79.

[28]陈琦，刘儒德，张建伟．教育心理学．北京：高等教育出版社，2001.

[29]陈琦，刘儒德．当代教育心理学(第 3 版).北京：北京师范大学出版社，2019.

[30]陈琦，张建伟．建构主义学习观要义评析．华东师范大学学报(教育科学版)，1998(1)：61-68.

[31]冯忠良，伍新春，姚梅林，王建敏．教育心理学．北京：人民教育出版社，2000.

[32]李其维．破解"智慧胚胎学"之谜——皮亚杰的发生认识论．武汉：湖北教育出版社，1999.

[33]理查德·格里格，菲利普·津巴多．心理学与生活(第 19 版).王垒，等，译．北京：人民邮电出版社，2014.

[34]阿·尼·列昂捷夫．活动 意识 个性．李沂，等，译．上海：上海译文出版社，1980.

[35]刘儒德．高效实用的记忆策略——来自心理学的建议．上海：华东师范大学出版社，2013.

[36]刘儒德．学习心理学．北京：高等教育出版社，2010.

[37]美国温特贝尔特大学认知与技术小组．美国课程与教学案例透视——贾斯珀系列．王文静，等，译．上海：华东师范大学出版社，2002.

[38]潘菽．教育心理学．北京：人民教育出版社，1980.

[39]庞维国．自主学习——学与教的原理和策略．上海：华东师范大学出版社，2003.

[40]皮连生．学与教的心理学．上海：华东师范大学出版社，1997.

[41]皮连生．智育心理学．北京：人民教育出版社，1996.

[42]皮亚杰，英海尔德．儿童心理学．吴福元，译．北京：商务印书馆，1980.

[43]皮亚杰．儿童的道德判断．傅统先，陆有铨，译．济南：山东教育出版社，1984.

[44]邵瑞珍．教育心理学．上海：上海教育出版社，1997.

[45]施良方．学习论——学习心理学的理论与原理．北京：人民教育出版社，1994.

[46]谭顶良．学习风格论．南京：江苏教育出版社，1995.

[47]瓦兹沃思．皮亚杰的认知和情感发展理论．徐梦秋，沈明朗，译．厦门：厦门大学出版社，1989.

[48]吴庆麟．教育心理学．北京：人民教育出版社，1999.

[49]乔治·雅各布斯，颜淑女，杰西卡·鲍尔．共同学习的原理与技巧．林立，马容，译．北京：中央民族大学出版社，1998.

[50]约翰·安德森．认知心理学及其启示(第7版)．秦裕林，程瑶，周海燕，等，译．北京：人民邮电出版社，2012.

[51]E. 詹森．基于脑的学习——教学与训练的新科学．梁平，译．上海：华东师范大学出版社，2008.

[52]珍妮·埃利斯·奥姆罗德．教育心理学(第6版)．龚少英，译．北京：中国人民大学出版社，2011.

[53]张建伟，孙燕青．建构性学习——学习科学的整合性探索．上海：上海教育出版社，2005.

[54]张建伟．概念转变模型及其发展．心理学动态，1998(3)：33-37.

[55]张建伟．基于问题解决的知识建构．教育研究，2000(10)：58-62.

[56]张庆林．当代认知心理学在教学中的应用．重庆：西南师范大学出版社，1995.

[57]郑博真．多元智能统整课程与教学．长春：长春出版社，2002.

[58]Adams，R. S.，& Biddles，B. J. *Realities of teaching：Explorations with video tape.* New York：Holt，Rinehart & Winston，1970.

[59]Airsian，P. W. *Classroom assessment*（2nd ed.）. New York：McGraw Hill，1994.

[60]Alderman，M. Developing student self-regulatory capabilities. In Alderman，

M. (Eds.)，*Motivation for achievement*. Hillsdale，NJ：Lawrence Erlbaum，1999.

［61］Amato，P. ，Loomis，L. ，& Booth，A. Parental Divorce，Marital Conflict，and Offspring Well-being during Early Adulthood. *Social Forces*，1995，73（3）：895-915.

［62］Anderson，J. R. *The Adaptive Character of Thought*. Hillsdale，NJ：Lawrence Erlbaum，1990.

［63］Anderson，J. R. *The architecture of cognition*. Cambridge，MA：Harvard University Press，1983.

［64］Anderson，J. R. ，et al. Cognitive tutors：Lessons learned. *The Journal of the Learning Sciences*，1995，4（2）：167-207.

［65］Anderson，J. R. ，Reder，L. ，& Simon，H. Situated learning and education. *Educational Researcher*，1996，25：5-11.

［66］Anderson，L. W. ，& Krathwohl，D. R. （Eds. ）. *A taxonomy for learning，teaching，and assessing：A revision of Bloom's taxonomy of educational objectives*. New York：Longman，2001.

［67］Arends，R. Learning to teach（6th ed. ）. New York：McGraw Hill，2004.

［68］Armstrong，T. Multiple intelligences：Severn ways to approach curriculum. *Educational Leadership*，1994，52（3）：26.

［69］Armstrong，T. Multiple intelligences in the classroom. *Education*，2003，124（3）：347-350.

［70］Baddeley，A. D. Is working memory still working? *American Psychologist*，2001，56（11）：851-864.

［71］Bandura，A. *Social foundation of thought and action：A social cognitive theory*. Englewood Cliffs，NJ：Prentice Hall，1986.

［72］Baumrind，D. Effective parenting during early adolescent transitions. In P. A. Cowan & M. Hetherington （Eds. ），*Family transitions*. Hillsdale，NJ：Erlbaum，1991.

［73］Berger，K. S. *The developing person through childhood and adolescence* （7th ed. ）. New York：Worth，2006.

［74］Berk，L. E. *Child Development* （2nd ed. ）. Boston，MA：Allyn & Bacon，1991.

［75］Berk，L. E. *Infants，children，and adolescents* （2nd ed. ）. Boston，MA：Allyn & Bacon，1996.

［76］Berk，L. E. *Infants and children：Prenatal through middle childhood* （4th ed. ）. Boston，MA：Allyn & Bacon，2002.

［77］Berlyne，D. Curiosity and exploration. *Science*，1966，153：25-33.

［78］Beyer，R. J. *Developing a thinking skill program*. Boston，MA：Allyn & Bacon，1988.

[79]Bloom, B. S. Taxonomy of educational objectives: The classification of educational goals. In *Handbook 1: The cognitive domain*. New York: Longman, 1956.

[80]Bower, G. H., et al. Hierarchical Retrieval Schemes in Recall of Categorized Word Lists. *Journal of Verbal Learning and Verbal Behavior*, Reprinted by permission of Academic Press, 1969.

[81]Bronfenbrenner, U. Ecological systems theory. In R. Vasta (Ed.), *Annals of child development* (Vol. 6). Boston, MA: JAI Press, Inc., 1989.

[82]Brophy, J. E. Teacher praise: A functional analysis. *Review of Educational Research*, 1981, 51(1): 5-21.

[83]Brophy, J. E. Goal theorists should move on from performance goals. *Educational Psychologist*, 2005, 40(3): 167-176.

[84]Brown, A. L., & Palincsar, A. S. Inducing strategic learning from texts by means of informed, self-control training. *Topics in Learning & Learning Disabilities*, 1982, 2(1): 1-17.

[85]Brown, J. S., Collins, A., & Duguid, P. Situated learning and culture of learning. *Educational Research*, 1989, 18(1): 32-42.

[86]Bruer, J. T. Avoiding the pediatrician's error: How neuroscientists can help educators (and themselves). *Nature Neuroscience*, 2002, 5: 1031-1033.

[87]Bruning, R. H., Schraw, G. J., & Norby, M. M. *Cognitive psychology and instruction* (5th ed.). Boston, MA: Pearson Education, Inc., 2011.

[88]Burton, R. R., & Brown, J. S. An Investigation of Computer Coaching for Informal Learning Activities. *International Journal of Man-Machine Studies*, 1979, 11 (1): 5-24.

[89]Carraher, T. N., Carraher, D. W., & Schliemann, A. D. Mathematics in the streets and in the schools. *British Journal of Developmental Psychology*, 1985, 3 (1): 21-29.

[90]Cattell, R. B. Theory of fluid and crystal-lized intelligence: A critical experiment. *Journal of Educational Psychology*, 1963, 54: 1-22.

[91]Chapman, J. W., Tunmer, W. E., & Prochnow, J. E. Early reading-related skills and performance, reading self-concept, and the development of academic self-concept: A longitudinal study. *Journal of Educational Psychology*, 2000, 92 (4): 703-708.

[92]Chi, M. T. H., Feltovich, P. J., & Glaser, R. Categorization and representation of physics problems by experts and novices. *Cognitive Science*, 1981, 5 (2): 121-152.

[93]Cognition & Technology Group at Vanderbilt. Technology and the Design of Generative Learning Environment. *Educational Technology*. 1991, 31(5): 34-40.

[94] Collins, A. M., & Quillian, M. R. Retrieval time from semantic memory. *Journal of Verbal Learning and Verbal Behaviour*, 1969, 8(2): 240-247.

[95] Collins, A. M., Brown, J. S., & Newman, S. E. Cognitive apprenticeship: Teaching the craft of reading, writing and matematics. In L B Resnick (Ed.), *Knowing, learning and instruction: Essays in honor of Robert Glaser*. Hillsdale, NJ: Lawrence Erlbaum, 1989.

[96] Coon, D. *Introduction to Psychology: Exploration and Application* (8th.). Belmont, CA: Brooks/Cole, 1998.

[97] Cooper, G., & Sweller, J. Effects of schema acquisition and rule automation on mathematical problem-solving transfer. *Journal of Educational Psychology*, 1987, 79(4): 347-362.

[98] Coopersmith, S. *The antecedents of self-esteem.* San Francisco: W. H. Freeman, 1976.

[99] Covington, M. V. The motive for self-worth. In R. Ames & C. Ames (Eds.). *Research on motivation in education.* Vol. 1. New York: Academic Press, 1984.

[100] Covington, M. V. Making the grade: A self-worth perspective on motivation and school reform. New York: Holt, Rinehart & Winston, 1992.

[101] Covington, M. V., & Omelich, C. L. Effort: The Double-Edged Sword in School Achievement. *Journal of Educational Psychology*, 1979, 71: 169-182.

[102] Covington, M. V., et al. *The productive thinking program: A course in learning to think.* Columbus, Ohio: Charles Merrill, 1974.

[103] Cunningham, D. J. Assessing constructions and constructing assessment: A dialogue. *Educational Technology*, 1991, 31(5): 13-17.

[104] de Bono, E. *Conflicts: A Better Way to Resolve Them.* London: Penguin Books, 1985.

[105] de Groot, A. D. *Thought and choice in chess.* The Hague: Mouton, 1965.

[106] Dale, E. *Audio-Visual Methods in Teaching.* New York: The Dryden Press, 1994.

[107] Dansereau, D. F. Learning strategy research. In Segal, J., Chipman, S., & Glaser, R. (Eds.), *Thinking and learning skills.* Vol. I: *Relating instruction to research.* Hillsdale, NJ: Lawrence Erlbaum, 1985.

[108] Deci, E. L., & Ryan, R. M. *Intrinsic motivation and self-determination in human behavior.* New York: Plenum, 1985.

[109] Deci, E. L., & Ryan, R. M. The support of autonomy and the control of behavior. *Journal of Personality and Social Psychology*, 1987, 53(6): 1024-1037.

[110] Dembo, M. H. *Applying educational psychology* (5th ed.). New York: Longrnan, 1994.

[111] Dempster, E. N. Synthesis of research on reviews and tests. *Educational Leadership*, 1991, 72(8): 71-76.

[112]Derry，S. J. ，& Murphy，D. A. Designing systems that train learning ability. *Review of Educational Research*，1986，56(1)：1-39.

[113]Deutsch，M. A theory of cooperation and competition. *Human Relations*，1949，2：129-152.

[114]Duncker，K. On problem solving (translated by L. S. Lees). *Psychological Monographs*，1945，58(270).

[115]Dunn，R. ，& Dunn，K. *Teaching students to read through their individual learning styles.* Englewood Cliffs，NJ：Prentice Hall，1986.

[116] Dweck，C. S. Motivational processes affecting learning. *American Psychologsist*，1983，41：1040-1048.

[117]Dweck，C. S. Capturing the Dynamic Nature of Personality. *Journal of Research in Personality*，1996，30：348-362.

[118]Eccles，J. S. Expectations，values and academic behaviors. In J. T. Spence (Ed.)，*Achievement and achievement motivations.* San Francisco，CA：WH，1983.

[119]Eggen. P. D. ，& Kauchak. D. P. *Educational psychology：Windows on classrooms.* Upper Saddle River，NJ：Merrill Prentice Hall，2001.

[120] Elkind，D. Obituary—Jean Piaget (1896-1980). *American Psychologist*，1981，36：911-913.

[121]Ellis，A. K. Authentic and performance assessment. In A. K. Ellis (Ed.)，*Research on educational innovations.* Larchmont，NY：Eye on Education，2001.

[122]Erikson，E. *Childhood and society.* New York：Norton，1950.

[123]Evertson，C. ，& Emmer，E. Effective classroom management at the beginning of the year in junior high classes. *Journal of Educational Psychology*，1982，74：485-498.

[124]Feuerstein，R. *Instrumental Enrichment：An Intervention Program for Cognitive Modifiability.* Glenview：University Park Press，1980.

[125]Fitts，P. M. ，& Posner，M. I. *Human performance.* Belmont，CA：Brooks/Cole，1967.

[126]Flanders，N. A. Analyzing teaching behavior. *American Educational Research Journal*，1970，8(3).

[127]Flavell，J. H. Metacognition and cognitive monitoring：A new area of cognitive developmental inquiry. *American Psychologist*，1979，34：906-911.

[128] Flavell，J. H. Metacognitive aspects of problem solving. In. Resnick，L. (Ed.)，*The nature of intelligence.* Hillsdale，HJ：Lawrence Erlbaum，1976.

[129]Foos，P. W. ，& Fisher，R. P. Using tests as learning opportunities. *Journal of Educational Psychology*，1988，80：179-183.

[130]Fuchs，L. S. ，et al. Effects of curriculum-based measurement and consulta-

tion on teacher without learning disabilities. *American Educational Research Journal*, 1991, 28(3): 617-641.

[131] Gage, N. L., & Berliner, D. C. *Educational psychology* (3rd ed.). Boston, MA: Houghton Mifflin, 1984.

[132] Gagné, R. M. *The conditions of learning* (3rd ed.). New York: Holt, Rinehart & Winston, 1977.

[133] Gagné, E. D., et al. *The cognitive psychology of school learning* (2nd ed). New York: Harper Collins College Publishers, 1993.

[134] Gardner, H. *Frames of mind: The theory of Multiple Intelligences*. New York: Basic Books, 1983.

[135] Gick, M. L. Problem solving strategies. *Educational Psychologist*, 1986, 21: 99-120.

[136] Gick, M. L., & Holyoak, K. J. Analogical problem solving. *Cognitive Psychology*, 1980, 12: 306-355.

[137] Gold, R. M., et al. Academic achievement declines under pass-fail grading. *Journal of Experimental Education*, 1971, 39: 17-21.

[138] Good, T., & Grouws, D. Increasing Teachers' Understanding of Mathematical Ideas Through Inservice Training. *Phi Delta Kappan*, 1987, 68(10): 778-783.

[139] Greeno, J. G., Collins, A. M., & Resnick, L. B. Cognition and learning. In D. Berliner & R. Calfee (Eds.), *Handbook of educational psychology*. New York: Macmillan, 1996.

[140] Gronlund, N. E. *Measurement and evaluation in teaching* (5th ed.). New York: Mcmillian, 1985.

[141] Gronlund, N. E. *How to write and use instructional objectives* (6th ed.). Bellevue, WA: Merril Press, 1999.

[142] Guiford, J. P. *The nature of human intelligence*. New York: McGraw-Hill, 1967.

[143] Hallahan, D. P., & Kauffman, J. M. *Exceptional learners: Introduction to special education* (9th ed.). Boston, MA: Allyn & Bacon, 2003.

[144] Harter, S. Issues in the assessment of self-concept of children and adolescents. In A. LaGreca (Ed.), *Through the eyes of a child*. Boston, MA: Allyn & Bacon, 1990.

[145] Hartup, W. W., & Stevens, N. Friendships and adaptation across the lifespan. *Current Directions in Psychological Science*, 1999, 8: 76-79.

[146] Hattie, J., & Timperley, H. The power of feedback. *Review of Educational Research*, 2007, 77(1): 81-112.

[147] Herman, J. L., Aschbacher, P. R., & Winters, L. *A practical guide to al-*

ternative assessment. Alexandria，VA：Association for Supervision and Curriculum Development，1992.

[148]Hetherington，E. ，& Stanley-Hagan，M. The Adjustment of Children with Divorced Parents：A Risk and Resiliency Perspective. *Journal of Child Psychology and Psychiatry*，1999，40(1)：129-140.

[149]Hewson，P. W. A conceptual change approach to learning science. *European Journal of Science Education*，1981，3(4)：383-396.

[150]Hidi，S. ，& Anderson，V. Situational interest and its impact on reading and expository writing. In Krapp，A. ，Hidi，S. ，& Renninger，A. (Eds)，*The role of interest in learning and development*. Hillsdale，NJ：Lawrence Erlbaum，1992.

[151]Hill，W. F. *Learning：A survey of psychological interpretations* (7th ed.). Boston，MA：Allyn & Bacon，2002.

[152]Hmelo，C. E. Problem-based learning：Effects on the early acquisition of cognitive skill in medicine. *Journal of the Learning Sciences*，1998，7：173-208.

[153]Hmelo，C. E. ，& Lin，X. Becoming self-directed learners：Strategy development in problem-based learning. In D. H. Evensen & C. E. Hmelo (Eds.)，*Problem-based learning：A research perspective on learning interactions*. Mahwah，NJ：Lawrence Erlbaum Associates Publishers，2000.

[154]Holding，D. H. (Ed). *Human skills*. New York：Wiley，1989.

[155]Hopkins，C. D. ，& Antes，R. L. *Educational research：A structure for inquiry* (3rd ed.). Itasca，IL：F. E. Peacock Publishers，1990.

[156]Horn，J. L. A basis for research on age differences in cognitive capabilities. In J. J. McArdle & R. W. Woodcock (Eds.)，*Human cognitive theories in theory and practice*. Mahwah，NJ：Lawrence Erlbaum，1998.

[157]Horn，J. L. ，& Donaldson，G. Cognitive development Ⅱ：Adulthood development of human abilities. In O. G. Brim，Jr. ，& J. Kagn (Eds.)，*Constancy and change of human development*. Cambridge，MA：Harvard University Press，1980.

[158]Howell，K. ，&Nolet，V. *Curriculum-based evaluation：Teaching and decision making* (3rd ed.). Belmont，CA：Wadsworth，2000.

[159] Hunt，D. E. *Beginning with ourselves in practice，theory and human affairs*. Cambridge，MA：Brookline Books，1987.

[160]Inhelder，B. ，Sinclair，H. ，& Bovet，M. Learning and the Development of Cognition (Psychology Revivals). Cambridge，MA：Harvard University Press，1974.

[161]Johnson，D. W. ，& Johnson，R. T. *Cooperation and Competition：Theory and Research*. Edina，Minn. ：Interaction Book，1989.

[162]Jonassen，D. H. *Constructivism and the Technology of Instruction：A Conversation*. Hillsdale，NJ：Lawrence Erlbaum，1992.

[163]Jonassen, D. H. Toward a design theory of problem solving. *Educational Technology: Research & Development*, 2000, 48 (4): 63-85.

[164]Jones, P., et al. Child development risk factors for adult schizophrenia in the British 1946 birth cohort. *Lancet*, 1994, 344: 1398 -1402.

[165]Judd, C. H. The relation of special training to general intelligence. *Educational Review*, 1908, 36: 28-42.

[166]Kagan, J. Reflection-impulsivity: The generality and dynamics of conceptual tempo. *Journal of Abnormal Psychology*, 1966, 71(1): 17-24.

[167]Kagan, J., Pearson, L., & Welch, L. Conceptual impulsivity and inductive reasoning. *Child Development*, 1966, 37(3): 583-594.

[168]Kantowitz, B. H., & Sorkin, R. D. *Human Factors: Understanding People-System Relationships*. New York: John Wiley & Sons, 1983.

[169]Karmlesh, M. L. *Psychology of physical Education and Sports*. Shahdara: Metoropolitan, 1983.

[170]Karpov, Y. V., & Haywood, H. C. Two ways to elaborate Vygotsky's concept of mediation implications for instruction. *American Psychologist*, 1998, 53: 27-36.

[171]Kneedler, P. E. California assesses critical thinking. In A. Costa (Ed.), *Developing minds: A resource book for teaching thinking*. Alexandria, VA: Association for Supervision and Curriculum Development, 1985.

[172]Kohlberg, L. Stage and sequence: The cognitive-developmental approach to socialization. In D. A. Golsin (Ed.), *Handbook of socialization theory and research*. Chicago: Rand Mcnally, 1969.

[173]Kohlberg, L. The cognitive-developmental approach to moral education. *Phi Delta Kappan*, 1975, 56(10): 670-677.

[174]Kounin, J. S. *Discipline and group management in classrooms*. New York: Holt, Rinehart & Winston, 1970.

[175]Kubiszyn, T., & Borich, G. *Educational testing and measurement: Classroom application and practice*. Glenview, IL: Scott, Foresman, 1987.

[176]Kuhmerker, L. *Evaluating moral development*. Schenectady, NY: Character Research Press, 1980.

[177]Lave, J. *Cognition in practice: Mind, mathematics, and culture in everyday life*. New York: Cambridge University Press, 1988.

[178]Lave, J., & Wenger, E. Situated learning: Legitimate peripheral participation. New York: Cambridge University Press, 1991.

[179]Linn, R. L. Testing and Instruction: Links and Distinctions. *Journal of Educational Measurement*, 1983, 20(2): 179-189.

[180]Macan, T. H. , et al. College students' time management: Correlations with academic performance and stress. *Journal of Educational Psychology*, 1990, 82（4）: 760-768.

[181]Mager, R. F. *Preparing instructional objectives.* Belmont, CA: Fearon, 1975.

[182]Maier, N. R. F. Reasoning in humans. *Journal of Comparative Psychology*, 1930, 10: 115-143.

[183]Marcia, J. Development and validation of ego identity status. *Journal of Personality and Social Psychology*, 1966, 3: 551-558.

[184]Marsh, H. W. Influences of internal and external frames of reference on the formation of math and English self-concepts. *Journal of Educational Psychology*, 1990, 82: 107-116.

[185]Marsh, H. W. , & Shavelson, R. Self-concept: Its multifaceted, hierarchical structure. *Educational Psychologist*, 1985, 20: 107-123.

[186]Marsh, H. W. The big-fish-little-pond effect on academic self-concept. *Journal of Educational Psychology*, 1987, 79(3): 280-295.

[187]Marsh, H. W. , et al. The big-fish-little-pond effect stands up to critical scrutiny: Implications for theory, methodology, and future research. *Educational Psychology Review*, 2008, 20: 319-350.

[188]Marx, R. W. , Blumenfeld, P. C. , Krajcik, J. S. , & Soloway, E. Enacting project-based science. *The Elementary School Journal*, 1997, 97(4): 341-358.

[189]Maslow, A. H. *Motivation and personality.* New York: Harper & Row, 1954.

[190]Mayer, R. E. *Educational Psychology: A Cognitive Approach.* New York: Harper Collins, 1987.

[191]McCown, R. , & Roop, P. G. *Educational psychology and classroom practice: A partnership.* Boston: Allyn & Bacon, 1992.

[192]Mckeachie, W. J. , et al. *Teaching and learning in the college classroom: A review of the research literature*(2nd ed.). Ann Arbor: University of Michigan, 1990.

[193]McMillian, J. H. *Essensial assessment concepts for teachers and administrators.* Thousand Oaks, CA: Corwin, 2001.

[194]McNiff, J. *Action research: Principles and practice.* New York: Macmillan, 1988.

[195]Meichenbaum, D. H. *Cognitive-behavior modification: An integrative approach.* New York: Plenum Press, 1977.

[196]Messick, R. The matter of style: Manifestations of personality in cognition, learning, and teaching. *Educational Psychologist*, 1994, 29(3): 121-136.

[197]Murdock, B. B. The serial position effect of free recall. *Journal of Experimental Psychology*, 1962, 64(5): 482-488.

[198]Musgrave, G. R. *Individualized instruction: Teaching strategies focusing on the*

learner. Boston，MA：Allyn & Bacon，1975.

［199］Needham，A. ，& Baillargeon，R. Intuitions about support in 4. 5-month-old infants. *Cognition*，1993，47(2)：121-148.

［200］Nelson-Le，G. S. Help-seeking behavior in learning. *Review of Research in Education*，1985，12(3)：55-90.

［201］Newell，A. ，& Simon，H. A. *Human problem solving*. Englewood Cliffs，NJ：Prentice Hall，1972.

［202］Newmann，F. M. *Authentic intellectual works and standardized tests：Conflict and coexistence? Improving Chicago's schools*. Chicago：Consortium on Chicago School Research，2001.

［203］Nicholls，J. G. Achievement motivation：Conceptions of ability，subjective experience，task choice，and performance. *Psychological Review*，1984，91（3）：328-346.

［204］Osborn，A. F. *Applied imagination*. New York：Scribner，1963.

［205］Osborne，R. ，& Wittrock，M. The generative learning model and its implications for science education. *Studies in Science Education*，1985，12(1)：59-87.

［206］Palincsar，A. S. ，& Brown，A. L. Reciprocal teaching of comprehension-fostering and monitoring activities. *Cognition and Instruction*，1984，1：117-175.

［207］Palinscar，A. S. The role of dialogue in providing scaffolding instruction. *Educational Psychologist*，1986，21：73-98.

［208］Papert，S. *Mindstorms：Children，computers and powerful ideas*. New York：Basic Books，1980.

［209］Parsons，R. D. ，Hinson. S. L. ，& Deborah. S. B. *Educational psychology：A practitioner-researcher model of teaching*. Belmont，CA：Wadsworth Thomson Learning，2001.

［210］Pfeffer，C. The family system of suicidal children. *American Journal of Psychotherapy*，1981，35(3)：330-341.

［211］Pinker，S. *The blank slate：The modern denial of human nature*. New York：Penguin，2002.

［212］Pintrich，P. R. An Achievement Goal Theory Perceptive on Issues in Motivation Terminology，Theory，and Research Contemporary. *Educational Psychology*，2000，25：92-104.

［213］Pintrich，P. R. ，& Schunk，D. *Motivation in education ：Theory，research，and applications*. Englewood Cliffs，NJ：Merill Pretice Hall，1996.

［214］Popham，W. J. *Modern educational measurement*. New York：Prentice Hall，1981.

［215］Posner，G. J. ，et al. Accommodation of a scientific conception：Toward a theory of conceptual change. *Science Education*，1982，66：211-227.

[216]Reeve, J. *Motivating others: Nurturing inner motivational resources*. Boston, MA: Allyn & Bacon, 1996.

[217]Renninger, K., Hidi, S., & Krapp, A. *The Role of interest in learning and development*. Hillsdale, NJ: Lawrence Erlbaum, 1992.

[218]Resnick, L. *Education and learning to think*. Washington, DC: National Academy Press, 1987.

[219]Roediger, H. L., & Karpicke, J. D. The power of testing memory: Basic research and implications for educational practice. *Perspectives on Psychological Science*, 2006, 1: 181-210.

[220]Rosenshine, B. Explicit teaching. In D. Berliner & B. Rosenshine (eds.), *Talks to teachers*. New York: Random House, 1988.

[221]Rosenshine, B., & Stevens, R. Teaching functions. In M. Wittrock (Ed.), *Handbook of research on teaching* (3rd ed.). New York: Macmillan, 1986.

[222]Rosenthal, R., & Jacobson, L. *Pygmalion in the classroom*. New York: Holt, Rinehart & Winston, 1968.

[223]Sattler, J. M. *Assessment of children: Cognitive applications* (4th ed.). San Diego, CA: Jerome M. Sattler, Inc, 2001.

[224]Schunk, D. H. *Learning theories: An educational perspective* (4th ed.). Columbus, OH: Merrill, 2004.

[225]Schunk, D. H., & Carbonail, J. P. *Behavioral health: A handbook of health enhancement and disease prevention*. New York: Wiley, 1984.

[226]Schunk, D. H., & Hanson, A. R. Peer models: Influence on children's self-efficacy and achievement. *Journal of Educational Psychology*, 1985, 77: 313-322.

[227]Shavelson, R. J., & Bolus, R. Self-concept: The interplay of theory and methods. *Journal of Educational Psychology*, 1982, 74: 3-17.

[228]Shipman, S., & Shipman, V. C. Cognitive styles: Some conceptual, methodological, and applied issues. *Review of Research in Education*, 1985, 12 (4): 229-291.

[229]Simon, H. A., & Chase, W. D. Skill in chess. *American Scientist*, 1973, 61: 394-403.

[230]Slavin, R. E. When Does Cooperative Learning Increase Student Achievement? *Psychological Bulletin*, 1983, 94(3): 429-445.

[231]Snow, R. E., Corno, L., & Jackson, D. Individual differences in affective and cognitive functions. In D. Berliner & R. Calfee (Eds.), *Handbook of educational psychology*. New York: Macmillan, 1996.

[232]Spera, C. A review of the relationship among parenting practices, parenting styles, and adolescent school achievement. *Educational Psychology Review*, 2005,

17：125-146.

［233］Spiro，R. J.，et al. Cognitive Flexibility，Constructivism，and Hypertext. *Educational Technology*，1991，11(7)：22-26.

［234］Spiro，R. J.，& Jehng，J. Cognitive flexibility and hypertext：Theory and technology for the non-linear and multidimensional traversal of complex subject matter. In D. Nix & R. Spiro（eds.），*Cognition，Education，and Multimedia*. Hillsdale，NJ：Lawrence Erlbaum，1990.

［235］Spiro，R. J.，et al. Cognitive flexibility，constructivism，and hypertext：Random access instruction for advanced knowledge acquisition in ill-structured domains. In L. P. Steffe & J. Gale（ed.），*Constructivism in education*. Hillsdale，NJ：Lawrence Erlbaum，1995.

［236］Sternberg，R. J.，& Lubart，T. I. The concept of creativity：Prospects and paradigms. In R. J. Sternberg（Ed.），*Handbook of creativity*. New York：Cambridge University Press，1999.

［237］Sternberg，R. J. *Beyond IQ：Atriarchic theory of human intelligence*. New York：Cambridge University Press，1985.

［238］Sternberg，R. J.，& Grigorenko，E. L. Are Cognitive Styles Still in Style? *American Psychologist*，1997，52(7)：700-12.

［239］Stiggins，R. J. *Classroom assessment：A history of neglect，a future of immense potential*. Paper presented at the Annual Meeting of the American Educational Research Association，2000.

［240］Sutherland，K. S.，Wehby，J. H.，& Copeland，S. R. Effect of varying rates of behavior-specific praise on the on-task behavior of students with emotional and behavioral disorders. *Journal of Emotional and Behavioral Disorders*，2000，8(1)：2-8.

［241］Thorndike，E. L.，& Woodworth，R. S. The influence of improvement in one mental function upon the efficiency of other functions. *Psychological Review*，1901，9：374-382.

［242］Torrance，E. P. Predictive validity of the Torrance tests of creative thinking. *Journal of Creative Behavior*，1972，6：236-262.

［243］Tulving，E. The effects of presentation and recall of material in free-recall learning. *Journal of Verbal Learning and Verbal Behavior*，1967，6：175-184.

［244］Vosniadou，S. Capturing and modeling the process of conceptual change. *Learning and instruction*，1994，4：45-91.

［245］Vosniadou，S.，& Brewer，W. F. Mental models of the earth：A study of conceptual change in childhood. *Cognitive Psychology*，1992，24(4)：535-585.

［246］Vosniadou，S.，& Brewer，W. F. Mental models of the day/night cycle. *Cognitive Science*，1994，18(1)：123-183.

[247]Vygotsky, L. S. *Mind in society: The development of higher mental process*. Cambridge, MA: Harvard University Press, 1978.

[248]Wallas, G. *The art of thought*. New York: Harcourt, Brace and Company, 1926.

[249] Walter. Success and Failure in Junior High School: A Critical Incident Approach to Understanding Students' Attributional Beliefs. *American Educational Research Journal*, 1995, 32(2): 377-412.

[250] Weber, E. *Students assessment that works: A practical approach*. Boston, MA: Allyn & Bacon, 1999.

[251] Wiggins, G. P. *Assessing student performance*. San Francisco: Jossey-Bass, 1999.

[252] Weiner, B. *Achievement Motivation and Attribution Theory*. Morristown, NJ: General Learning Press, 1974.

[253] Weiten, W. *Psychology: Themes and variations* (3rd). Belmont, CA: Brooks/Cole, 1995.

[254] Witkin, H. A., Moore, C. A., Goodenough, D. R., & Cox, R. W. Field-dependent and field-indepent cognitive styles and their educational implications. *Review of Educational Reseach*, 1977, 47: 1-64.

[255] Wittrock, M. Learning as a Generative Process. *Educational Psychologist*, 1974, 11(2): 87-95.

[256] Wolters, C. A., Yu, S. L., & Pintrich, P. R. The relation between goal orientation and students' motivational beliefs and self-regulated learning. *Learning and Individual Differences*, 1996, 8(3): 211-238.

[257] Woolfolk, A. E. *Educational psychology* (9th). Boston, MA: Pearson Education, Inc., 2004.

[258] Yerkes, R. M., & Dodson, J. D. The relation of strength of stimulus to rapidity of habit-formation. *Journal of Comparative Neurology and Psychology*, 1908, 18: 459-482.

[259] Young, A. J. I think, therefore I'm motivated: The relations among cognitive strategy use, motivational orientation, and classroom perceptions over time. *Learning and Individual Differences*, 1997, 9: 249-283.

[260] Zimmerman, B. J., & Schunk, D. H. (Eds.). *Self-regulated learning and academic achievement: Theoretical perspectives* (2nd ed.). Mahwah, NJ: Lawrence Erlbaum, 2001.

[261] Zimmerman, B. J. Becoming a self-regulated learner: An overview. *Theory into Practice*, 2002, 41: 64-70.